철로가 이끌어낸
중국사회의 변화와 발전

근대 중국철로의 역사 2 ● 중화민국 시기(1912~1960)
철로가 이끌어낸 중국사회의 변화와 발전
ⓒ 김지환, 2019. Printed in Seoul, Korea

초판 1쇄 찍은날 2019년 6월 4일
초판 1쇄 펴낸날 2019년 6월 12일

기획	인천대학교 중국학술원 중국·화교문화연구소
지은이	김지환
펴낸이	한성봉
편집	안상준·하명성·이동현·조유나·박민지·최창문·김학제
디자인	전혜진·김현중
마케팅	이한주·박신용·강은혜
경영지원	국지연·지성실
펴낸곳	도서출판 동아시아
등록	1998년 3월 5일 제1998-000243호
주소	서울시 중구 소파로 131 [남산동3가 34-5]
페이스북	www.facebook.com/dongasiabooks
전자우편	dongasiabook@naver.com
블로그	blog.naver.com/dongasiabook
인스타그램	www.instagram.com/dongasiabook
전화	02) 757-9724, 5
팩스	02) 757-9726
ISBN	978-89-6262-291-1 94910
	978-89-6262-289-8 94910(세트)

이 도서의 국립중앙도서관 출판예정도서목록(CIP)은
서지정보유통지원시스템 홈페이지(http://seoji.nl.go.kr)와
국가자료공동목록시스템(http://www.nl.go.kr/kolisnet)에서
이용하실 수 있습니다.(CIP제어번호: CIP2019021758)

이 도서는 2009년도 정부(교육과학기술부)의 재원으로
한국연구재단의 지원을 받아 출판되었음(NRF-2009-362-A00002)

만든 사람들
편집	김경아
본문조판	김경아
표지디자인	김경주

근대 중국철로의 역사 2 ● 중화민국 시기(1912~1960)

철로가 이끌어낸
중국사회의 변화와 발전

인천대학교 중국학술원 중국·화교문화연구소 기획

김지환 지음

동아시아

이 책을 사랑하는 부모님께 바칩니다

일러두기

- 이 책에서 서술하는 철로와 관련 인물들은 대부분 신해혁명 이전과 이후 시기에 모두 걸쳐 있는 까닭에 철로명, 지명, 인명을 중국어 원어로 표기하지 않고 우리말로 하였음.
  단, 머리말에 거론된 현재의 인물(예: 시진핑, 후진타오)은 중국어 원어로 표기하였음.
- 일본 지명이나 인명은 모두 일본어 원어로 표기하였음.
- 혼춘(琿春), 제제합이(齊齊哈爾), 합이빈(哈爾濱), 해랍이(海拉爾) 등은 오랫동안 사용하여 익숙한 명칭인 훈춘, 치치하얼, 하얼빈, 하이라얼 등으로 표기하였음.
- 처음 등장하는 지명이나 생소한 단어의 경우 괄호 안에 한자를 병기하였음.
- 설명이 필요한 용어나 고유명사의 경우 각주로 설명하였음.
- 철로명이 시기나 관행상 여러 명칭으로 불렸을 경우 각 철로의 서두 부분에 노선명으로 모두 표기하였음.
- 사진이나 도표, 지도의 경우 모두 출처를 밝혔으며, 자료가 존재하지 않아 스스로 그리거나 제작한 경우 별도로 출처를 표기하지 않았음.
- 특히 상해시도서관과는 협약을 체결하여 원문사진이나 그림을 다수 사용하였으며, 각 문건에 출처를 제시하였음.

차례

사진·그림·표 목차

14

머리말

사회심리학에서 등장하는 개념 가운데 하나로 '경로의존성(經路依存性, Path dependency)'이라는 용어가 있다. 일상생활에서 되풀이함으로써 자연스럽게 굳어져 일정한 경로에 의존하게 되는 생활방식을 가리킨다. 이렇게 본다면 경로의존성이란 관행과 습속의 넓은 의미와 표현이라고 이해할 수 있겠다.

2007년 미국이 우주왕복선 엔데버호를 발사할 때에 이전보다 큰 추진 로켓인 솔리드 로켓 부스터(SRB)를 제작하려는 계획을 수립하였다. 로켓 부스터는 흔히 원통형으로 설계되며, 연료의 양이 정해진 이상 원통의 지름을 크게 한다면 길이는 줄일 수 있고 작게 한다면 길어질 수밖에 없는 것이다. 제작된 추진 로켓은 플로리다의 나사 발사대까지 철로를 통해 실어 날라야 하였다.

미국철로의 레일은 남북전쟁 이전만 하더라도 궤간(폭)이 다양하였다. 그러나 남북전쟁 이후 4피트 8과 2분의 1인치(1.435미터)의 표준궤로 통일되었다. 철로의 궤간(rail gauge)을 살펴보면, 영국 등 대부분의 유럽국가들과 한국, 중국 등이 표준궤(standard gauge)를 채택하고 있으며, 러시아, 카자흐스탄, 몽골, 인도 등은 광궤(wide gauge)를 채택하고, 일본, 이탈리아, 스코틀랜드 등은 협궤(narrow gauge)를 채택하고 있다. 현재 전 세계의 철로 가운데 약 70퍼센트 내외가 표준궤에 속한다.

미국철로의 레일이 표준궤간으로 통일된 이유는 영국철로 레일의 표준 수치를 그대로 받아들였기 때문이다. 영국에서 미국으로 이주한 이민자들이 영국의 수치를 그대로 적용하였던 것이다. 추진 로켓을 기차로 옮기기 위해서는 철로의 터널을 통과해야 하며, 어쩔 수 없이 철로 레일의 폭에 맞게 설계할 수밖에 없었다. 그렇다고 해서 정밀기기를 진동이 심한 도로 운송으로 실어 나르기도 불가능하였다.

영국의 레일은 왜 표준궤로 설계되었을까. 기차가 발명되기 이전에 영국에서는 이미 석탄 운반용 마차선로가 일반 도로에 부설되어 운행되고 있었다. 증기기관차는 동력이 마력에서 증기로 바뀌며 속도의 혁명을 이끌어내기는 하였지만, 바퀴가 지나는 선로는 기본적으로 마차선로와 동일한 것이었다. 물론 육중한 열차가 달리기 위해서는 이전보다 더욱 내구성이 강한 레일이 필요하기는 했지만, 기본적으로 종래의 노선 위에서 이루어진 발전일 뿐이었다. 즉 마차 선로의 폭과 동일하게 철로의 노선이 부설된 것이다.

그렇다면 영국의 마차는 왜 표준궤로 제작되었을까. 일찍이 2,000년 전 영국을 정복한 로마군이 로마의 마차 폭에 맞추어 영국의 마차 선로를 만들었다. 당시 마차의 폭은 두 필의 말이 나란히 달릴 수 있는 말 엉덩이 폭에 맞추어 결정되었다. 이와 같이 로마의 전차가 마차 선로의 폭을 결정하고 그것이 다시 철로의 레일 폭을 결정하였으며, 또 다시 우주선의 추진 로켓 부스터의 폭과 크기를 규정한 것이다.

이러한 경로의존성은 비단 개인의 영역을 넘어 역사와 법률, 제도, 관습, 문화, 과학적 지식과 기술에 이르기까지 폭넓게 적용되는 개념이라 할 수 있다. 관행이 사회의 환경과 조건을 기반으로 하여 생성됨으로써 고유한 성격을 지니고 있는 이상 이러한 관성이 쉽게 변화되기는 어려울 것이다.

관행이 경로에 의존하면서 인간의 삶에 투영될 경우 타성이 되어 독창성이나 창의성을 감소시키는 요인으로 작용할 가능성이 있다는 부정적 측면도 존재한다. 물체의 관성이 질량의 크기에 비례하여 커지는 것과 같이 중국이라는 거대한 역사체는 시간이 지속될수록 관성에서 벗어나기 어렵다. 하지만 역사적으로 지속하며 담지해 온 관행은 어찌 보면 그 사회를 둘러싼 환경과의 상호 작용 속에서 가장 편리하고 합리적이며 이상적인 결과로서 도출되어 검증된 것이라고도 볼 수 있다. 이렇게 보자면 인류 역사의 전개와 발전이라고 해도 기본적으로 이전부터 내려온 전통문화의 기반 위에서 이루어진 것이라 할 수 있겠다. 그러기에 하늘 아래 새로운 것은 없다고도 하지 않던가.

중국의 역사에서 천하질서는 중국을 세계의 보편으로 인식하게 만드는 핵심적 개념이었으며, 자신들의 문화를 '세계의 유일한 보편성'으로 절대화하였다. 중국인의 천하질서는 중국의 절대적 보편성(Chinese Standard)을 전제로 한 위계적이며 불평등한 질서였다. 아편전쟁 이후 중국 중심의 천하관은 크게 동요되었으나, 개혁개방 이후의 성취를 기반으로 '중화'에 대한 자신감을 회복하며 '굴기하는 중국'이 확산되고 있다. 물론 이러한 변화를 신중화주의, 중화패권주의 등으로 해석하는 견해도 있다.

중국의 굴기와 대국화의 길은 중국의 역사성, 즉 중화제국 운영의 경험과 역사적으로 축적된 사회경제, 문화적 자원을 자양분으로 적극 활용하고 있다. 다시 말해 중국 특유의 사회경제적 관행과 문화를 토대로 중국적 특색의 사회건설을 추진하고 있는 것이다. 이는 과거를 모델로 미래를 기획하는 중국의 문화사적 관성을 의미하는 것이라 하겠다.

인류 역사상 가장 뛰어난 발명품 가운데 하나를 꼽으라면 많이 거론되는 것 가운데 하나가 바퀴이다. 바퀴는 2,000년 전 로마를 세계에서 가장 강대한 제국으로 만들었으며, 수많은 말과 마차를 운용하여 모든 길은 로마로 통한다고 할 정도로 교통과 물류 유통을 장악하였다. 로마의 거대한 힘은 바로 여기에서 비롯된 것이었다. 바야흐로 21세기는 철로의 시대이며, 바퀴의 변형인 철로가 새로운 시대를 열어가고 있다고 해도 과언이 아니다.

이 책이 서술하고 있는 철로는 역사성을 농후하게 담지하며 오랜 세월 동안 경로의존성에 따라 부설되고 운행되어 왔다. 중국에서 최초로 부설된 철로는 1876년에 개통된 오송(송호)철로였다. 이 철로 노선을 최초로 운행한 기관차는 파이오니어호로서, 운행 속도는 시속 30~40킬로미터에 달하였다. 2014년 중국 국영철로공사인 '남차(南車)'가 자체 개발한 시속 605킬로미터의 고속열차 운행에 성공했다고 중국시보가 보도하였다. 이는 2007년 4월에 프랑스 고속철로 테제베(TGV)가 기록한 574.8킬로미터를 능가하는 속도였다. 2017년 북경 - 상해 구간의 중국 고속철로가 2017년 9월부터 시속 350킬로미터 시대를 연다고 중국 관영 신화사통신이 보도하였다. 상업 운행 기준 시속 350킬로미터는 일본의 신칸센, 독일의 이체에(ICE), 프랑스 테제베(TGV)의 운행 속도(320킬로미터)를 능가하는 세계 최고 속도이다.

중국은 지난 2008년 최초로 시속 350킬로미터의 고속철로를 운행했으나, 2011년 절강성(浙江省) 온주(溫州)에서 충돌사고로 40명이 숨지고 192명이 다친 이후 운행 속도를 시속 250~300킬로미터로 낮췄다. 현재 중국 고속철로의 최고 운행 속도는 후진타오(胡錦濤) 시대에 개발된 화해호(和諧號)의 시속 300킬로미터이다. 북경에서 상해까지 1,318킬로미터 거리를 운행하는 데 약 5시간 30분이 소요된다.

일부 구간에서 첫 상업 운행을 시작한 부흥호(復興號)는 시진핑(習近平) 주석이 주창하는 '위대한 중화민족의 부흥'이라는 슬로건에서 이름을 따왔다. 부흥호는 같은 구간을 4시간 30분 만에 주파한다. 고속철로 시속 350킬로미터 시대 개막에는 19차 당대회를 앞두고 시진핑 시대를 홍보하려는 의도도 담겨 있었다.

시진핑 집권 시기에 들어서면서 '일대일로(一帶一路)'는 이미 중국 전역에서 일상적인 화두가 되었으며, 중국 이외 지역에서도 이는 초미의 관심사이다. 그런데 바로 일대일로의 핵심에 중국의 고속철로가 있다. 중국은 세계 최고 수준의 고속철로 및 철로 네트워크를 통해 물류, 운송, 유통 등의 경제뿐만 아니라, 중국적 가치를 세계로 전파하여 21세기 새로운 세계질서로 자리매김하려는 구상을 숨기지 않고 있다. 이러한 새로운 질서를 선도하는 중국적 가치가 바로 '중국적 표준'인 것이다.

중국은 시진핑 시대를 맞이하여 동아시아 지역질서를 넘어 미국과 함께 세계질서 형성의 주체임을 천명하고 있다. 그 핵심에는 중화민족의 위대한 부흥을 실현한다는 '중국몽(中國夢)'이 자리한다. 이를 실천하기 위한 방편이 바로 현대판 실크로드인 '일대일로'라고 할 수 있다. 중국은 이러한 문화적 이데올로기와 사회경제적 영향력의 확대를 통해 글로벌 표준과 구별되는 중국적 표준(Chinese Standard)을 21세기 세계질서로 확산하려 노력하고 있다. 그리고 일대일로의 중심에 바로 고속철로와 철로 네트워크를 통해 '현대판 실크로드'를 구축한다는 야심찬 계획이 있다.

차이니즈 스탠다드, 즉 중국적 표준은 과거 중국의 역사와 전통문화를 주요한 자산으로 삼고 있다. 실상 일대일로의 핵심인 고속철로라는 것도 알고 보면 중화인민공화국 수립 이후 갑자기 생겨난 것이 아니다. 영국자본이 부설한 오송철로(吳淞鐵路)로부터 시작하여 수많은 역정과 곡절을 거치면서 발전해 온 결과가 바로 고속철로인 것이다. 이처럼 중국적 표준은 역사적 토대와 맥락에서 형성되어 온 것이다. 따라서 과거로부터 현재에 이르기까지 중국사회의 역사적 연속성을 탐구하는 일은 현재를 이해하기 위해서도 매우 중요한 의미를 가진다고 하겠다.

현재 우리 사회에서 화두가 되고 있는 남북한 철로 연결과 이를 통한 한반도 종관철로(KTR) 부설, 유라시아철로와의 연계를 통한 '철의 실크로드' 구상은 역사적으로 이미 실현된 적이 있으며, 실현 가능한 프로젝트이기도 하다. 실제로 한반도 종관철로나 시베리아횡단철로(TSR), 중국횡단철로(TCR) 등의 연계를 통한 육상 철로 네트워크와 유라시아철로와의 연계 구상이 회자되고 있다.

오늘날 일대일로의 핵심인 고속철로는 기실 과거의 철로 노선을 바탕으로 한다. 마치 우리의 경부선과 경의선, 경원선 등이 일제강점기에 부설된 노선의 연속선상에 있는 것과 마찬가지이다. 물론 현재의 철로는 복선화되고 전기를 동력으로 사용하여 과거와 구별되지만, 이전의 철로 위에서 개량된 것임을 숨길 수 없다. 마찬가지로 중국 일대일로에서 핵심인 고속철로 역시 과거 부설되어 운행되어 왔던 기반 위에서 이루어지는 것이다. 따라서 일대일로와 고속철로 네트워크란 역사적 연속성과 자산 위에서 발전되어 온 것이라 할 수 있겠다. 이러한 점에서 1949년 중화인민공화국 수립 이전에 최초 중국철로의 부설로부터 유구한 역정과 굴곡, 발전의 역사를 이해하는 일은 현재의 문제를 이해하기 위해서도 반드시 필요하다고 생각된다.

중국근현대사는 철로의 출현 및 부설, 발전과 상호 불가분의 관계를 가지고 전개되어 왔다. 다시 말해 철로는 중국근현대사의 전개와 이를 이해하기 위해 매우 주요한 매개가 될 수 있다고 하겠다. 아편전쟁 이후 중국은 반봉건, 반식민지 사회로 전락하였으며, 이후 근대화를 달성하고 자주독립의 국민국가를 수립하는 일이 절대적 명제가 되었다.

근대 이후 산업화 과정은 철로의 부설 및 발전과 불가분의 관계를 가지고 전개되어 왔다. 산업혁명은 증기기관 등 원동기의 발전을 기축으로 하여 발전된 증기기관차와 기계, 면방직공업 등을 통해 이루어져 왔다. 산업화는 기계를 통한 생산을 의미하며, 기계를 가동하기 위해서는 석탄이 꼭 필요한 원료였다. 공업 및 원동설비의 발전은 기본적으로 철강, 석탄 등 광업의 개발 및 발전 없이는 불가능하였으며, 광업의 발전은 다시 수송을 위한 철로의 부설 및 발전을 전제로 해야만 하였다. 이러한 의미에서 중국에서 양무운동과 함께 등장한 강병과 부국 등 근대화 과정에서 철로 부설은 매우 중요한 의미가 있었다.

이와 함께 근대 중국에서 철로의 부설과 발전은 제국주의 열강이 식민지를 개척하고 경영하기 위한 매우 효과적인 수단이기도 하였다. 철로 부설은 단순히 교통 운수를 넘어 석탄, 목재, 광물 등 주변자원의 개발권과 자국 거류민의 안전을 위한 치외법권, 철로의 수비를 위한 군대와 경찰의 주둔권, 철로 연선(沿線)지역에서의 사법, 행정, 외교에 대한 일정한 권리 등을 포괄한다. 이와 같이 철로 부설권은 단순한 교통운수를 넘어 그것이 관통하는 지역에 대한 광범위한 배타적 지배를 의미하며, 따라서 철로 부설권의 분포는 바로 각 지역 간 열강의 세력범위와 분포를 그대로 보여준다. 일찍이 러시아의 재무상 세르게이 비테(Sergei Y. Witte)가 "철로야말로 중국을 평화적으로 정복할 수 있는 수단"이라고 갈파한 바와 마찬가지로 철로는 은행과 더불어 제국주의 침략의 상징적 도구이기도 하였다.

철로는 근대화와 자주독립이라는 양대 과제를 달성하기 위한 불가결한 수단인 동시에 제국주의가 중국을 침략하는 전형적인 방식이기도 하였다. 이와 같이 철로는 문명의 이기로서 근대의 전파자인 동시에 국민경제의 형성을 왜곡하고 현지의 주체적 성장을 억압하는 성격을 태생적으로 지니고 있었다. 철로의 도입 과정에서 경제·군사적 유용성과 함께 열강의 수탈이라는 침략적 성격이 병존하였기 때문에 중국에서는 철로의 부설에 대해 자연히 그 필요성과 위험성이 동시에 제기되고 논의될 수밖에 없었던 것이다.

이러한 이유에서 근대 이후 청일전쟁, 러일전쟁, 신해혁명, 만주사변, 중일전쟁 등 중대한 역사적 사건은 으레 철로문제와 불가분의 관계를 형성해 왔다. 따라서 철로는 중국역사를 이해하기 위한 유용한 통로가 될 수 있다. 철로를 통해 중국의 역사를 빠짐없이 설명할 수는 없겠지만 적어도 관계성과 비중을 고려할 때 역사적 사건의 실체와 본질적 이해를 위해 매우 적절한 실마리를 제공해 줄 수 있을 것이다. 이렇게 볼 때, 근대 이후 중국의 철로를 이해하는 것은 중국의 역사를 이해하고 그 연속선상에서 오늘의 문제를 심도 있게 이해할 수 있는 첩경이라고 할 수 있다.

이 책은 1911년 신해혁명 직후부터 1949년 중화인민공화국 수립 직후 시기에 이르기까지 모든 철로의 역사에 대해 부설 동기에서부터 자본의 내원, 차관 도입, 부설공사의 진행과 개통, 그리고 열차의 운행과 경영, 철로의 역할, 나아가 지역사회에 대한 철로의 영향 및 효과 등 전 과정을 간략히 서술하고 있다. 또한 각 철로의 궤간과 기공, 개통시기, 총연장, 열차가 지나는 지역과 역을 제시하였으며, 개별 철로에 대한 지도와 상세 노선도를 첨부하였다. 한마디로 이 책은 근대 이래 모든 중국철로를 이해하기 위한 철로지(鐵路志)이자 개설서이며, 중국 근대 철로의 총람(總攬)이라 하겠다.

이 책의 내용을 서술하는 과정에서 개별 철로와 관련된 풍부한 사진 자료 및 도화(圖畵), 철로 상호 간의 네트워크 및 상호관계, 그리고 철로 노선도를 가능한 한 찾아 첨부하였으며, 이를 통해 철로에 대한 이해와 가독성을 제고하고자 하였다. 철로 노선도가 기존에 존재하는 경우 이를 찾아 원용하였으며, 노선도가 존재하지 않는 경우 지도와 구(舊)지명을 대조하며 노선도를 하나하나 그려냈다. 사진이나 그림이 존재하지 않는 경우 기존의 자료를 조사하여 실물과 가장 가깝게 그려서 표현하였다.

특히 중국 최대의 도서관인 상해도서관(上海圖書館)과 계약을 체결하여 중국 근대 철로와 관련된 귀중한 사진자료를 제공받을 수 있었다. 특히 이러한 과정에서 많은 도움을 준 상해도서관의 구메이(顧梅) 주임께 심심한 감사를 전한다. 이 밖에 하북사범대학(河北師範大學) 당서기 다이지엔빙(戴建兵) 교수와 안휘사범대학(安徽師範大學) 마링허(馬陵合) 교수의 도움으로 일부 철로와 관련된 사진과 지도 등을 구할 수 있었다. 개별 노선도와 지도, 그리고 각종 그림을 제작하고 표현하는 데 김미화와 전보혜 두 사람의 헌신적인 노력과 도움이 있었다. 이 자리를 빌려 감사의 마음을 전한다.

인천대 중국학술원은 이갑영 원장님의 적극적인 노력하에 새로운 도약을 준비하고 있다. 중국학술원은 중국의 관문 인천 지역의 유일한 국립대학인 인천대학교가 중국과 관련된 연구와 교육을 위해 전문적으로 설립한 국내 최고의 중국 전문 학술기관이다. 바야흐로 중국의 시대인 21세기에 들어 시대정신을 구현하고 중국과 관련된 연구와 교육, 연구성과의 사회적 확산이라는 본연의 목적을 달성하기 위해 본격적인 도약을 준비하고 있다. 장정아 선생님과 안치영 선생님의 적극적인 지지가 없었다면 이 책은 출판이 어려웠을 것이다. 이 자리를 빌려 감사의 마음을 전한다. 올해 여든 중반이신 자랑스런 어머님이 옆에 건강하게 계셔 주는 것만으로도 필자에게 힘이 되고 기쁨이 된다는 말씀을 전하고 싶다. 항상 옆에서 응원해 주는 아내가 조속히 건강을 회복하길 기원하며, 딸과 아들 우리 가족 모두에게 고마움을 전한다.

현재 중국에서는 일대일로가 학계와 일반 사회를 막론하고 일대 화두가 되고 있다. 이러한 차에 일대일로의 핵심인 철로와 관련하여 과거로부터 현재에 이르는 역사를 살펴보고 이를 통해 현재를 심도 있게 이해하며, 미래에 대비하는 우리의 자세를 점검하는 작은 계기가 되기를 희망해 본다.

인천 송도 연구실에서
김지환

중국철로 발전사 간략

1. 중국철로의 초보적 발전(1840~1894)

철로는 영국에서 출현하여 산업혁명의 원동력이 되었으며, 곧 유럽 전역과 세계 각국으로 확산되었다. 비록 중국 등 동아시아 지역에서 유럽과 동시기에 출현하여 발전하지는 못하였지만, 철로와 관련된 정보와 지식은 일찍부터 전래되었다.

중국에서는 아편전쟁 전후 시기인 1830~1840년대에 철로와 관련된 지식이 선교사들을 통해 전래되기 시작하였다. 중국에 처음으로 철로와 관련된 지식이 소개된 것은 아편전쟁 이전에 서양 선교사들의 중문판 번역서적을 통해서였다. 예를 들면 귀츨라프(Karl Gutzlaff)의『만국지리전도집』(1839년),『무역통지』(1840년), 브리지먼(Elijah Bridgman)의 『미리가합성국지(美理哥合省國志)』(1838년),『지구도설(地球圖說)』(1838년), 모리슨(John Robert Morison)의『외국사략』(1845년) 등에서는 모두 철로 혹은 열차에 관한 내용을 소개하고 있다.

이에 힘입어 중국의 선각자들인 임칙서, 위원, 서계여 등은 다투어 저서를 출판하고 철로와 관련된 지식을 보급하였다. 1839년 임칙서(林則徐)는『사주지(四洲志)』를 편역하여 철로가 1시간에 20~30리나 달릴 수 있다고 소개하였으니,

이것이 중국인이 철로와 기차를 소개한 최초의 일이다. 위원(魏源)의『해국도지 (海國圖志)』중에도 화륜차(火輪車)는 1,000명을 수용할 수 있고 1시간에 180리 를 달릴 수 있다고 소개하였다. 서계여(徐繼畲)도『영환지략(瀛環志略)』(1848년) 에서 "철로를 부설하면 하루에 300여 리를 달릴 수 있다"라고 소개하였다.

1859년 태평천국의 홍인간(洪仁玕)은『자정신편(資政新篇)』에서 철로를 부설 하면 하루 밤낮으로 7,000~8,000리를 달릴 수 있다고 하면서, 전국의 21개 성 (省)에 21개 노선의 철로를 부설하여 상호 소통하는 교통네트워크를 만든다면 국가가 부유하고 강대하게 될 것이라고 주장하였다. 1872~1875년 사이에 창 간된『중서견문록(中西見聞錄)』역시「차륜궤도설(車輪軌道說)」에서 철로 레일 및 열차의 발전에 대해 상세히 소개하였다.

이와 같은 영향하에서 양무운동의 주창자인 이홍장(李鴻章)은 철로 부설의 필요성을 일찍부터 인식하였다. 1870년대 이홍장이 철로 부설을 주창한 것은 주로 일본의 위협에 대비하기 위한 군사적 목적이 있었다. 유구사건*과 대만 사건이 발생하자 이홍장은 일본의 세력 팽창에 깊은 우려를 표명하면서, 무엇 보다도 해방(海防)의 중요성을 강조하였다. 이때 좌종당(左宗棠)과 이홍장을 중 심으로 해방과 육방, 즉 해군과 육군의 양성 가운데 어디에 우선을 둘 것인가 를 두고 치열한 논쟁이 전개되었다. 논쟁은 중국의 주적이 어느 나라인가로 확 대되었다. 좌종당은 청의 주적은 러시아로서 이를 방비하기 위해서는 신강(新 疆) 수복이 시급하며, 이러한 이유에서 국방예산 역시 육방(陸防)과 육군의 양 성에 우선적으로 배정해야 한다고 주장하였다. 반면 이홍장은 주적인 일본을 방비하기 위해서는 해방과 해군 양성을 우선해야 한다고 주장하였다.

대만사건 직후인 1876년 12월 16일 복건순무(福建巡撫) 정일창(丁日昌)도, 대 만은 사면이 바다로서 적이 어느 곳에서나 배를 정박하여 상륙할 수 있음을 지

---

* 1874년 유구의 표류민이 대만의 토착민에게 살해되자 일본이 이를 구실로 대만에 원정군 을 보낸 사건을 말한다. 청조는 살해된 유구민에 대한 보상금과 일본이 대만에 설치한 시 설물에 대한 배상금을 지불하기로 합의하면서, 사실상 유구를 일본의 속국으로 인정한 결 과가 되었다.

적하면서, 철로 부설을 통해 신속히 병력을 이동시켜 집중시킬 수 있는 역량을 갖추지 않으면 안 된다고 역설하였다. 이후 1877년 7월 20일 정일창은 다시 대만의 군사적 방비에 철로 부설이 절실함을 조정에 상주하였다. 이홍장을 중심으로 한 양무파 관료들의 철로 부설 주장은 청조 중앙과 지방의 관료들 사이에서 찬반의 격론을 야기하였는데, 그 계기가 된 것은 1880년 11월 양무파 관료인 유명전(劉銘傳)이 청조에 철로의 부설을 상주한 사건이었다. 이를 기점으로 1880년에서 1887년까지 양무파와 보수파 사이에는 철로 부설 문제로 격론이 전개되었다.

1884년 청프전쟁[淸佛戰爭] 이후 청조 정부는 각 대신에 해방(海防)의 대책을 강구하라는 조서를 내렸는데, 이에 이홍장, 좌종당, 증기택(曾紀澤) 등이 해방의 요체는 시급히 철로를 부설하는 데 있다고 주청하였다. 청프전쟁은 철로 부설에 관한 본격적인 찬반의 논쟁을 불러일으키면서 철로 발전에 중요한 계기를 마련해 주었다. 이 전쟁을 기점으로 청조 역시 군사력을 강화해야 할 필요성을 절감하였으며, 이를 위해 철로 부설이 불가결함을 인식하지 않을 수 없었다. 다시 말해 중국의 정치·군사적 환경의 변화는 철로 부설 논쟁에서 양무파의 입지를 강화시켜 주었으며, 이는 중국철로의 부설에 중요한 계기가 되었던 것이다. 특히 청프전쟁을 통해 청조는 해군력의 취약성을 절실히 깨닫게 되었으며, 이러한 결과 청조는 1885년에 총리해군사무아문(總理海軍事務衙門)을 설립하여 순친왕(醇親王) 혁현(奕譞)을 총리해군사무대신으로, 직예총독(直隸總督) 겸 북양대신(北洋大臣) 이홍장을 회판(會辦)으로 임명하여 모든 철로 업무를 주관하도록 하였다. 해군아문의 설립은 이홍장과 좌종당 등 양무파 관료들의 주장을 청조가 수용한 것으로 볼 수 있다.

1847년 영국 해군이 대만에서 철로를 부설하기 위해 측량을 시도하였는데, 이는 대만의 석탄을 개발하기 위한 목적에서 비롯된 것이었다. 아편전쟁 이후 영국은 중국의 대외무역 총액의 85퍼센트라는 절대적 비중을 차지하고 있었다. 따라서 철로를 부설하는 일은 바로 중국에서 영국의 이익을 극대화하기 위한 수단이 아닐 수 없었다. 1863년 7월 20일 상해에 거주하던 27명의 외국 상인은 당시 강소순무(江蘇巡撫)였던 이홍장에게 상해에서 소주에 이르는 철로의 부설을 청원하였다. 이것은 외국인이 처음으로 중국 관헌에게 철로의 부설을 승인해 주도록 요청한 사례이다.

일찍이 인도에서 최초의 철로를 설계한 영국 철로공정사 스티븐슨(Stephenson)은 1863년 10월 한구(漢口)를 기점으로 동으로 상해(上海)에 이르는 1,050킬로미터의 철로와 남으로 광주(廣州)와 홍콩에 이르는 1,450킬로미터, 서로는 사천(四川), 운남(雲南)을 거쳐 인도 및 미얀마에 이르는 2,600킬로미터, 그리고 광주에 이르는 지선 및 진강(鎭江)에서 천진(天津)과 북경(北京), 상해에서 영파(寧波), 복주(福州)에서 복건(福建) 내지에 이르는 노선의 부설 계획을 수립하였다. 그러나 이러한 계획이 실현되지는 못하였다.

1865년 8월 영국상인 두란트(Durant)는 북경 선무문(宣武門) 밖으로 길이 600미터의 노선을 부설하여 열차를 운행하면서 시민의 호기심을 자아냈다. 영국자본 이화양행(怡和洋行)은 영국상 위주의 영미합자공사를 조직하고 이름을 오송도로공사(吳淞道路工事)라 명명하였다. 이들은 도로를 부설한다는 명목으로 상해에서 오송구에 이르는 토지를 구매하고, 1876년 6월 30일 오송에서 상해에 이르는 철로를 개통하였다. 그러나 열차에 사람이 치어 죽는 사고가 발생하자 영업은 1년여 이후 철거되고 말았다. 오송철로의 출현은 철로가 매우 유용하다는 인식을 사람들에게 각인시켜 주었다. 중국 최초의 철로인 오송철로가 실제로 부설되어 운행되었다는 사실은 중국에서도 철로가 부설되고 운행될 수 있음을 증명해 주었다.

청조는 외국세력이 철로를 통해 중국 내지로 세력을 확장할 가능성을 경계하였다. 총리아문대신인 공친왕(恭親王) 역시 철로가 부설되면 논밭이 상실되고 수부(水夫)가 일자리를 잃을 것이라 우려하며 철로 부설을 반대하였다. 그러나 양무운동의 진전과 더불어 철로에 대한 일반의 태도가 점차 변해갔다. 양무운동은 철로가 중국에 도입되기에 양호한 환경을 조성하였다. 이미 서양의 신식 기술을 도입하여 광산을 개발하였으며, 증기 기선을 운행하고 있던 상황에서 철로의 부설은 필연적인 일이었다.

1870년대부터 청조 내부에서 철로 부설에 대한 요구가 속속 제기되었다. 군수산업의 흥기를 주요한 내용으로 하는 양무운동의 발전에 따라 1870년대부터 부국강병의 구호 아래 군사공업의 흥판과 동시에 채광, 제련, 방직, 항운 등 공광기업(工鑛企業, 공업·광업 관련 기업)이 속속 설립되었다. 1850~1960년대 서방에 대한 중국인의 이해는 주로 선견포리(船堅砲利, 선박이 튼튼하고 대포가 날카로움)에 집중되었다. 1872년 중국 최초의 미국 유학생 중 한 명인 용굉(容閎)의 주창하에 30명의 관비 미국유학생이 선발되었으며, 중국 최초의 철로공정사인 첨천우(詹天佑)도 여기에 포함되었다. 1876년에는 남북 양 대신이 복주선정학당 학생 28명을 영국, 프랑스 양국에 기관차의 제조와 운전을 학습하기 위해 파견하였다.

1874년 이홍장은 철로의 부설을 통해 군사 이동의 신속함과 편리성을 제기하였다. 다음 해 이홍장은 북경으로 가서 총리아문대신 공친왕 혁흔(奕訢)과 철로의 부설을 통한 남북의 운수체계를 구축하자고 제안하였다. 그러나 이 당시 철로 부설은 주로 군사적인 의의에 주목하여 상공업 무역과의 관계에는 특별히 주목하지 못하였다.

이러한 가운데 1878년 설복성(薛福成)은 「창개중국철로의(創開中國鐵路議)」를 발표하고 철로의 필요성을 주창하였다. 설복성은 철로의 유용성을 상무와 운송의 편리성에서 찾고 이와 함께 군사적인 효용을 포함하여 '3대 이익'으로 규정하였다. 여기서 철로는 윤선, 광무, 우정, 기기제조와 불가분의 관계임이 강조되었다. 마건충(馬建忠)도 1876년 프랑스에 가서 유학한 이후 1879년 귀국하면서 「철도론」을 발표하고 부국강병의 요체가 철로임을 주장하였다.

양무운동의 주요한 내용은 근대적 군비의 확충과 근대 기업의 창설을 도모하는 것으로서, 이후 근대적 생산설비(광산 포함)를 상해, 소주(蘇州), 남경(南京), 복주, 천진, 광주, 제남(濟南), 성도(成都) 등지에 개설하였다. 1872년 북양대신, 직예총독 이홍장은 중국 최초의 반관반민(半官半民) 해운회사인 윤선초

상국(輪船招商局)을 창설하고 기선의 운행을 위해 1875년 천진 동북 약 100킬로 미터 지점에 위치한 개평(開平)에서 탄광을 측량하였으며, 1877년 개평광무국 (開平鑛務局)을 설립하였다. 1879년 초 당산(唐山)에서 석탄의 개발이 시작되면서 이홍장은 청조에 개평에서 노태(蘆台)에 이르는 철로의 부설을 건의하였다. 당산에서 서각장(胥各庄)까지는 약 11킬로미터의 거리로서 채굴된 석탄을 운반하기 위해서는 철로 부설이 꼭 필요하였다.

그러나 조정 내 수구대신의 반대에 직면하자 이홍장은 절충 방법으로 나귀와 말을 동력으로 열차를 끄는 레일을 부설할 것을 제안하였다. 1878년 영국인 공정사의 하나인 킨더(Claude W. Kinder)는 영국의 표준궤간인 1.435미터의 레일 규격을 채택하였으며, 1881년 6월 9일 스티븐슨 탄생 100주년 되던 날에 중국 최초의 기관차인 '중국로켓호'를 제작하여 처음으로 당서철로(唐胥鐵路)를 운행하였다. 이후 당서철로는 점차 양측으로 연장되어 경봉철로(京奉鐵路)가 되었다.

비록 당서철로가 운행을 개시하였으나 조정에서는 여전히 의견이 통일되지 못한 상태였다. 중프전쟁(1883~1885) 기간 철로 부설에 대한 반대의견이 고조되기도 하였다. 그러나 1887년 3월 16일 순친왕은 경사(京師, 나라의 수도를 말함)의 방비와 해방(海防, 바다를 지킴)을 위해 개평철로(開平鐵路)의 부설이 필요하다는 점을 강조하였다. 대만순무 유명전 역시 대만의 방비를 위해 철로 부설이 꼭 필요함을 조정에 상신하였다. 이에 서태후가 대만철로 부설을 비준하자 반대의 주장은 점차 수면 아래로 잠복하게 되었다.

2. 청일전쟁 이후 차관 도입과 철로의 발전(1895~1911)

1840~1894년까지 중국에 대한 열강의 경제침략은 주로 상품 수출이라는 형식을 띠었다. 그러나 청일전쟁 이후 제국주의가 중국에 투자한 새로운 대상이 바로 철로였는데, 이는 재(在)중국 외국자본의 추세가 고정성의 투자로 향하고

있음과 더불어 식민지화의 성격이 한층 강화되었음을 의미하였다. 왜냐하면 중국의 철로가 제반 산업이 발전한 결과로 발전했다기보다는 제국주의가 중국을 분할한 결과로 발전하였기 때문이다.

1889년 8월 26일 해군아문은 청조에 서양 각국으로부터 차관을 도입하여 철로를 흥판해야 한다는 구체적인 정책을 상주하였다. 여기서 이홍장은 철로의 부설에서 상고(商股, 민간자본), 관고(국고), 양채(洋債, 서양의 차관)의 3자가 병행되어야 한다고 주장하였다. 청조는 철로가 자강의 요책으로 국가에 반드시 필요함을 선포하였다. 이것은 중국정부가 차관을 도입하여 철로를 부설해야 한다는 이홍장 등 양무파 관료들의 주장을 받아들인 것이다.

청일전쟁에서 패배한 이후 중국 관민 사이에서는 철로의 군사적·전략적 중요성이 널리 공감대를 형성하였다. 청일전쟁이 종결된 이후 민족적 위기 상황에서 장지동(張之洞), 유곤일(劉坤一) 등은 철로의 부설에 적극 나섬으로써 국력을 신장시켜야 한다고 주장하였다. 광서제(光緖帝) 역시 1895년 7월에 "국난을 당하여 마땅히 상하가 일심 단결하여 자강불식해야 한다. 철로를 부설하고 기계공장을 설립하며 화폐를 주조하고 광산을 개발해야 한다"라고 주장하였다. 이와 같이 청일전쟁 직후 중국에서는 철로 부설의 열기가 급속히 확산되었다.

1895년 청조는 철로총공사를 설립하고 성선회(盛宣懷)를 독판철로대신으로 임명하였다. 그러나 철로를 부설하기 위해 국고 및 일반으로부터 부설 자본을 모집하기에 현실적으로 어려움이 있었으며, 어쩔 수 없이 외자를 차입하는 방법을 강구할 수밖에 없었다. 열강은 철로의 부설을 자신의 세력권을 확보하기 위한 주요한 수단으로 적극 활용하였다. 다시 말해 열강은 철로의 부설권에 근거하여 세력범위를 획정한 것이다. 이 시기 열강이 직접 부설한 대표적인 철로로는 러시아자본의 동청철로(東淸鐵路, 중동철로), 일본의 남만주철로(南滿洲鐵路), 독일의 교제철로(膠濟鐵路), 프랑스의 전월철로(滇越鐵路) 등을 들 수 있다.

열강은 직접 철로를 부설하는 방식 이외에도 차관의 공여를 통해 철로에 대한 권리를 확보할 수 있었다. 예를 들면 북녕철로(北寧鐵路)는 영국의 차관을 통해 부설되었으며, 경호(京滬), 호항용(滬杭甬), 포신(浦信), 도청(道淸), 광구철로

(廣九鐵路) 역시 영국자본으로 부설되었다. 평한철로(平漢鐵路)와 변락철로(汴洛鐵路)는 벨기에 차관을 도입하여 부설되었으며, 정태철로(正太鐵路)는 프랑스 차관을 도입하였다. 차관을 도입하여 부설된 철로의 경우 공사 청부, 부설을 위한 자재 구매, 관련 인원의 선발과 임용, 철로의 운행 및 경영 등에 관한 제반 권리가 모두 차관공여국에 부여되었다. 철로 차관은 다음과 같은 권리를 포함하였다.

① 차관의 할인[折口]: 외국공사차관은 대부분 서면가격을 할인하여 실부(實付)로 한다. 예를 들면 93절구(折口)로 규정한 경우 차관 공여국이 차관 총액의 93퍼센트만을 공여함으로써 7퍼센트에 해당되는 이윤을 선이자로 먼저 수취한 위에서, 원리금의 상환 기준액은 100퍼센트로 기산함으로써 상환 시에 차관의 고이윤을 보장하는 관행을 가리킨다.

② 철로 자재는 모두 차관공여국으로부터 구매하였다.

③ 철로총공정사 및 총회계는 차관을 공여한 국가가 자국인[洋人]을 추천하여 임용하였다. 모든 자재는 이들 두 사람이 주관하여 결정하였다. 중국이 파견한 독판(督辦) 혹은 국장(局長)에게는 사실상 특별한 권리가 없었다. 총공정사는 대부분 총관(總管)의 명의를 겸하며, 행정 및 직원 고용은 사실상 이들의 추천에 의거하였다. 중국인 직원을 채용할 경우에도 반드시 서양인 총공정사의 동의를 얻지 않으면 안 되며, 중국당국이 임의로 파견할 수 없었다.

1895~1903년의 9년 동안 노한철로(蘆漢鐵路), 정태철로, 호녕철로(滬寧鐵路), 변락철로, 월한철로(粤漢鐵路), 진포철로(津浦鐵路), 도청철로 등 각 철로를 부설하기 위한 차관계약이 체결되었으며, 소항용철로(蘇杭甬鐵路), 포신철로(浦信鐵路), 광구철로 등의 차관초약(가계약)이 체결되었다. 1896~1903년까지 중국에서 부설된 철로의 총연장은 4,038.4킬로미터에 달하였다. 이 가운데 68퍼센트가 외국의 직접투자 및 관리에 속하였다. 나머지 32퍼센트가 차관을 도입하여 부설하고 청조가 경영을 담당하는 형식이었다. 양자 모두 외국인 총공정사를

초빙하여 설계 및 시공을 담당하였다. 동청철로(중동철로), 남만주철로, 관내외철로(關內外鐵路)의 산해관(山海關) - 봉천(奉天) 구간, 경한철로(京漢鐵路)의 일부, 교제철로 청도(靑島) - 주촌(周村) 구간과 월한철로의 광삼(廣三) 지선 등이 여기에 해당된다.

1904~1911년 사이에 부설된 철로는 총 4,963.7킬로미터이며 이 가운데 청조가 외국으로부터 차관을 도입하여 부설한 것이 약 58퍼센트, 외국이 직접 투자, 관리한 것이 21퍼센트였다. 청조가 국고 재정을 투입하였거나 민간으로부터 자본을 모집한 경우가 약 21퍼센트에 달하였다. 주요 노선으로 경한(북경 - 한구), 교제(청도 - 제남), 정태(석가장 - 태원), 호녕(상해 - 남경), 호항(상해 - 항주), 경장(북경 - 장가구), 변락(개봉 - 낙양), 전월(곤명 - 하구), 진포(천진 - 포구) 및 남심(남창 - 구강), 월한(광주 - 한구)철로의 일부분 및 안봉철로(안동, 현재의 단동 - 봉천, 현재의 심양) 등이 있었다.

1900년 8개국연합군이 중국을 침략하고 중국이 러일전쟁의 전장이 된 이후 중국 일반에서는 반제국주의 의식이 크게 고양되었으며, 이에 따라 철로 이권의 회수운동이 전국으로 확산되었다. 청조는 1898년 8월에 설립된 광무철로총국을 철폐하고 1903년 12월 2일 중국철로공사를 설립하여 철로 업무를 주관하도록 하였다. 곧이어 '철로간명장정(鐵路簡明章程)'을 반포하여 민간자본에 철로 부설권을 개방하였다. 이와 함께 '진흥상무, 상민보호'를 기치로 1903년 9월 7일 상부(商部)를 설립 비준하고 재진(載振)을 상부상서로, 오정방(伍廷芳), 진벽(陳璧)을 좌우시랑으로 임명하였다.

철로간명장정은 청조가 제정한 첫 번째 철로 부설의 법률조례로서, 총 24조로 이루어져 있었다. 장정의 제2조는 중국, 외국, 관상을 불문하고 철로공사를 설립하여 철로의 부설에 착수할 수 있도록 하였으며, 상부의 비준을 거쳐 공사 조례에 따라 처리하도록 하였다. 철로공사의 자본 모집과 관련하여 장정의 제6조, 제7조의 규정에 따르면, 중국상인이 철로를 부설하기 위해 자본을 모집할 경우 중국자본이 다수를 차지해야 하고 외국자본이 중국자본을 초과할 수 없도록 하였다. 외국인이 철로의 부설에 자본을 투자할 경우 반드시 출자총액의 30퍼센트를 초과할 수 없도록 하였다.

중국 일반의 철로 부설을 장려하기 위해 장정의 제9조는 철로를 부설할 시에 중국자본으로 50만 량(兩) 이상을 투자할 경우 공로를 인정하여 포상하도록 하였다. 철로 부설권의 개방은 상판철로의 흥기 및 철로의 발전을 촉진하였다. 장정 제13조에 따르면, 철로를 부설하려는 자는 6개월 이내에 측량을 마쳐야 하며, 측량이 완료된 6개월 이내에 다시 철로의 부설공사에 착수하도록 되어 있었다. 레일의 궤간은 일률적으로 영국철로의 표준인 4척 8촌 반(표준궤 1.435미터)으로 정하였다.

청조가 철로 부설권을 개방하여 관판(官辦), 상판(商辦) 철로의 부설을 승인한 이후 전국 각 성(省)에서는 철로공사가 속속 설립되었다. 통계에 따르면 1903~1907년의 5년 동안 전국에 걸쳐 총 15개의 성에서 18개의 철로공사가 창설되었다. 이 가운데 12개는 상판철로였으며, 3개는 관독상판(官督商辦) 혹은 관상합판(官商合辦), 나머지는 이후에 상판 혹은 관상합판으로 개조되었다. 각 성 철로공사는 교통 및 상업의 발전을 기치로 본성의 철로 이권을 수호하고 열강의 침탈을 방지한다는 종지를 근간으로 삼았다.

1905년 호남(湖南), 호북(湖北), 광동(廣東) 및 절강, 강소(江蘇)의 5성에서 철로 이권의 회수운동이 광범위하게 전개되었다. 특히 호남, 호북, 광동 3성 신상(紳商)*들은 월한철로의 이권을 회수하기 위한 투쟁을 전개하였으며, 마침내

---

*　신사(紳士)는 명·청 시대의 통치세력으로서, 신(紳)은 관복을 입을 때 허리에 매고 나머지는 길게 드리워 장식을 하였던 폭이 넓은 띠로서, 홀(笏)을 꼽기도 하였다. 신사는 바로 신을 맨 인사로서 곧 지배계층을 의미하였다. 그러다가 청대 후기에 와서 신분적으로 하위층이었던 상인이 경제권을 거머쥐면서 사회적 위상이 높아져 신사까지 겸하는 신상(紳商)이 등장하여, 권력과 부를 손에 쥔 새로운 지배세력으로 등장하였다. 더욱이 태평천국운동으로 세수가 부족하였던 정부가 상인들에게 공공연하게 관직을 제수하자 점차 상인과 신사가 혼합되는 양상이 심해졌다. 그러나 과거제 폐지 직전이 되면 관료로 봉직하기보다 오히려 상업에 종사하여 부를 얻는 것이 매력적으로 비쳐졌고, 기존의 신사들 중에서도 상업에 종사하는 경향이 더욱 두드러지게 나타났다. 과거제가 폐지되자 이러한 신분제 상의 혼합은 더욱 심해져서 공공연하게 관료와 상인이 구분되지 않는 상황이 발생하였고, 신상이라

이를 회수할 수 있었다. 월한철로의 이권을 회수한 사건은 기존 열강이 보유해왔던 철로 및 광산의 이권을 회수하기 위한 광범위한 운동을 가속화시키는 발단이 되었다. 월한철로의 이권이 회수된 이후 평한철로, 호항용철로, 진포철로의 이권이 속속 회수되었다.

청조는 열강에 의한 철로의 부설을 지양하고 자력으로 철로를 부설하기 위해 민간에 철로의 부설권을 적극 개방하여 고취하였다. 그러나 비록 상판철로를 부설하려는 움직임이 광범위하게 전개되기는 하였으나 재력의 한정으로 열차가 개통하여 영업에 이른 경우는 월한철로[광주에서 소관(韶關)까지, 총연장 200킬로미터, 1916년 완성], 호항용철로[상해에서 풍경(楓涇)까지 1907년 완공, 항풍단(杭楓段)은 1909년 완공, 조용단(曹甬段)은 1914년 완공], 조산철로(潮汕鐵路, 1906년 완공), 광동신녕철로(1913년 완공), 남심철로(南潯鐵路, 1916년 완공) 등에 지나지 않았다. 재력이 부족한 틈을 타 외국자본이 다시 이들 철로에 침투하기도 하였다. 예를 들면 남심철로는 일부 일본차관을 도입하였으며, 조산철로 역시 일본자본을 도입하였다.

이 시기 가장 성공적인 자판철로로서 경장철로(京張鐵路)를 들 수 있다. 경장철로는 국가가 자본을 출자하고 중국 최초의 철로공정사인 첨천우가 부설을 주관하여 외국의 자본가나 기술자의 도움 없이 중국이 스스로의 역량으로 부설한 최초의 철로로서, 1905년 기공하여 1909년 개통하였다.

1908년 우전부(郵傳部)[*]가 상판철로의 현황을 조사한 결과 자본의 모집과 철로의 경영이 매우 혼란한 상황을 목도하고, 상판철로의 국유화를 통해 철로

는 새로운 계층이 일반화되기에 이른다.

* 1906년 중앙관제가 대대적으로 개혁되어 상부(商部)가 농공상부로 개조되고, 동시에 새로이 우전부(郵傳部)를 두어 철로와 우전(郵傳)을 전관하도록 하였다. 철로는 우전부 노정사(路政司)가 관할하였으며, 그 아래 총무, 관판, 상판의 3과를 두었다. 명의상 철로업무를 통일적으로 관리한 것처럼 보였지만 사실상 노정사가 직할할 수 있었던 것은 경장철로 및 상판의 일부 철로에 지나지 않았다. 1911년 신해혁명으로 중화민국 임시정부가 수립되면서 교통부가 신설되어 행정상의 통일이 실현되었다. 즉 교통총장이 전국철로와 관련하여 일체의 책임과 감독권을 가지고 교통부 내에 노정사를 두어 철로업무를 관장하도록 하였다.

의 경영을 개선하고 중국철로의 통일을 기하고자 하였다. 1911년 성선회가 우전부대신으로 임명된 이후 각 성에 간선철로 국유화를 요청하고, 외자를 차입하여 이들 철로의 권리를 회수하였다.

1911년 5월 9일 청조정부는 간선을 국유로 귀속하는 정책을 결정하였다. 이전 각 성에서 민간자본을 모집하여 부설된 철로는 모두 국가가 회수하며, 정부에서 부설을 비준한 철로 역시 일률적으로 취소하도록 하였다. 청조에 의한 상판철로의 취소는 1903년 이래 철로부설권의 개방정책을 사실상 취소한 것이라 할 수 있다. 간선철로 국유화정책을 선포한 후 5월 18일 청조는 양강총독 단방(端方)을 월한, 천한(川漢) 철로대신으로 임명하였다. 5월 20일 우전부대신 성선회는 북경에서 영·프·독·미 4국은행단(회풍운행, 동방회리은행(東方匯理銀行), 독화은행, 미국모건공사, 국립성시은행 등) 대표와 호북, 호남 두 성(省) 내의 월한철로, 호북성 내의 천한철로(川漢鐵路) 차관합동을 체결하였다. 차관의 주요한 내용은 철로를 부설하기 위해 600만 파운드의 차관을 도입하고, 연리 5리, 95절구(折口, 할인), 상환 기한 40년으로 정하고, 차관의 상환을 위한 담보로 호남성, 호북성의 이금(厘金, 물품 통과세) 및 염세를 제공한 것이었다. 이후 운남성, 섬서성 등지의 성영 자관철로도 속속 국유로 귀속되었다.

1911년 5월 청조가 간선철로 국유를 명분으로 월한, 천한철로의 이권을 열강에 매도하자 이후 각 성민의 보로운동(保路運動)이 전개되었다. 호북, 호남, 광동, 사천 등지의 성 주민들은 철로 이권을 보위하기 위한 보로운동을 벌였다. 사천보로운동은 급속히 반청기의(反淸起義)로 발전하였으며, 무창기의(武昌起義)와 신해혁명으로 이어지게 되었다. 중국동맹회 혁명당 인사들과 자산계급 입헌파의 영도자들은 보로동지회와 연합하여 혁명을 전개하였다.

3. 북양군벌정부 시기 철로 발전의 지체(1912~1926)

1911년 사천보로운동이 비화되어 신해혁명으로 폭발하였으며, 1912년 마침

34

내 중화민국이 성립되었다. 그러나 원세개(袁世凱)에 의해 신해혁명의 승리가 탈취되어 북양군벌정부가 건립되었으며, 이후 군벌전쟁이 끊이지 않으면서 다시 혼란 국면으로 빠져들었다. 1912년 원세개는 철로행정의 통일을 선포하여 각 성의 상판철로공사를 해산하였으며, 이에 근거하여 각 성에서 이미 부설되었거나 부설 중인 철로를 모두 국유로 환수하였다. 철로의 국유화 비용을 충당하기 위해서는 외채를 차입하는 것 외에는 방법이 없었다.

1912~1914년 사이에 북양정부는 상판철로를 국유로 회수하는 동시에 차관을 도입하여 새로운 철로 부설에 착수하였다. 국유로 귀속된 철로는 천로(川路, 의창 - 성도), 상로(湘路, 장사 - 주평), 악로(鄂路, 천한, 월한, 양선), 휘로(徽路), 소로(蘇路, 상해 - 가흥), 절로(浙路, 항주, 풍경, 강간 - 홍진교, 영파 - 조아강), 예로(豫路), 진로(晉路) 등이다. 1912년부터 1916년까지 각국이 중국에서 장악한 철로 부설권은 총연장 1만 3,000킬로미터에 달하였다. 반면 1912~1927년간 북양정부가 부설한 철로는 총연장 4,000여 킬로미터에 지나지 않았다.

북양군벌정부가 통치한 기간은 중국철로의 발전이 상대적으로 지체된 시기로서 대략 1912~1928년까지의 17년간이었다. 관내(關內) 각 성에서 부설된 철로는 총 2,100킬로미터였으며 동삼성(東三省)에서 1,800킬로미터의 철로가 부설되어, 전국적으로 부설된 철로의 총연장은 3,900킬로미터에 달하였다. 연평균으로 계산하자면 230킬로미터가 부설된 셈이다. 그런데 이 수치는 1895~1911년 사이에 부설된 철로 총연장의 42.3퍼센트밖에 되지 않았다.

이 시기에 철로 부설이 다소 완만하게 진행된 이유 가운데 하나는 부설을 위한 자본이 부족하였기 때문이었다. 1912~1927년 사이에 북양정부는 원세개, 단기서(段祺瑞), 조곤(曹錕), 오패부(吳佩孚)와 장작림(張作霖) 등 군벌이 권력을 잡은 시기로서, 이들은 철로 부설권을 대가로 철로차관을 도입하였다. 그러나 이들 차관은 대부분 군정비로 충당되어 자신들의 통치 자금으로 전용되었다. 결국 이로 인해 철로 부설자금이 부족하게 된 것이다. 더욱이 철로에 대한 민간자본의 투자 역시 금지되어, 이 시기에는 철로가 정상적으로 발전하기 어려웠다.

또 하나의 원인으로는 빈번한 전쟁과 정국의 불안을 들 수 있다. 이 시기에는 중앙정권이 수시로 교체되어 신해혁명, 2차혁명, 호국운동, 호법운동, 직완전쟁(直皖戰爭), 직봉전쟁(直奉戰爭), 북벌전쟁 등 전쟁이 끊이지 않았다. 수많은 열차 차량이 전쟁으로 징발되었으며, 군수물자와 병력의 수송에 동원되기도 하였다. 더욱이 각 군벌은 상대방의 침입을 저지하기 위해 레일을 절단하거나 열차를 훼손하기도 하였다. 이러한 과정에서 수많은 철로가 파괴된 것이다.

중국의 철로는 최초에 이홍장이 군사적 목적에서 개통하였기 때문에 철로 관련 업무는 자연히 총리해군아문의 관할에 속하였다. 청조가 광서 22년(1896)에 철로총공사를 설립하였을 때에도 여전히 해군아문이 철로 업무를 관할하였다. 1898년이 되면서 철로에 관한 업무를 관장하기 위해 광무철로총국이 설립되어 해군아문으로부터 독립하였는데, 이것이 바로 철로를 전적으로 관리하는 기구의 남상(濫觴)이 되었다. 1903년 광무철로총국이 철폐되고 상부(商部)로 병합되었다. 1906년 상부가 농공상부로 개조되면서 다시 우전부를 신설하여 철로와 우전(우편과 전보)을 전담하여 관리하니, 철로는 우전부 노정사의 관할 아래로 들어갔다. 그 아래 총무, 관관, 상판의 3과를 두었다. 이후 다시 철로총국을 설치하여 이를 전담하여 관리하도록 하였다.

신해혁명 직후인 1912년 4월에 임시정부는 기존의 우전부를 교통부로 개조하고 이전의 우전부 노정사 및 철로총국 사무의 관리를 모두 이관하였다. 1913년 노정사를 노정국으로 개조하였다가 다음 해 1914년에는 노정국(路政局)을 취소하고 다시 노정사를 설립하였다. 1916년 노정, 노공, 철로회계공사를 폐지하고 노정사(路政司)를 설치하여 교통차장이 철로총판을 겸임하도록 하였는데, 이로부터 철로행정기관은 비로소 초보적인 조직 계통을 갖추게 되었다.

중국 조기의 철로 부설은 대부분 외채를 도입하여 부설하였기 때문에 서양인을 고용하여 철로의 부설 및 경영을 위임하였다. 이러한 이유로 관리체계가 통일성이 없었다. 모든 철로 장정과 규범, 열차 운행 규장, 영업방식, 회계제도 등에서 통일된 형식이 없이, 해당철로의 차관을 도입한 채권국의 제도를 채택하였다. 이에 1912년 민국 성립 이후 국유철로정책을 결정하고 교통부는 제도의 통일을 도모하였다.

1912년 국민정부는 특별회계총처를 설립하고, 전국의 철로를 통일하기 위해 각국의 선례 및 규정을 조사, 참조하여 철로, 전신, 우편, 항업의 4정(政)에 관한 특별회계법규를 편성하였다. 특히 철로의 통일에 역점을 두어 1913년 교통부는 철로회계통일위원회를 설립하여 미국의 애덤스(Adams)를 고문으로 초빙하여 철로 예산의 편성, 평준표의 작성, 거리 통계 측례 등을 제정하였다. 1914년 8월에 이르러 철로 정리사업을 개시하고 동일한 회계 계산, 철로 부설, 기관차 및 차량의 건조 등 각 양식의 통일에 착수하였다.

1917년 교통부는 철로기술위원회를 설립하여 산하에 공정, 기계, 운수, 총무의 4처를 두고 '국유철로기술통일규칙'을 제정하여 1922년 11월 4일 공포한 이후 실시하였다. 1912~1927년까지 총 4,264.8킬로미터의 철로가 부설되었는데, 이 가운데 관내가 47.3퍼센트, 동북이 52.7퍼센트를 차지하였다. 주요 간선으로는 길장철로(吉長鐵路), 경수철로(京綏鐵路), 사정철로(四鄭鐵路), 상악철로(湘顎鐵路), 개벽철로(箇碧鐵路), 사조철로(四洮鐵路), 정조철로(鄭洮鐵路), 농해철로(隴海鐵路)의 일부분, 금복철로(金福鐵路), 봉해철로(奉海鐵路), 경봉철로(京奉鐵路) 등을 들 수 있다.

철로 부설 계획에 대한 청사진은 이미 손중산(孫中山, 孫文)의 '철도십만리부설계획'에 잘 나타나 있으며, 이후 남경국민정부는 국부의 유지를 계승하여 철로의 근대화를 달성하기 위해 구체적인 방안을 수립해 나갔다. 손중산의 철로 부설에 관한 계획은 일찍이 1893년에 이홍장에게 보낸 '상이홍장서(上李鴻章書)'에 잘 나타나 있다. 여기서 손중산은 "철로를 가진 나라는 전국이 사통팔달하여 왕래와 유통에 막힘이 없다"라고 하여 철로 부설의 필요성을 강조하였다. 특히 재원의 조달에 대해 이홍장은 최초 관상합판을 주장하였으나 민국 이후 점차 외자 도입을 강조하는 방향으로 나아갔다.

신해혁명 이후 중국철로의 발전은 손문에 의해 주도되었다. 주목할 점은 신해혁명 이후 중국정부가 국유화와 외자 도입이라는 두 가지 원칙을 철로정책의 근간으로 삼았다는 사실이다. 1912년 4월 1일, 손문은 "국내의 철로, 항운,

운하 및 기타 중요 사업을 모두 국유로 한다"라는 철로국유화에 관한 원칙을 천명하였다. 신해혁명의 주요한 동인 가운데 하나가 철로의 국유화에 반대하는 보로운동이었음에도, 손문의 입장은 철로 부설에서 국가권력의 통일적 지도 및 통제를 지향하였음을 알 수 있다.

철로국유화를 추진하기 위한 수단으로서 중국정부는 외자 도입을 기본 원칙으로 확립하였다. 손문은 "국가가 실업을 진흥하기 위해서 자본이 없을 경우 부득불 외채를 차입할 수밖에 없다. … 외채를 차입하여 생산에 투여하면 이득이 많으며, 남미의 아르헨티나, 일본 등의 발전도 모두 외채의 덕이다. 우리나라도 철로를 부설하는 데 외채를 도입한다면 몇 년의 수입으로 철로외채를 상환할 수 있다"라고 하여 철로 부설에서 외채의 중요성을 강조하였다.

1913년 대총통령으로 '민업철로조례'가 반포되었고, 2년 후인 1915년에 다시 '민업철로법'이 반포되었다. 1924년 4월 '국민당 제1차 대회선언'은 중국국민당정강을 제정하면서, 국내정책의 제15조에서 "민간의 역량이 부족하므로 철로, 항로 등은 국가가 경영하고 관리한다"라고 규정하였다. 1912년 7월 22일, 손중산은 상해에서 개최된 '중화민국철도협회환영회(中華民國鐵道協會歡迎會)' 석상에서 "철로가 부설될수록 그 나라는 부강하게 된다. 미국의 경우 현재 30여만 킬로미터에 달하는 철로를 보유하고 있으며, 세상에서 가장 부유한 나라로 손꼽힌다"라고 하여 철로 부설이 곧 그 나라의 국력과 직결된다는 점을 강조하였다.

1912년 8월 말, 손중산은 북경에 도착하여 원세개와 13차례에 걸쳐 논의하면서, 정부가 철로 부설에 적극 나서야 하는 당위성을 강조하였다. 9월 11일, 원세개는 손중산을 전국철로총국 독판으로 임명하고 '주획전국철로전권'을 부여하였다. 이에 따라 손중산은 북방, 남방, 동방 3대 항구를 중심으로 서북철로, 서남철로, 중앙철로, 동남철로, 동북철로, 고원철로 등의 철로망을 서로 연결하여 전국적인 철로교통망을 조직하기 위한 계획을 수립하였다.

9월 27일 손문은 진포철로의 북단인 제남을 시찰하면서 철로 부설을 위해 외자를 적극 도입할 방침을 다음과 같이 천명하였다.

- 첫째, 경한철로, 경봉철로 등의 사례를 참조하여 차관을 도입하여 철로를 부설한다.
- 둘째, 중외합자를 통해 중국에서 공사를 조직한다.
- 셋째, 외국자본가에게 철로 부설권을 부여하여 40년을 기한으로 국유로 회수한다. 단 조건은 중국의 주권을 침해하지 않는 범위에서 허락한다.

1912년 9월 12일, 손문은 상해에 중국철로총공사를 설립하고 전국의 철로를 3대 간선으로 구획하여 10년간 60억 원의 자본을 투자하여 10만 킬로미터에 달하는 철로 부설 계획을 수립하였다. 이 계획은 내지로의 이주 촉진과 실업 건설과 자원 개발, 국방 강화와 서구와의 교통망 완비에 그 목적이 있었다. 이 밖에 기관차 및 객차 제조공장의 설립도 계획하였다. 3대 간선의 첫 번째 노선인 남선은 광동으로부터 광서(廣西), 귀주(貴州)를 거쳐 사천으로 나아가 서장(西藏, 티베트)으로 들어가 천산(天山) 남변까지 이르는 노선이며, 두 번째 중선은 장강(長江)에서 출발하여 강소성으로부터 안휘(安徽), 하남(河南), 섬서(陝西), 감숙(甘肅), 신강을 거쳐 이리로 나아가는 노선, 세 번째 북선은 진황도(秦皇島)에서 출발하여 요동을 거쳐 몽골로 들어가 외몽골로 이어지는 노선이었다.

유의할 것은 중국정부가 외자를 도입하여 철로를 부설한다는 정책에 대한 열강의 대응과 그 결과이다. 중국의 외자 도입 정책에 가장 먼저 호응한 국가는 바로 영국이었다. 북양정부의 교통총장을 지낸 양사이(梁士詒)의 회고에 따르면, 1913년에 주중 영국공사 조던(Jordan)은 원세개에게 우편국이나 해관처럼 중국 내의 모든 철로를 통일하고 그 총지배인을 영국인으로 임용하도록 제의하였다. 영국 중영은공사(中英銀公司)의 대표 메이어(Mayers)도 총철로공사를 설치하여 전국의 철로를 관리해야 한다고 주장하며, 중국정부가 영국인 총세무사를 통해 전국의 해관을 관리하는 사례를 참조하도록 건의하였다. 조던의 건의와 같이 영국인 총철로사를 임명할 경우 중국해관과 마찬가지로 중국철로에 대한 영국의 절대적 지배권이 확립될 것은 자명한 일이었다. 따라서 이러한 건의는 기타 국가의 반대로 결국 실행에 이르지 못하였다.

이러한 가운데 1914년 제1차 세계대전이 발발하면서 영국을 비롯한 유럽 제국은 중국에 대한 상품 수출 및 자본 투자에 나설 수 없게 되었다. 이와 같은 공백을 적극 파고들어 1차대전 기간에 중국에서 세력을 확장해 나간 국가가 바로 일본이었다. 그 기간 동안 일본은 중국시장에 대한 상품 및 자본 수출을 통해 급속한 자본주의 발전을 이룩할 수 있었다. 대전이 발발하기 전해인 1913년 중일무역 총액은 1억 9,000만 해관량에 지나지 않았으나, 1919년에는 4억 4,000만 해관량으로 증가하였다.

1차대전 기간 동안 일본은 중국철로에 대한 독점적인 확장을 기도하였다. 1913년 10월 일본공사 야마자 엔지로(山座圓次郞)와 원세개는 비밀협정을 체결하고, 일본으로부터 차관을 도입하여 만몽5로철로,* 즉 남만주철로의 사평(四平) - 조남(洮南) 노선, 조남 - 열하(熱河)와 북녕로(北寧路) 평행선, 개원(開原) - 해룡(海龍), 해룡 - 길림(吉林), 길장의 장춘(長春) - 조남 노선을 부설하기로 합의하였다. 1915년 1월 일본은 제제(帝制)를 지원하는 조건으로 원세개에게 21개 조항의 요구를 제출하였으며, 5월 26일 원세개는 일본의 요구를 수정 없이 받아들였다.

이 가운데 철로에 관한 내용은 다음과 같다.

● 산동성 내에서 독일이 부설한 교제철로와 기타 철로의 권익을 일본에 양도한다.

----

* 1912년 원세개가 대총통의 지위에 오르자 일본은 이를 틈타 만몽지역에서 철로 권리를 획득하는 데 온 힘을 기울였다. 이러한 결과 1913년 10월 5일 원세개정부의 외교총장과 주중 일본공사는 소위 '만몽5로환문(滿蒙五路換文)'이라는 비밀협정을 체결하였다. 협상의 주요 내용은, 원세개정부가 일본에 대해 중화민국의 취소와 원세개정부에 대한 지원 및 차관의 제공, 그리고 원세개 제제(帝制)에 대한 지지를 요청한 것에 대한 반대 급부로서 일본이 '만몽5로'에 대한 권리를 획득한 것이었다. 만몽5로란 사정철로(사평가 - 정가둔), 정조철로(정가둔 - 조남), 개해철로(개원 - 해룡)의 세 철로에 대한 차관의 공여권과 더불어 조열철로(조남 - 열하, 현재의 승덕), 길해철로(길림 - 해룡) 두 철로에 대한 차관의 우선 공여권을 말한다. 이를 통해 사실상 일본은 만몽에서의 다섯 철로에 대한 부설권을 획득하였으며, 중국 동북지역에 대한 세력권의 확대에 유리한 위치에 서게 되었다. 이 협상은 밀약으로서 알려지지 않다가 1차대전 종결 이후에 비로소 일반에 알려지게 되었다.

- 동북 지역에서 중국이 철로를 부설할 때는 우선적으로 일본의 자본을 차용한다.
- 남만주철로의 경우 1898년 체결된 조약에는 개통 36년 후인 1939년에 중국이 회수할 수 있도록 규정하였으나, 이를 99년 후인 2002년까지 경영권을 갖는 것으로 개정한다.
- 안봉철로(安奉鐵路)도 15년 후인 1923년까지 경영을 위임한다고 하였으나, 99년 후인 2007년까지로 개정한다.
- 길장철로(吉長鐵路)의 조항도 근본적으로 개정하여 일본에 99년간 경영권을 부여한다.

4. 남경국민정부 철도부의 설립과 철로의 발전(1928~1936)

손중산이 영도하는 혁명파의 무창기의로 청조는 역사의 뒤안길로 사라지고 말았다. 마침내 중화민국 남경임시정부가 수립되어 손중산이 임시대총통에 취임하였다. 그러나 내부 혁명파의 구성이 다종다양하여 이질성이 돌출하면서 원세개가 마침내 제국주의 세력을 등에 업고 대총통의 지위를 차지하게 되었다. 이로부터 중국은 북양군벌이 통치하는 시기로 접어들었다. 북양군벌의 통치 시기에는 군벌의 혼전이 일상적이었고 내전이 끊이지 않았다. 사회는 불안하고 백성들의 생활은 안정되지 못하였다. 북양정부 시기는 전 사회가 안정되지 못한 군벌 통치의 시기로서 철로 부설 역시 그 영향으로 발전이 완만한 상태였다.

1927년 4·12 정변으로 남경국민정부를 수립한 장개석(蔣介石)은 1928년 군사위원회 주석의 명의로 북벌을 단행하여 북양군벌 최후의 보루인 장작림을 향해 진격하였다. 6월에 이르러 국민정부 군대가 북경을 압박하자 장작림은 패하여 북경을 탈출한 후 동삼성으로 후퇴하였다. 장작림의 뒤를 이어 이 지역에 대한 통치권을 승계한 장학량(張學良)은 동북역치(東北易幟)를 선언하고 중앙으로의 귀속과 북양군벌 통치의 종식을 선포하였다. 바야흐로 국민정부가 전국의 통치를 확립하게 된 것이다.

국민정부가 전국을 통일한 이후 중국철로에는 근본적인 변혁이 발생하였다. 남경국민정부는 '실업진흥'의 구호하에 "교통은 실업의 어머니이며, 철로는 교통의 어머니"라는 국부 손중산의 유지를 받들어 철로를 교통의 핵심으로 인식하여 실업 발전의 근간으로 삼았다. 일찍이 손중산은 『건국방략(建國方略)』에서 실업을 국가건설의 전제조건으로 제시하였으며, 특히 교통의 건설을 강조하였다. 국민당 제3차 전국대표대회의 정치보고결의안 가운데 교통건설과 관련하여 "경제건설은 삼민주의(三民主義)의 근간으로서, 물질적 기초 없이는 민족의 독립 보장도 존재하지 않으며 민권의 충실한 발전을 기약할 수 없을 뿐 아니라, 민생문제는 근본적으로 해결이 불가능하다. 이제부터 경제건설은 교통과 수리의 개발로 축약된다. 이는 농업과 공업의 개발을 위한 기본 조건이며, 철로, 공로(公路, 도로)는 육상교통의 골간이다"라고 선언하였다.

철로의 중요성에 비추어 1928년 남경국민정부는 철도부를 교통부로부터 독립시킴으로써 철로를 실업발전의 기초로 적극 활용하고자 하였다. 이를 위해 손중산의 아들인 손과(孫科)를 철도부장으로 발탁하여 이와 관련된 정책을 적극 추진하였다. 특히 남경을 중심으로 하여 강남 지역에 중점을 둔 철로네트워크의 구축에 힘을 쏟았다. 이를 위해 월한철로, 농해철로, 창석철로(滄石鐵路)의 부설을 완료할 계획을 수립하였다. 이와 같이 철도부의 성립 자체가 기존의 반식민지, 반봉건적 성격을 타파하고자 하는 목적을 충분히 반영하고 있었다.

손과는 1928년 10월 24일 철도부장으로 취임한 이후 바로 '관리 통일, 회계 독립'을 선언하였다. 철로를 정돈하였으며, 인원을 파견하여 각지에서 조사 연구를 실시하고 측량을 실시하여 각종 재정 확보 방안을 마련하였다. 교통부는 철로행정과 관련된 일체의 사업을 철도부로 이관하여 처리하도록 하였다. 이에 '실업진흥'의 구호하에 '철로건설계획'과 '중외합자축로정책'을 제정하였으며, 아울러 '철로업무정돈(鐵路業務整頓)'과 '철로외채정리'를 추진하였다. 이로부터 중국 근대사상 두 번째 철로 부설의 붐이 출현하였다.

1928~1937년 사이에 부설된 철로는 총연장 8,058.5킬로미터에 달하였다. 1937~1945년 사이의 항전기간 동안에는 총연장 6,297.5킬로미터가 부설되었으며, 이 가운데 후방에서 부설된 철로가 2,383.5킬로미터에 달하였다. 1946~1949년 동안 총 191.3킬로미터가 부설되었다. 이 밖에 대만성에서 약 900킬로미터의 노선이 일본의 투항 이후에 국민정부로 귀속되었다. 이러한 결과 1928~1949년 사이에 중국대륙에서는 총 1만 4,000킬로미터의 철로 노선이 부설되었다.

1937년 항전 발발 이전까지 철로의 부설은 두 시기로 나눌 수 있다. 첫 번째는 1927년 남경국민정부의 수립부터 1932년 '철도법'이 반포될 때까지의 시기이다. 이 시기에 비록 국민정부가 전국을 통일하고 실업진흥, 철도부의 설립으로 이어졌지만 전국의 진정한 통일에는 이르지 못하였다. 국민정부의 재력, 물력이 부족하고 만주사변 등 일본의 동북침략 등으로 대규모의 철로 부설 공정을 추진하기 어려웠다. 두 번째는 1932~1937년의 시기로서, 근대 철로사상의 제2차 부설 고조 시기에 해당한다고 할 수 있다. 1937년 일본의 침략으로 중일전쟁이 발발하기 전까지 6년 동안 일본이 동삼성에서 부설한 철로를 제외하고도 부설된 노선은 총연장 3,600킬로미터에 달하였다. 이는 매년 평균 600킬로미터에 달하는 수치로서, 역사상 가장 많은 철로 노선이 부설된 시기라 할 수 있다.

북벌의 완료 이후 국민정부는 1931년 '중국공업화 10년계획'을 수립하였는데, 이 가운데 '철로건설계획'이 포함되어 있었다. 주요한 계획은 5년 이내에 서북, 서남, 동남, 중부의 동서 등 4대 철로네트워크, 총연장 8,000여 킬로미터의 노선을 부설하는 원대한 계획이었다. 이 밖에 황하(黃河)와 전당강(錢塘江)에 철교를 가설하고, 서안(西安), 주주(株州), 귀계(貴谿) 등에 기기창(機器廠)을 부설하는 계획도 포함되어 있었다. 이를 위해 총 9억 8,750만 원이 소요될 것으로 책정되었다.

이와 같은 철로의 부설과 중국공업화계획을 실현하기 위해 국민정부는 1931년 12월 28일 행정원명령의 형식으로 '외국의 자본과 기술을 충분히 이용한다'라는 방침을 천명하였다. 이후 1932년 7월 국민정부는 '철도법'을 반포하였는데, 중국 역사상 최초로 철로와 관련된 법률이었다. 철도법은 모든 전국교통과 관련된 철로는 중앙정부가 경영하는 것을 원칙으로 하였다. 지방교통과 관련된 철로는 지방정부가 공영철로조례에 따라 경영하였다. 철로 노선이 부설되기 이전에는 민영철로조례에 의거하여 민영도 가능하도록 하였다. 국영철로는 철도부가 관리하며, 공영철로 혹은 민영철로는 철도부가 감독하였다. 철로 운임과 연계운수 등 일체의 철로와 관련된 업무는 철도부가 정한 규정에 준거하도록 지시하였다. 더욱이 철도법 내에는 주권과 이권을 침해하지 않는 범위 내에서 적극적으로 외자를 도입한다는 원칙을 명시하였다.

1934년 1월 국민정부는 철도부가 입안하고 실업부가 비준한 '이용외자판법초안(利用外資辦法草案)'을 반포하였는데, 여기에 "정부는 외국은행단 및 상업단체와 합자 형식을 취하거나 혹은 외국은행단, 상업단체로부터 차관을 도입하여 각종 실업을 일으킨다"라고 규정하였다. 합자의 경우 중국자본이 51퍼센트 이상을 차지하도록 규정하고 중국이사가 경영진의 다수를 차지하도록 규정하였다. 이 밖에도 총경리는 반드시 중국인으로 선임하도록 하였으며, 중국공사법 및 기타 법률의 규제하에 두도록 하였다.

국민정부의 중외합자를 통한 철로부설정책의 방침하에서 송자문(宋子文), 공상희(孔祥熙) 등은 '중국건설은공사(中國建設銀公司)'를 설립하고, 여기서 외국인과 합작하여 철로를 부설하는 업무를 추진하도록 하였다. 1934년부터 중국건설은공사 및 기타 중국은행단, 그리고 외국자본집단이 합자 형식을 통해 절공철로(浙贛鐵路), 성투철로(成渝鐵路), 경공철로(京贛鐵路) 등을 부설하기 위한 계약을 속속 체결하였다.

국민정부가 철로부설계획과 합자를 통한 철로부설정책을 시행한 이후 1932년부터 중국에서는 근대 철로 역사상 두 번째로 철로의 부설이 고조되는 시기에 접어들게 되었다. 1937년 중일전쟁이 전면적으로 폭발할 시기까지 6년 동안 부설된 철로는 일본이 동북 지역에서 부설한 철로를 제외하고 총연장 3,600킬로미터에 달하였다. 이는 중국철로 역사상 연평균 철로 부설이 가장 많았던 시기에 해당된다.

5. 전시 중국철로의 발전과 항전에의 기여(1937~1945)

중일전쟁 폭발 이전에 국민정부는 이미 항전의 준비를 갖추어 대비하였으며, 전쟁 발발 이후 최고통수부 및 철도부는 철로운수를 신속하게 전시체제로 전환할 수 있었다. 1937년 7월 24일 국민정부는 '철로전시운수판법'을 반포하고 1936년 12월 군사위원회가 반포한 '철도운수사령부조직조례'에 근거하여 정식으로 철도운수사령부를 설립하고 농해철로국장 전종택(錢宗澤)을 총사령으로 임명하여 전국의 철로 군운(軍運, 군사 운수)을 지휘하도록 하였다. 철도부와 철도운수사령부는 힘을 합해 전시 운수를 운용하였다.

1937년 7·7 사변으로 중일전쟁이 발발하자 철로는 중국군대의 이동 및 군수물자의 운수를 위해 매우 중요한 역할을 부여받았다. 일본군의 진격으로 철로 가운데 운용할 수 있는 노선이 점차 축소되었다. 그럼에도 특히 전쟁이 발발한 직후에 철로는 매우 중요한 역할을 수행하였다. 국민정부는 연안 지역의 생산설비 및 민간인, 중요 물자의 대후방(大後方)* 천이(遷移), 병력의 이동과 군비 수송 등에 철로를 적극 동원하였다.

이미 1931년 9·18 만주사변 이후 동북 지역의 철로는 사실상 일본의 수중으로 넘어갔으며, 대부분 남만주철로의 통일적 관리하에 편입되었다. 중일전쟁이 발발하자 일본군은 경제의 대동맥인 철로를 주요한 점령 목표로 설정하였다. 일본은 철로 연선을 따라 중국 내지로 침략을 확대해 나갔으며, 철로는 침략의 주요한 통로가 되었다. 일본은 침략전쟁의 지원과 확대를 위해 점령지 철로를 통해 군대를 운송하고 전쟁 물자를 실어 날랐으며, 자원을 약탈하고 항

----

* 대후방(大後方)이란 전후(戰後) 민간인의 거주지역(home front)를 가리키는 말로서, 전쟁을 수행하기 위한 물자를 생산하고 공급하는 지역을 가리킨다. 중국에서 대후방이란 중일전쟁 시기(항전 시기) 국민정부의 통치가 관철되고 있던 서남, 서북지역을 가리킨다(the area under KMT rule during the War of Resistance Against Japan). 중일전쟁 발발 이후 중국 국민정부는 사천성의 중경을 임시수도로 정하여 결사항전을 내외에 선포하였다. 이와 동시에 상해 등 연안지역의 생산설비를 후방으로 이전하여 항전을 위한 물적 기초를 확보하는 데 많은 노력을 기울였다.

일무장역량에 대한 공격을 감행하였다. 이 밖에 관내에서 일부 철로를 부설하기도 하였다.

일본군대는 중국철로에 대한 공습을 감행하였으며, 중국군이 주둔하는 지역에서 철로의 운수 보급을 차단하기 위해 노력하였다. 전쟁 발발 초기부터 중국의 철로는 일본전투기의 주요한 공습 목표가 되었다. 1937년 제2차 상해사변 이후 일본군은 생산설비의 후방 이전 및 중국군대의 이동을 저지하기 위해 막 준공된 전당강대교(錢塘江大橋)와 절공철로를 수시로 폭격하였다. 또한 국제교통의 요충인 월한철로의 남단과 광구철로에 대해서도 폭격을 감행하였다. 일본군이 화동(華東) 지역을 점령한 이후에는 절공철로의 금화(金華)에서 구주(衢州)에 이르는 구간과 소가철로(蘇嘉鐵路) 등을 파괴하였으며, 광주를 점령한 이후에는 다시 신녕철로(新寧鐵路), 조산철로 등의 영업이 중단되었고, 1939년에 이르러 철거되고 말았다.

일본군은 일단 철로를 점령하면 즉시 열차를 개통하여 중국을 침략하기 위한 유효한 수단으로 적극 활용하였다. 중일전쟁 폭발 직후부터 이미 일본은 신속히 철로를 점령하기 시작하였다. 1938년 10월 광주, 무한(武漢)이 함락되고 중국은 9,000킬로미터의 철로를 상실하였다. 이는 관내철로 총거리의 70퍼센트 정도에 해당되는 수치였다. 중일전쟁 시기에 일본의 침략으로 상실된 철로 노선은 약 1만 2,000여 킬로미터로서, 관내철로 총연장의 92.1퍼센트에 달하였다.

국민정부는 중경(重慶)으로 천도한 이후 대서남, 대서북을 항전을 위한 후방으로 설정하여 항전을 견지하였다. 대외적으로 국제교통선을 개척하여 외국으로부터의 원조 물자를 수용하고, 군운(軍運)의 편리를 적극 도모하였다. 동시에 국제교통 루트를 확보하여 중국에서 생산된 광산물을 외부로 수출하고, 이로부터 획득한 재원으로 군수물자를 구매할 수 있었다. 이와 같이 전시 서남지역 등 대후방의 철로는 항전의 주요한 물적 기초를 확보하는 데 크게 기여하였다.

철로의 부설자금은 대부분 국고로부터 지출되었다. 1938년 철로 부설을 위해 지출된 비용은 6,000여만 원에 달하였으며, 1939년에는 9,600여만 원에 달하였다. 1940년에는 1억 4,700만 원에 달하였으며, 1941년에는 3억 3,600만 원, 1942년에는 9억 5,900만 원, 1943년에는 9억 9,300만 원, 1944년에는 56억 700만 원에 달하였으며, 1945년에는 262억 500만 원, 1946년에는 887억 원, 1947년에는 1,603억 원에 달하였다. 1937년부터 1945년까지 국민정부가 부설한 철로는 총 1,900여 킬로미터로서 한 해 평균 230킬로미터에 지나지 않았다. 이는 북양정부 시기의 매년 부설 철로의 거리와 비슷하였다. 말하자면 근대 중국철로 부설 역사상의 두 번째 침체기라 할 수 있다.

노구교사변(蘆溝橋事變) 이후 철로 연선이 전장으로 변하면서 철로계획에는 근본적인 변화가 발생하였다. 전시 철로의 부설은 무엇보다도 항전의 역량을 강화하여 후방의 지위를 공고히 한다는 원칙을 견지하였다. 중경을 임시 수도로 선포한 이후 후방은 실질적으로 호남, 광서, 귀주, 사천, 운남 등이 중심이 되었다. 그러나 이들 성 간에는 상호 연계 교통이 크게 부족한 상태였다. 항전 초기 상계철로(湘桂鐵路)가 이미 부설을 시작하여 형양(衡陽)으로부터 계림(桂林)에 이르는 구간에 1938년 말에 이르러 열차를 개통하였다. 그러나 전쟁이 이미 호남성으로 파급되면서 상검철로(湘黔鐵路)의 운행이 중단되고 말았다. 그리하여 상검철로의 모든 레일 및 기타 자재를 옮겨 와 상계철로의 노선 연장을 위해 투입되었다. 이후 월한철로 역시 레일을 해체하여 상계철로를 유주(柳州)까지 연장 부설할 수 있었다.

이와 함께 유주로부터 검계철로(黔桂鐵路)를 부설하기 시작하여 귀주로 연결함으로써 후방 철로 교통 네트워크를 구축하였다. 검계철로는 이후 도균(都勻)까지 통하였으며, 후방 군수운송에 크게 공헌하였다. 항전 전에 이미 부설을 개시한 성투철로는 프랑스로부터 철로 부설을 위한 자재가 홍콩에 도착한 이후 장강의 교통이 막혀 내지로 운반해 들어올 수 없었다. 그리하여 공정이 진행되었으나 여전히 레일을 부설하여 열차를 운행할 수 없었다.

항전의 역량을 공고히 하기 위해서는 국제철로 노선을 개척하는 일이 매우 중요한 과제가 되었다. 연해 각 부두가 대부분 일본에 의해 점거되었기 때문에

후방을 통해 국제교통로를 개척할 수밖에 없었다. 이 가운데 광서에서 베트남으로 통하는 루트, 운남에서 미얀마로 통하는 루트가 가장 중요하였다. 상계철로를 부설하기 시작한 이후 계림으로부터 유주, 남녕(南寧)을 거쳐 바로 진남관(鎭南關)으로 나가서 베트남철로와 서로 연결하도록 하였다. 이 가운데 진남관에서 남녕에 이르는 구간은 프랑스와의 합작을 위해 중국건설은공사와 프랑스은행단의 협조를 통해 차관을 체결하였으며, 이를 발판으로 1938년 4월에 총연장 80킬로미터에 이르는 노선의 열차를 개통할 수 있었다. 베트남 경내의 철로 종점인 동당(同登)에서 국경에 이르는 4킬로미터는 프랑스 측이 부설하여 국경으로 진입하도록 하였다. 일본군대가 상륙하면서 부설은 중단되고 말았다. 그럼에도 당시까지 이 노선을 통해 운반된 물자가 적지 않았으며, 항전에 대한 공헌이 매우 컸다고 하겠다. 항전 시기에 대후방을 중심으로 부설된 대표적인 철로 노선으로 다음을 들 수 있다.

- 상계철로 ┃ 항전 폭발 이전에 이미 이 철로의 부설 계획이 있었으며 항전 폭발 이후 곧 부설공사에 착수하였다. 이 철로 노선은 항전 폭발 이후 새롭게 부설된 첫 번째 철로였다. 상계철로는 천한철로의 형양으로부터 동안(東安), 전주(全州)를 거쳐 광서성의 성회(省會, 성정부 소재지)인 계림에 도달하고 여기서 다시 유주, 남녕, 진남관을 거쳐 남쪽으로 베트남 국경 내 철로와 서로 연결되어 이를 통해 베트남 하이퐁 항구로 도달할 수 있었다. 즉 이를 통해 동남 연해 각 성과 서남 각 성의 교통이 연계되어 해안을 출입할 수 있어 전략적 의의가 매우 컸다. 상계철로의 총연장은 1,000킬로미터에 달하였다. 그러나 1939년 11월 일본군이 흠주(欽州)로 상륙하여 남녕을 점령하자 모든 부설 공정이 중단되었다. 전국이 긴박하게 전개되자 기차 차량을 동당으로 후퇴시키고 재로 물자도 동당으로 옮겼다. 상계철로국은 이미 부설된 레일을 철거하여 검계철로의 부설을 위해 사용하도록 전용하였다.
- 검계철로 ┃ 항일전쟁 발발 이후 서남은 대후방의 중심이 되었으며, 귀양(貴陽)은 서남지구 공로의 교통중심이 되었다. 상계철로의 부설 이후 만일

다시 유주로부터 귀양으로 통하는 철로를 하나 더 부설한다면 중경으로 통하는 운수능력을 크게 제고할 것이 명확하였다. 또한 부설의 과정에서도 철거한 기차 차량과 레일, 철로자재 등도 이용할 수 있어 외부로부터 구입할 필요도 없었다. 무한이 함락된 이후 교통부장 장가오(張嘉璈)[*]는 검계철로의 부설을 건의하였으며, 국민정부 중앙은 이를 승인하였다. 검계철로는 광서성 유주로부터 귀주성 귀양에 이르는 총연장 615킬로미터의 철로 노선이었다.

- **전면철로**(滇緬鐵路) | 중일전쟁 폭발 이후 전면공로의 부설에 더욱 속도를 내어 1938년 7월에 차량의 통행을 시작하였다. 전면공로는 대후방의 중요한 국제운수 노선이라 할 수 있다. 그러나 도로운수 능력은 한계가 있어 매년 운수량이 18만 톤 정도밖에 되지 않았다. 중국의 입장에서 장기항전을 견지하기 위해서는 반드시 매년 군용물자 20만 톤과 민수물자 10만 톤을 국외에서 운송해 와야 하였다. 만일 일단 해안이 전면 봉쇄될 경우 전면공로는 이와 같은 수요에 훨씬 미치지 못하였다. 따라서 전면철로를 부설하여 수입물자의 운수능력을 제고하는 일은 매우 중요한 일이 아닐 수 없었다.

전면철로의 측량은 1938년 겨울부터 1939년 봄에 걸쳐 대부분 완료되었다. 이 가운데 중국 측의 노선은 총연장 880킬로미터이며 미얀마 측의 노선은 총연장 184킬로미터에 달하였다. 궤간은 1미터로 부설하였는데, 이는 미얀마철로의 렝리 궤간과 합치하기 위한 이유에서 그러한 것이다. 마침내 1939년 봄에 정식으로 부설공사를 시작하였다. 이러한 가운데 1941년 5월 미국이 조차(租借) 법안을 통과시키고 중국이 전면철로를 부설하기 위한 재료차관으로 1,500만 달러를 제공하였다. 1942년 12월 태평양전쟁이 폭발하면서 미국의 레일이 중국으로 운반되던 것이 중단되었다. 1942

---

[*]   장가오는 1935년 12월에 철도부장으로 임명되었으며, 1938년 1월에는 교통부장으로 임명되었다. 그는 중일전쟁 시기에 상검철로, 상계철로 등의 부설을 통해 항전에 기여하였다.

년 3월 미얀마의 양곤이 일본군에 점령되었으며 전면철로의 모든 노선은 공사가 중단되었다.

- 서곤철로(敍昆鐵路) ㅣ 청말 이래 영국은 자신이 통제하고 있던 미얀마, 베트남에서 사천에 이르고 다시 여기에서부터 장강으로 통하는 철로의 부설을 추구해 왔으나 실현에 이르지는 못하였다. 항전 폭발 이후 국민정부가 중경을 임시수도로 정하고부터 사천의 장강 연안의 서부(敍府)로부터 곤명(昆明)에 이르는 철로의 부설이 현실적으로 매우 필요하게 되었다. 1938년 4월 교통부는 인원을 파견하여 철로 노선을 부설하기 위한 측량에 착수하였으며, 9월에 서곤철로공정국 및 천전철로공사(川滇鐵路公司) 이사회를 설립하여 서곤철로의 부설에 착수하였다. 마침내 곤명에서 곡정(曲靖), 선위(宣威), 위녕(威寧), 소통(昭通), 염진(鹽津)을 거쳐 서부(敍府)에 이르는 노선을 결정하였고 이는 총연장 850킬로미터에 달하였다. 서곤철로는 일찍이 1939년 12월에 프랑스은행과 차관계약을 체결하고 총 4억 9,000만 프랑을 차입하였으며, 중국건설은공사는 현금 3,000만 원을 차입하였다.

6. 항전 승리 이후 중국철로의 접관과 복구(1945~1949)

항전 승리 전야에 국민정부 교통부는 이미 '복원준비위원회'를 특설하여 종전 이후 교통사업의 접수 및 복원 업무를 진행할 제반 준비를 갖추어나가고 있었다. 1945년 7월에 중경국민정부는 '수복지구정치설시강요초안(收復地區政治設施綱要草案)'을 기초하고, "적이 소유하고 있던 교통설비, 자재 등을 일괄적으로 국유로 귀속하며 각 교통기관이 이를 접수하여 정리하도록 한다"라는 방침을 결정하였다. 종전 직후 국민정부는 중앙집중 접수의 방침을 세우고 전국의 철로를 평진(平津), 무한, 상해, 광주, 동북(東北), 대만(臺灣) 등 6개 지구로 나누고, 교통특파원을 각지로 파견하여 철도를 접수하도록 하였다.

1945년 8월 일본의 패전 선언 직후 국민정부는 전시 일본에 점령된 철로를 신속히 접수하고 파괴된 철로의 복구에 나섰다. 이러한 과정에서 특히 미국의 원조와 지지하에서 철로의 접수 업무를 진행할 계획을 수립하였다. 1946년 4월 국민정부는 미국에 만리장성의 남쪽지역 철로에 대해 3개월여에 걸친 정밀한 시찰을 요청하고, 그 결과를 바탕으로 철로 복구 계획을 수립하였다. 국민정부 행정원장 송자문의 초청으로 미국은 고문단을 조직하여 장성의 남쪽 8,000킬로미터에 이르는 철로 노선 및 당고신항(塘沽新港)에서 해남도 사이의 모든 중요 항만에 대한 조사를 실시한 이후 중국철로와 항만의 복구와 관련하여 보고서를 제출하였다. 이 가운데 중국철로의 복구 비용으로 약 3억 4,639만 달러가 소요될 것으로 추산하였다. 국민정부는 복구 비용의 70퍼센트 내외를 차관의 도입과 미국으로부터 자재 구매 등을 통해 조달하는 계획을 수립하였다.

이와 함께 1946년 3월 국민정부는 연합국선후구제총서(聯合國善后救濟總署)의 원조 아래 본격적으로 철도 복구 작업에 착수하였다. 같은 해 8월 연합국선후구제총서는 중국에 6억 달러의 구체물자를 공여하기로 결정하였는데 이 가운데 일부가 철로자재였다. 1946년부터 1948년에 걸쳐 연합국선후구제총서는 중국에 막대한 수량의 철도 자재를 공여하였다. 즉 강철 레일 및 철로 부품 총 8만 3,000톤, 교량 강재(鋼材)* 4만 3,000톤, 침목(枕木, 선로 아래에 까는 나무토막) 100만여 개, 기관차 242대, 화차 3,466량, 철로 부설기계 및 부품 1만 톤 등을 지원하여 중국의 철도가 신속히 복구될 수 있도록 지원을 아끼지 않았다.

연합국구제총서는 이들 자재를 월한철로 및 절공철로의 복구에 우선 사용하도록 지정하였다. 이러한 결과 월한철로가 1947년 7월에 복구되어 열차를 개통하였으며, 절공철로 주평구간에서도 1947년 9월부터 열차를 개통하였으며, 1948년 9월에는 전 노선이 복구되어 열차를 개통하였다. 남심철로는 1947년 말 복구되어 열차를 개통하였다. 이 밖에 회남철로(淮南鐵路), 강남철로(江南

---

* 건설공사 등의 재료로 사용하기 위해 압연 등의 방법으로 가공한 강철. 철광석을 채굴, 제련하여 만든다.

鐵路)도 1948년 9월과 10월에 각각 복구되어 열차를 개통하였다. 이와 동시에 국민정부 교통부는 '전후 제1기 철로건설 5년계획'을 제출하고 5년간 철로 1만 3,000여 킬로미터의 노선을 부설하기 위한 계획을 수립하였다.

일본군이 투항한 이후 장개석은 명령을 반포하고 공산당의 항일군대에게 현지의 방어에 전념하며 차후의 명령을 기다리라는 지시를 하는 한편, 적에 대한 임의의 행동을 금지하였다. 국민정부 군대에게는 작전을 가속화하여 적극 추진하도록 지시하는 한편, 패전 일본군에 대해서는 해당 지역의 치안을 책임 지도록 하였으며, 중앙정부의 승인 없이는 어떠한 부대의 개편도 하지 말도록 지시하였다. 미국은 맥아더 명의의 명령을 반포하여 일본군을 장개석정부 및 그 군대에 투항하도록 하고 공산당 무장역량에게는 무기를 반납하지 못하도록 하였다. 국민정부는 심지어 일본군에게 공산당 군대가 윤함구(淪陷區, 중국 내 일본군 점령지역, 종전 후 수복구)를 접수하지 못하도록 지시하였으며, 원적지에서 방위를 담당하도록 지시하였다. 심지어 해당 지역을 공산당군대가 점령할 경우 일본군이 책임을 지도록 하였다.

그러나 항전 중후기에 국민당군대가 전장으로부터 먼 서남, 서북 지역에 집중됨에 따라서 당시 광주, 대만 이외에 전국 대부분 지역의 철로는 이미 중국 공산당 군대에 의해 접수된 상태였다. 항전 승리를 전후한 시기에 중국공산당은 대만을 제외한 전국철로를 속속 자신의 세력관할로 편입해 나갔다. 1945년 8월 승리를 눈앞에 두고 중국공산당 제18집단군 총사령 주덕(朱德)은 7호 명령을 발포하고, 경봉철로, 경수철로, 경한철로, 동포철로(同蒲鐵路), 창석철로, 정태철로, 도청철로, 진포철로, 농해철로, 월한철로, 호녕철로, 광구철로, 조산철로 및 기타 해방구에서 일본군이 장악한 일체의 교통시설에 대해 공격을 감행하여 적군에게 무조건 투항하도록 지시하였다. 1945년 말 동북 지역에서 동·서·북부의 각 철로 노선은 기본적으로 대부분 중국공산당의 통제하에 접수되었으며, 화북철로 역시 대부분 이들에 의해 접수되었다.

모택동은 1945년 8월 13일 연안 간부회의에서 항전 승리는 인민의 피의 대가이며 상해, 남경, 항주(杭州) 등 대도시가 장개석에 의해 접수되었음을 지적하면서, 태원(太源) 북쪽의 동포철로, 평수철로(平綏鐵路) 중단, 북녕철로, 정태철로, 석덕철로(石德鐵路), 진포철로, 교제철로, 정주 동쪽의 농해철로 등은 반드시 해방구 인민의 손으로 접수해야 한다고 주장하였다.

모택동과 주덕은 장개석의 금령을 준수하지 않고 8월 9~11일 연속하여 최후일전의 구호 아래 일본군 점령구로 진격하도록 명령하였다. 중국공산당의 무장역량은 해방구와 적점령구 교차지에 분포한 유리한 형세를 이용하여 신속하게 일본군에 대한 전면적인 공세를 전개하였다. 또한 공산당 군대는 비단 해방구의 확대뿐만 아니라 철로를 접수한 이후 국민당이 철로 노선을 이용하여 해방구를 공격할 것에 대비하여 주동적으로 철로 노선을 파괴하기도 하였다.

이러한 가운데 1946년 1월 10일 미국대통령 특사인 마셜(George Marshall)의 중재하에 국공 양당은 정전협정을 체결하였다. 정전협정을 실행하기 위해 북평(北平)에 미국 및 국공 양당에서 각각 한 명씩의 대표를 두어 '군사중재집행부'를 설립하였다. 미국과 국민정부는 중재의 명목하에 화북철로교통의 회복을 추진하고 군중재부 아래 철로관리과를 설치하였으며, 이후 다시 교통처로 개조되었다. 주요한 임무는 국민정부 교통부장이 화북을 수복하는 데 협조하여 화중철로(華中鐵路) 노선상에서 열차를 개통하는 일이었다. 교통부는 즉시 인력, 물력, 조직을 준비하여 각 철로의 공정대를 조직하였다.

1946년 6월 말 국민정부가 전면내전을 발동하자 철로는 다시 수난을 벗어나기 어렵게 되었다. 중국공산당 점령구인 해방구의 군민들은 장개석 군대의 진공을 저지하기 위해 대대적으로 철로 파괴를 감행하였으며, 국민정부 통제하의 철로는 크게 파괴되었다. 해방구의 철로 노동자와 철로 연선의 농민은 레일을 철거하고 침목을 나르고 전선을 끊고 전신주를 뽑고 철로의 자재를 강에 던져버리거나 땅 속에 묻었다.

국민정부 군대가 철로를 이용하여 해방구로 진공할 것을 저지하기 위해 모택동은 철로 노선을 파괴하도록 명령하였으며, 동시에 국민정부 관할의 철로에 대해서는 집중적이며 대대적으로 파괴하도록 지시하였다. 내전은 1948년까지 진행되었으며, 국민정부가 내전에서 패하고 후퇴하는 과정에서도 철로 노선은 대대적으로 파괴되었다. 총체적으로 이 시기는 내전의 폭발로 새로운 철로의 부설이 사실상 어려웠을 뿐만 아니라 종래의 철로마저 대규모의 파괴를 피할 수 없었다.

특히 동북 지역은 전국 철로 총연장의 약 46퍼센트를 차지할 정도로 철로 노선이 집중된 지역으로서, 이 지역에서 철로의 신속한 복구는 전후 경제건설과 생산력 복구를 위해 매우 시급한 일이 아닐 수 없었다. 한편 중국철로 가운데 가장 밀도가 높았던 동북 지역의 철로 접수 상황을 살펴보면 다음과 같다.

1945년 2월 미국의 루스벨트와 영국의 처칠, 소련의 스탈린은 얄타에서 비밀회담을 거행하였다. 회담에서 소련은 독일의 패배 이후 3개월 이내에 대일작전에 참가할 것이며, 이와 함께 일본의 사할린 남부를 소련의 영유권으로 포함시키는 데에 미국과 영국이 동의하였다. 더욱이 1935년에 일본이 1억 4,000만 엔을 지불하고 매입한 중동철로를 중국과 소련의 공동관리하에 두기로 합의하였다.

얄타협정에서 합의된 내용을 이행하기 위해 1945년 8월 14일 중국정부는 소련과 모스크바에서 4개 항에 달하는 '중소우호협약'을 체결하고, 만주리(滿洲里)에서 수분하(綏芬河)까지, 그리고 남만주철로의 하얼빈에서 대련(大連), 여순(旅順)에 이르는 간선철로를 합병하여 중국장춘철로로 명명하기로 합의하였다. 이와 함께 이 철로를 중·소 양국의 공동소유 및 공동경영으로 운영하기로 합의하고, 30년 이후 소련이 무상으로 중국에 반환하기로 결정하였다.

이 밖에도 중·소 양국은 장춘철로의 경영을 전담하기 위해 중국장춘철로공사를 설립하고, 여기에 이사회를 두는 데 합의하였다. 이사회에는 중·소 양국이 각각 이사 5명을 파견하여 조직하며, 이사장에는 중국인을 임명하고 부이사장에는 소련인을 임명하도록 하였다. 이사장은 투표 시에 2표로 계산하도록 하였으며, 이사회의 법정 가결 수는 7명으로 정하였다. 이 밖에도 감사회를 두고 중·소 양국에서 각각 감사 3명을 파견하여 조직하도록 하였다. 소련 측 감사가 감사장을 맡으며, 감사장은 투표 시에 2표로 계산하였다. 감사회의 법정가결수는 5명으로 정하였다.

1945년 8월 14일 국민정부는 소련정부와 중국장춘철로와 관련된 협정을 체결하였다. 1945년 8월 30일 중경국민정부는 동북 지역의 접수와 관련하여 '수복동북각성처리판법요강(收復東北各省處理辦法要綱)'을 공포하였다. 주요한 내용은 구(舊)만주국을 접수, 관리하는 중앙파출기관으로 '군사위원회 동북행영(東北行營)'을 설치하고 그 아래 정치, 경제 두 위원회를 두며, 구(舊)동북 3성을 새롭게 요녕(遼寧), 안동(安東), 요북(遼北), 길림, 송강(松江), 합강(合江), 흑룡강(黑龍江), 눈강(嫩江), 흥안(興安)의 9성으로 분할하며, 장춘에 외교부 동북특파원공서(東北特派員公署)를 설치한다는 내용이었다. 9월에 들어 국민정부는 웅식휘(熊式輝)를 동북행영 주임 겸 동 정치위원회 주임위원으로, 장가오를 동 경제위원회 주임위원 겸 중국장춘철로공사 중국대표로, 장경국(蔣經國)을 외교부 동북특파원으로 임명하였다.

이러한 가운데 소련군은 점령 기간 동안 동북 지역에서 중·소 국경에 근접한 북안(北安) - 흑하(黑河), 영년(寧年) - 곽룡문(霍龍門), 밀산(密山) - 호두(虎頭), 수양(綏陽) - 동녕(東寧), 신흥(新興) - 성자구(城子溝) 노선, 그리고 심안선(沈安線)의 소가둔(蘇家屯)에서 금산만(金山灣)에 이르는 철로 노선 등 1,500킬로미터에 달하는 강관 레일, 철교 및 기계설비를 철거하여 전리품으로 소련으로 운반해 갔다. 동북 지역의 철로가 소련군의 약탈로 입은 피해는 실로 막대하였다. 소련이 동북 지역으로부터 약탈해 간 액수는 무려 2억 2,139만 달러에 달하였으며, 이로 인해 철도의 가동률이 절반 이하로 감소되었다. 일본기술자들의 피해 조사액에 따르면 철거해 간 액수가 1억 9,375만 6,000달러에 달하였다. 다른 조사에서도 철로 수리공장의 50퍼센트가 철거되었으며, 철로 차량의 90퍼센트가 감소하였고, 레일의 15퍼센트가 해체되었다고 기록하였다.

1946년 3월 소련 홍군이 동북에서 철수하기 시작하자 원래 소련홍군사령부가 감독 관할하던 중국장춘철로 이외의 동북철로는 모두 동북인민해방군에 의해 접수, 관리되었다. 7월 동북철로총국이 성립되어 중공중앙 동북국 부서기 진운(陳雲)이 국장을 겸임하였다. 이후 머지않아 여정조(呂正操)가 국장에 임명되었다. 동북철로총국은 성립된 이후 방대한 철로노동자의 지지하에 철로 수복을 위해 노력하고 정상적인 운수를 가능하게 하였으며, 이를 통해 소위 '해방전쟁'을 지원하였다. 1947년 5월 동북민주연합군은 공세를 발동하여 국민정부군의 세력을 크게 축소시켰다. 이후 9월 다시 공세를 전개하였다.

9월에 들어 동북민주연합군은 공세를 강화하여 경봉철로 금주(錦州)에서 산해관 구간 및 장춘철로를 공격하여, 장춘에서 개원에 이르는 구간을 제외하고는 거의 모든 노선을 장악하였다. 이들은 1948년 3월에 이르러 안산, 영구(營口), 길림, 사평 등을 접수하고 장춘에서 심양(瀋陽), 심양에서 금주에 이르는 노선을 제외한 모든 동북철로를 접수하였다. 12월 동북민주연합군(다음 해 1월 1일 동북인민해방군으로 개칭)은 중장철로(中長鐵路) 연선과 산해관에서 심양에 이르는 경봉철로 연선지역에 대한 대대적인 공세를 시작하였다. 동북철로를 접수, 관리하는 과정에서 동북철로총국은 철로의 경영을 점차 개선하여 기업화의 방향으로 발전시켰다. 기타 지구의 철로 역시 점차 인민정권에 의해 접수, 관리되었다. 1948년 9월 화북인민정부가 성립되고 무경천(武竟天)이 교통부장에 취임하였다. 1949년 1월 10일 중국인민혁명군사위원회 철도부가 성립되어 등대원(騰代遠)이 부장에 취임하였으며, 전국 각 해방구의 철로를 통일적으로 관리할 수 있게 되었다. 이달 회해전역(淮海戰役), 평진전역(平津戰役)이 종결되었고 화북지구의 거의 모든 지역의 철로와 장강 하류 강북지구 철로가 군위 철도부에 의해 접수, 관리되었다. 4월 인민해방군이 도강전역(渡江戰役)을 발동하였으며 동시에 제1야전군이 서북에 승리를 쟁취하였다. 5월 중국인민해방군 철도병단이 건립되어 철로의 복구를 위해 힘을 결집하였다. 1949년 말 서장(티베트) 이외 지역은 대부분 중국공산당의 통치하에 편입되었다. 대만을 제외한 전국 대부분의 지역에서 철로가 복구되었다. 이 해 철도병단은 8,278킬로미터의 철로를 수복하고 전국철로의 총연장은 2만 1,810킬로미터에 달하였다.

중화인민공화국 수립 직전인 1949년 7월 23일 주은래(周恩來)는 "교통운수의 회복은 무엇보다도 철로를 시급히 복구하는 것으로부터 시작되어야 한다. 2만여 킬로미터에 달하는 철로 가운데 올해 반드시 80퍼센트 이상을 정상화하고, 내년에 다시 20퍼센트를 복구할 계획이다. 그뿐만 아니라 신설 노선을 발전시켜 나가야 한다. 생산력의 회복은 반드시 교통운수의 복구에서부터 시작되어야 한다. 예를 들어 회남철로의 복구는 회남의 석탄 생산량의 증가로 이어져 상해의 공업 발전을 보증하게 되는 것이다"라고 강조하였다. 1949년 10월 1일 중화인민공화국 수립 이후 군사위원회 철도부는 중앙인민정부 정무원의 통제하에 편입되어 전국의 철로를 경영 관리하는 임무를 부여받았다. 1949년 10월 1일 중화인민공화국이 수립되고 군위철도부는 중앙인민정부정무원이 영도하게 되었으며 여전히 등대원이 부장을 맡았다. 전국철로의 운수생산, 기본건설과 기차 차량공업의 통일을 기하였다. 이제 중국철로는 새로운 시대로 접어들었다.

1946년부터 1949년까지 전국에서 새로 부설된 철로는 총 191.3킬로미터이며, 이 가운데 해방구의 자산에서 자현에 이르는 경편철로(輕便鐵路) 59킬로미터, 대만 17킬로미터였고, 항전 기간 미완성의 기강철로(綦江鐵路) 98킬로미터 가운데 전후(戰後)에 부설된 부분은 19킬로미터에 지나지 않았다. 중국철로는 전면적인 정체와 붕괴의 시기를 맞았다. 1949년 10월 중화인민공화국이 수립되고 내전이 종결된 이후에 중국철로는 비로소 새로운 발전의 전기를 맞이하였다.

참고문헌

堀川哲南 著, 王載烈 譯, 「上李鴻章書」, 『孫文과 中國革命』, 역민사, 1983.9.

姜明淸, 『鐵路史料』, 國史館, 1992.5.

金士宣, 『中國鐵路發展史』, 中國鐵道出版社, 1986.11.

林福耀, 「日本資本主義發展段階に於ける支那市場の意義」, 『支那經濟事情研究』, 東亞事情研究會, 1935.2.

宓汝成, 『中國近代鐵路史資料』 1冊, 中華書局, 1984.

宓汝成, 『中華民國鐵路史資料』, 社會科學文獻出版社, 2002.9.

孫文, 『孫中山全集』 二卷, 中華書局, 1982.

楊勇剛, 『中國近代鐵路史』, 上海書店出版社, 1997.

李占才,『中國鐵路史』, 汕頭大學出版社, 1984.6.

張其昀,『建國方略研究』, 中國文化研究所, 1962.10.

朱馥生,「孫中山實業計劃的鐵道建設部分與湯壽潛'東南鐵道大計劃'的比較」,『民國檔案』1995年
        1期, 1995.3.

周新華,「孫中山'實業計劃'述評」,『鎮江師專學報』1994年 2期.

山本有造,「國民政府統治下における東北經濟」,『近代中國東北地域史研究の新視覺』, 山川出版
        社, 2005.

吾孫子豊,『支那鐵道史』, 生活社, 1942.

逸見十朗,『中華民國革命二十周年記念史』, 1931.4.

井村哲郎,「戰後蘇聯の中國東北支配と産業經濟」,『近代中國東北地域史研究の新視覺』, 山川出
        版社, 2005.

제1부

1911~1926년

중화민국 수립과 철로의 본격적 발전

01장

동성철로(同成鐵路)

산서성과 사천성의 연결 철로

연 도	1911~1911(일부 개통)
노 선 명	동성철로
구 간	대동(大同) - 성도(成都)
레 일 궤 간	1.435미터
총 연 장	45킬로미터(열차 개통 10킬로미터, 기반공사 35킬로미터)
기 타	

　동성철로는 산서성(山西省)의 대동부(大同府)와 사천성(四川省)의 성도부(成都府)를 통하는 노선이다. 당초 부설 계획에 따르면, 대동에서 경수철도(京綏鐵道)와 연결하고, 남쪽으로는 태원(太原)에서 정태철로(正太鐵路)와 연결하도록 하였다. 이 철로는 산서성을 남북으로 종관(縱貫)하여 포주(浦州)에서 황하를 건넌 이후 산서성의 서안(西安)까지는 농해철로(隴海鐵路)와 선로를 공동으로 이용하도록 계획되었다. 서남으로는 진령(秦嶺), 대파산(大巴山)의 두 산맥을 넘어 진잔(秦棧), 촉잔(蜀棧)의 험로를 지나 마침내 성도에 도달하는 노선으로 결정되었다. 동성철로가 개통된다면 석탄과 철의 산지인 산서성을 관통하며, 더욱이 사천성의 요지를 지나므로 경제적인 가치가 매우 높을 것으로 평가되었다.

　동성철로는 1907년 부설을 결정하여 1911년 2월 부설공사에 착공하였으며, 1911년 9월에 유차(楡次)로부터 태원(太原) 북요촌(北要村) 사이의 10킬로미터가 개통되어 열차를 운행하였다. 유차(楡次)로부터 대곡(太谷) 사이의 35킬로미터는 궤도를 지지하는 지반을 다지는 노반공사를 마무리하였다. 그러나 신해혁명이 발발하면서 공사는 중단되고 말았다. 1913년 산서성의회는 부설 자금의 부족을 이유로 이 철로를 국유화하기로 결정하였다. 당시 국유철로인 장수철로(張綏鐵路)가 장차 대동까지 열차를 운행할 예정이었으며, 농해철로 역시 변락(汴洛) 구간이 이미 완공되었고, 낙동(洛潼) 구간도 이미 부설공사에 착수한 상태였다. 이러한 가운데 산서성이 원래 조직하였던 상판 동포철로공사가 자금의 부족으로 말미암아 철로의 부설공사를 계속 지연시키고 있었으며, 공사(公司)는 장차 해체될 예정이었다. 이러한 이유로 동포철로를 국유로 귀속시키는 동시에, 포주 강 건너의 동관(潼關)을 서안(西安)으로 연결하여 한중(漢中)을 거쳐 성도(成都)에 도달하게 하여 이를 동성철로(同成鐵路)라 명명하고, 경한철로(京漢鐵路) 서쪽의 종관 간선철로로 삼으려 계획하였다.

1913년 7월 중화민국 교통부와 재정부는 벨기에, 프랑스 양국철로공사와 동성철로차관합동(同成鐵路借款合同)을 체결하였다. 주요한 내용은 다음과 같다.

① 공사(公司)는 중국정부에게 연리 5리(厘)로 차관 1,000만 파운드의 차관을 제공한다.

② 차관은 동성철로를 대동(大同)에서 경수철로와 연결하는 데, 그리고 태원, 평양(平陽), 포주, 동관, 서안, 한중을 거쳐 성도에 이르는 철로를 부설하는 데 사용한다. 또한 이전의 상판 동포철로공사는 중국정부가 국유로 회수한다.

③ 차관은 40년 기한으로 10년 거치 이후 11년째부터 원금을 상환한다. 10년 이후 중국정부는 하시라도 원금을 상환할 수 있다.

④ 차관의 담보는 동성철로와 관련된 일체의 재산 및 장래 영업 개시 이후의 수입으로 설정한다.

⑤ 계약 체결 이후 6개월 이내에 측량에 착수해야 하며, 측량이 완료된 이후 5년 이내에 준공해야 한다.

⑥ 중국 측이 파견한 총판은 공사와 상의하여 벨기에, 프랑스 국적 인원을 총공정사로 임명한다.

⑦ 동등한 가격이라면 철로 부설 자재는 프랑스제, 벨기에제를 우선적으로 구매한다.

⑧ 장래 지선의 부설이 필요하거나 연장 공사를 진행하게 되어 외국자본을 차입할 경우 우선적으로 공사와 상의해야 한다.

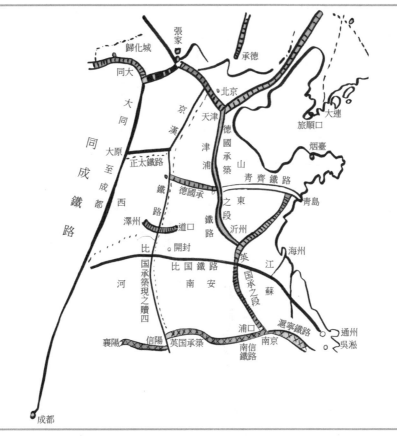

01-1 ● 동성철로 노선도 1

⑨ 부설이 완료된 이후 철로 관련 업무는 총공정사가 총판을 보좌하여 경영
하도록 한다.

공사는 원세개의 지시에 따라 우선적으로 100만 파운드와 800만 프랑을 선
대금으로 지불하고, 선대금에 근거하여 공사가 임시로 채권을 250퍼센트, 즉
300만 파운드를 발행하였다. 채권은 정태철로(正太鐵路)의 자산 및 수입, 그리
고 경한철로의 이윤을 담보로 설정하였다. 이는 원세개가 철로차관을 군정비
로 전용한 발단이 되었다.

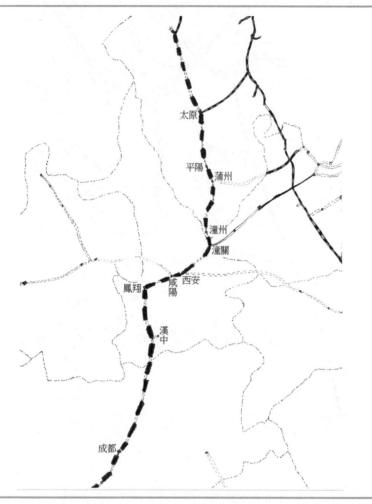

01-2 ● 동성철로 노선도 2

이 노선은 대동으로부터 산서성을 종관하여 태원을 거쳐 포주와 황하 북안
(北安)의 풍릉도(風陵渡)에 이르며, 동관(潼關)에서 농해철로와 서로 연결된다.
부설공사를 진행하는 기반은 황토지대로서 공정에 특별히 어려운 점은 없었
다. 동관에서 서안에 이르는 지역도 지세가 완만하여 공정상 난점이 없었다.
서안에서 성도에 이르는 구간은 1915년에 교통부가 공정사 장홍고(張鴻誥)가

벨기에공정사와 회동하여 함께 측량을 시행하였다.

　　그러나 1차대전 발발로 부설 자금의 공급이 차단되면서 동성철로의 부설공사는 예정대로 진행되기 어려웠다. 이후 중국정부가 별도의 자금을 마련하여 부설공사를 진행한 결과 1934년 서안에까지, 1937년에는 보계(寶鷄)에까지 이르게 되었다. 이후 1940년 국민정부 교통부는 보계에서 성도에 이르는 노선의 부설 계획을 수립하고 이를 통해 항전 시기 후방의 교통 편의를 도모하고자 하였으나, 실현에 이르지는 못하였다.

참고문헌

張雨新, 「試論抗戰時期成同鐵路的修建與同官地區煤炭業的發展」, 『西安文理學院學報』 2017年 1期.
楊玉霞, 「晚淸民國時期的山西交通」, 『魅力中國』 2019年 29期.
曾謙, 「近代山西的道路修築與交通網絡」, 『山西農業大學學報』 2009年 8期.

02장

계감철로(溪城鐵路)

남만주에 위치한 석탄 운반용의 중일합판 철로

연　도	1913~1914(1914년 2월 개통)
노 선 명	계감철로(溪城鐵路), 계감철로(溪碱鐵路), 계전철로(溪田鐵路)
구　간	본계호(本溪湖) - 감창(城廠)
레일 궤간	0.762미터, 만주사변 이후 1937년 표준궤로 변경
총 연 장	84킬로미터
기　타	

계감철로는 남만주에 있는 중일합판의 경편철로로서 본계호(本溪湖)로부터 태자하 상류에 위치한 소도시인 역창(城廠)[계감(溪碱)]에 이르는 84킬로미터의 노선이다. 철로 연선에 전십부구(田什付溝), 우심태(牛心台) 등 매장량이 풍부한 탄광이 즐비하였다. 1911년에 하북인(河北人) 유석신(劉錫臣) 등이 본계(本溪)로부터 동쪽으로 15킬로미터 지점에 위치한 우심태매광(牛心台煤礦)에서 산출된 석탄을 운송하여 판매하기 위해 우심태를 출발하여 본계에 이르는 경편철로의 부설을 계획하는 한편, 이를 위해 본계호매철공사(本溪湖煤鐵公司)를 창립하였다. 그러나 철로를 부설한 경험이 전무한 데다 자금까지 부족하여, 남만주철도 주식회사로부터 차관을 도입할 수밖에 없었다.

이러한 가운데 철로의 부설권을 둘러싸고 중일 간에 분쟁이 발생하자 봉천 성정부와 남만주철도주식회사, 그리고 본계호매철공사의 3자 사이에 협상이 진행되어 다음과 같이 합의하였다. 즉 철로는 중일합판의 형식으로 부설하며, 구체적으로 남만주철도주식회사와 본계호매광공사(本溪湖煤礦公司)의 합판으로 한다. 자본금은 남만주철도주식회사가 70퍼센트를 출자하며 본계호매광공사가 30퍼센트를 출자한다. 철로의 경영은 남만주철도주식회사에 위탁한다.

이와 함께 철로감독에는 중국인 총판이 겸임하도록 하였다. 이사는 남만주

02-1 ● 계감철로 노선도 1　　　　　　　02-2 ● 계감철로 노선도 2

철도주식회사가 인원을 파견하여 겸임하도록 하였으며, 기타 직원은 양국이 절반씩 임명하도록 합의하였다. 이후 1913년 10월 본계호로부터 우심태, 전사부(田師傅)*를 거쳐 감창(城廠)에 이르는 노선의 부설에 착수하였다. 1914년 2월 본계호 기차역 부근의 명산역(明山驛)으로부터 시작하여 태자하(太子河)를 따라 우심태에 이르는 총연장 24킬로미터의 노선이 완공되었다. 궤간은 0.762미터의 협궤였으며, 1914년 2월 열차를 개통하였다. 이후 1915년 9월 25일 봉천성정부는 남만주철도주식회사의 요구를 수용하여 중일합판 본계호매철공사(本溪湖煤鐵公司)를 중일계감철로공사(中日溪城鐵路公司)로 개조하기로 하는 협약에 서명하였다.

만주사변 이후 이 철로는 기존의 협궤를 표준궤로 개조하였다. 1937년 8월 만주국정부는 이 철로를 수매하여 남만주철도주식회사에 경영을 위탁하였다. 같은 해 경편철로를 표준궤 철로로 개조하는 공사에 착수하였으며, 선로를 전사부까지 연장 부설하였다. 마침내 1939년에 이르러 이 철로는 본계호에서 우심태를 거쳐 전사부에 이르는 총연장 84킬로미터의 노선을 완공하였다. 1938년부터 열차를 개통하여 영업을 개시하였다. 1939년에 전사부까지 표준궤로 개축되었다. 2차대전 종전 후 1948년 10월 중국공산당이 본계(本溪)를 접수하면서 이 철로를 접관하여 국영화하였다.

---

*　이 지역의 정식 명칭은 전사부(田師傅)이며, 당시 사람들이 전사부(田師付)라고도 불렀다.

참고문헌

張偉, 「東北自建鐵路面臨的難題與財政難題的破解」, 『遼寧大學學報』 2004年 3期.

李淑雲, 「九一八事變前的東北鐵路建設」, 『遼寧大學學報』 1999年 3期.

程維榮, 『近代東北鐵路附屬地』, 上海社會科學院出版社, 2008.

董說平, 『中日近代東北鐵路交涉硏究』, 遼寧大學出版社, 2011.

03장

포신철로(浦信鐵路)

경한철로와 진포철로를 연결하는 동남지역 철로

연 도	1914~(일부 개통)
노 선 명	포신철로, 영서철로(寧西鐵路)
구 간	포구(浦口) - 신양(信陽)
레일 궤간	0.762미터, 만주사변 이후 1937년 표준궤로 변경
총 연 장	86.9킬로미터
기 타	

포구(浦口)는 진포철로(津浦鐵路)의 역이 있으며, 남경의 건너편에 위치한다. 포(浦)는 남경의 건너편인 포구, 신(信)은 하남성 신양주(信陽州)를 가리킨다. 신양(信陽)은 평한철로(平漢鐵路)의 역이 있으며 포신철로는 진포철로와 경한철로(평한철로)의 양 철로를 연결하는 동남선이다. 동쪽의 기점은 포구 북쪽의 조의역(鳥衣驛)[포구의 북쪽 약 20리]이며 중도에 안휘성의 전초(全椒), 합비(合肥), 육안(六安)과 직예성의 고시(固始), 한천(漢川), 나산(羅山)을 거쳐 신양에 도달한다. 연도에 큰 강이나 산맥이 존재하지 않아 부설공사에 큰 어려움은 없을 것으로 예측되었다. 1913년 측량을 시행하였으며, 1937년에 다시 진포철로국에서 측량대를 조직하여 측량을 실시하였다.

전체 노선을 보면 합비의 동쪽은 장강 유역에 해당되며 서쪽은 회하(淮河) 유역에 해당된다. 이 두 유역의 분수령은 합비 서쪽의 관형진(官亭鎭) 부근이며, 이 지점은 두 하류의 고원지역(高原地域)이다. 따라서 분수령이 되는 지역의 고도 차이는 심하지 않았다. 조의에서 합비에 이르는 구간의 노선은 측량 결과 총연장 123킬로미터였다. 합비에서 신양에 이르는 노선은 총연장 203킬로미터로서 대체로 회하 남쪽 기슭의 평원을 지나며, 높은 산맥도 존재하지 않았다.

당초 기차역의 예정 부설 지점은 합비, 대촉산(大蜀山), 소촉산(小蜀山), 대백

점자(大白店子), 관정(官亭), 금교(金橋), 삼십리포(三十里鋪), 육안(六安), 서가집(徐家集), 춘수점(春樹店), 홍가집(洪家集), 서부점(西阜店), 조룡묘(鳥龍廟), 노가점(盧家店), 유집(劉集), 청하집(淸河集), 유수점(柳樹店), 고시(固始), 양관(陽關), 호수포(胡樹鋪), 황석강(黃石崗), 산파사(傘坡寺), 광주(光州)[한천(漢川)], 호가점(胡家店), 경가색(耿家塞), 생철포(生鐵鋪), 죽간포(竹竿鋪), 나강(羅江), 난간포(蘭干鋪), 오리점(五里店), 중산포(中山鋪), 신양(新陽)이었다.

일찍이 1898년 영국은 청조에 포구에서 신양에 이르는 철로의 부설권을 요구하였다. 같은 해 11월 독판철로총공사 성선회는 영상 이화양행(怡和洋行)과 '포신철로초합동'을 체결하고, 차관의 조건을 호녕철로와 동일하게 규정하였다. 이와 함께 이화양행이 가급적 조속히 공정사를 중국으로 파견하여 선로를 측량하고, 측량이 끝나면 정약(正約)을 체결하기로 합의하였다. 그러나 차관이 체결된 이후 얼마 지나지 않아 의화단운동이 일어나면서 공사가 중단되고 말았다.

1908년 영국공사는 중국에 포신철로 정약의 체결을 독촉하였다. 중국 측은 이 철로 노선이 대부분 벽지를 통과하는 까닭에 수익이 적을 것을 우려하여 부설을 지연시켰다. 이러한 이유로 영국이 계속 재촉하였지만 교섭은 타결되지 못하였다. 1913년 북경정부는 심운패(沈雲沛)를 포신철로 독판으로 임명하고, 그에게 화중공사(華中公司) 대표와 차관계약 협상을 추진하게 하였다. 마침내 1913년 11월 재정총장 웅희령(熊希齡), 교통총장 주백제(周白齊)는 화중철로공사와 포신철로차관정약을 체결하였다. 차관의 주요 내용은 다음과 같다.

① 중국정부는 화중철로공사로부터 포신철로차관 300만 파운드를 차입하며, 이자는 5리로 한다.

② 차관은 40년 기한으로 하고, 11년 경과 이후 상환을 시작한다.

③ 차관은 본 철로의 자재, 차량 등 자산 및 철로 개통 이후의 수입을 담보로 한다.

④ 독판이 영국인 총공정사를 선임하여 부설 및 관리 공정을 위임한다. 재정의 관리 역시 독판이 영국인을 총회계로 선임한다.

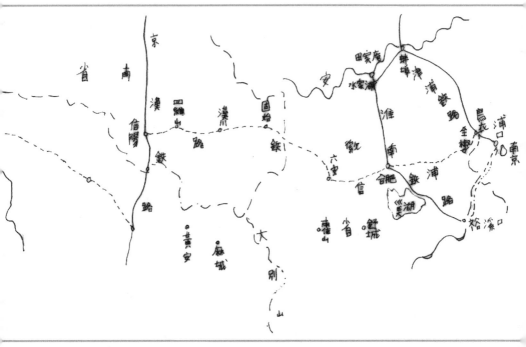

03-1 • 포신철로 노선도 1

포신철로는 포구(浦口)에서 시작하여 신양(信陽)에 이르는 철로 노선으로서 진포철로, 회남철로, 경한철로와 연결되도록 설계되었다.

⑤ 철로 공정이 완공된 이후에는 총공정사를 두지 않고 별도로 독판이 영국인을 양로공정사(保線技師)로 임명한다.

⑥ 이후 본 철로의 지선이나 연장선을 부설하기 위해 외국자본을 차입할 경우 반드시 본 공사와 협의한다.

1913년 중국과 영국인 공정인원은 합동으로 선로의 측량을 시작하였다. 이를 기반으로 하여 1914년 5월 부설공사에 착수하였다. 측량 결과 유집(劉集) - 청하집(淸河集) - 유수점(柳樹店) - 고시(固始) - 양관(陽關) - 호족포(胡族鋪) - 춘하집(春河集)으로 노선을 확정하고 남경 포구에서 신양을 연결하기로 하였다. 그러나 마침 1차대전이 폭발하여 채권의 교역 및 외환거래가 모두 중단되었으며,

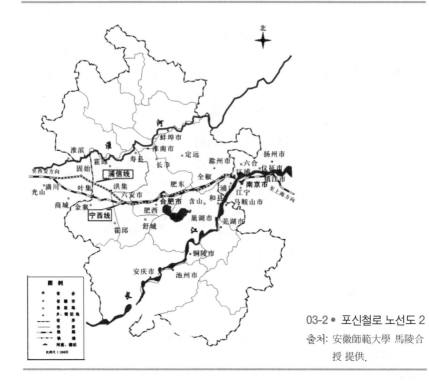

03-2 • 포신철로 노선도 2
출처: 安徽師範大學 馬陵合
授 提供.

따라서 철로를 부설하기 위한 자금의 공급이 막히자 어쩔 수 없이 7월부터 공사를 중단하고 말았다. 이후 부설이 무기한 연기되었다.

1930년 회남광무국(淮南鑛務局)이 회남철로(淮南鐵路)의 부설에 착수하여, 북에서는 회하(淮河) 남쪽 기슭에 위치한 전가엄(田家俺)에서 시작하여 남으로 합비를 거쳐 장강 유역의 유계구(裕溪口)에 도달하였다. 그러나 중일전쟁 폭발 이후 일본이 강회(江淮) 일대를 점령하여 수가호(水家湖)로부터 진포철로의 방부역(蚌埠驛) 방향으로 일부 구간을 부설하였다.

참고문헌

楊文生,「浦信鐵路與軍事之關係」,『武德』7期, 1914.

「浦信鐵路卽拟興建」,『改進專刊』17期, 1936.

姜新,「浦信鐵路借款合同評議」,『江蘇師範大學學報』7期, 1914.

唐錫强,「抗戰時期日僞對安徽的經濟掠奪」,『安徽史學』1994年 1期.

王德春,「聯總援助與我國交通改」,『史學月刊』2003年 3期.

04장

흠투철로(欽渝鐵路)

광서, 귀주, 운남, 사천성을 연결하는 서남철로

연 도	미개통
노 선 명	흠투철로
구 간	흠주(欽州) - 중경(重慶)
레일 궤간	1.435미터
총 연 장	715킬로미터(1,430리)
기 타	

흠투철로의 흠(欽)은 광서성의 흠주(欽州)[현재의 흠현(欽縣)], 투(渝)는 사천성의 주요 도시인 중경(重慶)으로서, 이들 양 지역 간을 연결하는 총연장 715킬로미터(1,430리)의 노선으로 계획되었다. 민국 이후 서남지역 각 성은 서남지역에 철로를 부설하여 각 지역 간의 연계를 강화해 주도록 여러 차례에 걸쳐 중앙정부에 청원하였다. 1차대전 직전 독일, 미국, 프랑스 3국의 자본가들도 서남지역에서 경쟁적으로 전옹철로(滇邕鐵路)[운남부(雲南府) - 백색청(百色廳) - 남녕부(南寧府) 구간], 혹은 백북철로(百北鐵路)[백색(百色) - 용주선(龍州線), 용주(龍州) - 남녕선(南寧線), 남녕(南寧) - 북해선(北海線)의 3선], 혹은 전촉철로(滇蜀鐵路)[운남부(雲南府로부터 성도 또는 중경에 이르는 구간] 등 수많은 철로 부설 계획을 수립하고, 중국정부에 승인을 요청하였다.

이러한 가운데 1914년 1월 교통총장 주자제(周自齊)가 국무회의에 흠투철로의 부설을 상신하였다. 이 철로는 광서성(廣西省)의 흠주를 출발하여 남녕, 백색(百色), 흥의(興義), 나평(羅平), 운남[곤명(昆明)], 서주(叙州)[의빈(宜賓)]를 거쳐 중경에 도달하는 노선이었다. 철로가 부설된다면 광서성, 귀주성, 운남성, 사천성이 하나로 연계되게 되는 것이다. 국무회의는 이 제안을 통과시켰다.

그런데 이 철로가 지나는 서남지역은 원래 프랑스의 세력 범위로서, 프랑스가 오랫동안 철로 부설을 요구해 왔던 지역이었다. 이러한 이유로 중국정부는 이 철로를 부설하기 위해 프랑스의 중법실업은행(中法實業銀行)과 차관 도입 문제를 협의하게 되었다. 마침내 프랑스는 흠투철로의 부설권을 획득하고, 중법실업은행을 통해 차관을 제공하기로 약속하였다. 차관의 주요한 내용은 다음과 같다.

① 연리 5리로 차관 총액 6억 프랑을 중국정부에 공여한다.

② 차관의 용도는 첫째, 흠주를 출발하여 남녕, 백색, 홍의, 나평을 거쳐 운남 남부에 이르는 철로를 부설하기 위한 것이다. 이와 함께 각종 차량과 자재를 구매한다. 둘째, 운남부(雲南府)를 출발하여 서주부(敍州府)를 거쳐 강을 건너 중경에 도달하는 철로를 부설하며, 차량과 자재를 구매하기 위한 용도로 사용한다. 셋째, 흠주항 및 일체의 부속 시설을 부설하기 위한 용도로 사용한다. 넷째, 각 공정에 필요한 물품을 구매한다. 다섯째, 공정 기한 내 이자를 상환하기 위한 용도로 사용한다.

③ 차관의 상환 기한을 50년으로 정하고, 16년째부터 원금을 상환하기 시작한다.

④ 흠주 - 운남 구간 및 운남 - 중경 구간의 철로 및 부속 차량, 자재, 건축물 및 개통 이후의 수입을 차관의 담보로 설정한다.

⑤ 중국정부는 독판 1명을 파견하며, 독판은 은행과 상의하여 프랑스인 총공정사 1명을 선임한다. 부설 공정이 완료된 이후 열차를 개통하게 되면, 독판은 은행과 상의하며 별도로 프랑스인 공정사 1명을 초빙하여 철로의 관리를 위임한다. 이와 함께 독판은 은행과 상의하여 프랑스인 총회계 1명을 선임하여, 차관 기간 내에 수입 및 지출을 관리하도록 한다.

⑥ 철로 자재를 구매할 경우 같은 가격이라면 가능한 한 프랑스산 제품을 구매한다.

이 철로는 광서성의 흠주를 출발하여 남녕, 백색, 귀주(貴州)의 홍의, 운남의 나평, 곤명(昆明), 사천의 서주(敍州)를 거쳐 중경에 이르는 노선으로 계획되었

04-1 • 제제(帝制)를 추진한 원세개
출처: https://archive.org/details/
chinarevolutioni00thomuoft/page/n10

다. 철로의 각 구간은 ① 전백선(滇百線)[운남 - 백색 간, 홍의에 있는 사흥지선(沙興支線)과 연결], ② 전촉선(滇蜀線)[운남 - 성도 - 중경 간], ③ 백흠선(百欽線)[백색 - 흠주 간]의 세 노선으로 계획되었다.

그런데 중법실업은행이 공여한 흠투철로 부설을 위한 차관 가운데 일부가 원세개의 제제(帝制) 추진비용으로 전용되었다. 원세개는 중법실업은행 측에 선대금으로 1억 프랑을 요청하였으며, 선대금으로 92퍼센트[92절구(折扣)]에 해당되는 9,200만 프랑을 지불하도록 하였다. 이에 중법실업은행 측은 매주 한 차례씩 5주로 나누어 이 금액을 재정부로 송금하기로 약속하였다. 그러나 마침 1차대전이 발발하여 약속한 금액을 모두 지불할 수는 없었으며, 1914년 6월까지 중법실업은행이 제공한 금액은 3,211만 프랑에 달하였다. 1차대전이 발발하면서 은행은 계약을 이행할 수 없었으며, 철로 부설을 위한 측량도 실시되지 못하였다. 마침내 1919년 철로 부설의 중단을 선포하였으며, 철로계약도 효력을 상실하였다.

남경국민정부가 성립된 이후 흠투철로차관은 외채 정리의 범주로 편입되었지만, 프랑스는 여전히 이 차관 권리의 효력을 주장하였다. 따라서 1935년 11월 중국건설은공사(中國建設銀公司)는 프랑스은행단과 합작계약을 체결하였다. 이와 동시에 천검철로공사(川黔鐵路公司)가 설립되어 자본금 2,000만 원을, 그중 상고(商股)[민간자본]가 1,100만 원, 별도로 철도부와 사천성이 각각 관고(官股) 450만 원을 지출하여 우선적으로 성투철로(成渝鐵路)를 부설하기로 결정하였다.

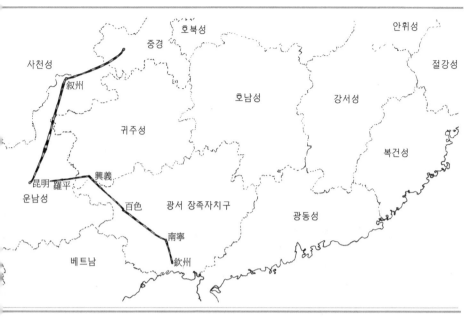

04-2 ● 흠투철로 노선도 1

　　1936년 2월 18일 철도부와 중국건설은공사, 중국건설은공사와 프랑스은행
단은 각각 성투철로차관초합동을 체결하고 12월 7일 정식계약을 체결하였다.
계약 규정은 프랑스은행단이 자재 비용을 제공하고 이와 함께 상해와 중경 사
이의 운송비로 현금차관 3,450만 원을 제공하기로 한 것이었다. 계약 조건은
93절(折, 93퍼센트 실수령), 연리 7리, 기한 15년으로 하고, 프랑스은행단은 15년
간 매년 34만 5,000원을 수취하기로 합의하였으며, 아울러 귀곤철로(貴昆鐵路)
[귀양(貴陽) - 곤명]를 부설할 경우 투자 우선권을 부여하였다. 그러나 중일전쟁
발발 이후 이 철로의 부설 역시 연기되고 말았다.

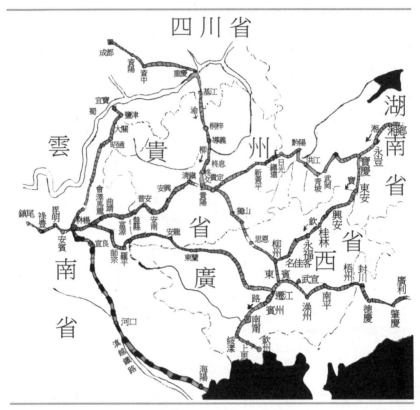

04-3 • 흠투철로 노선도 2

참고문헌

『欽渝鐵路借款合同』, 1914(作者未詳).

袁文科,「淸末滇蜀鐵路的自辦及其失敗」,『紅河學院學報』2017年 15期.

王炎,「遠世凱與近代鐵路」,『社會科學硏究』1992年 5期.

張莉紅,「近代外商在四川的投資活動」,『中國經濟史硏究』1993年 2期.

05장

사정철로 (四鄭鐵路)

일본차관으로 부설된 남만주철로의 배양선

연 도	1915~1917(1917년 12월 개통)
노 선 명	사정철로
구 간	사평가(四平街) - 정가둔(鄭家屯)
레일 궤간	1.435미터
총 연 장	87.4킬로미터
기 타	사조철로(四洮鐵路)의 지선이 됨

사정철로는 1913년에 교환하였던 '만몽철로차관수축(滿蒙鐵路借款修築)에 관한 교환공문(交換公文)', 즉 '만몽5로비밀환문(滿蒙五路秘密換文)'에 따라 일본으로부터 차관을 도입하여 부설된 철로 중 하나였다. 이 협약의 주요 내용은 일본이 사평가(四平街)에서 조남(洮南), 개원(開原)에서 해룡(海龍), 장춘(長春)에서 조남에 이르는 세 철로에 대한 차관의 공여권과 더불어 조남에서 승덕(承德), 길림(吉林)에서 해룡에 이르는 두 철로에 대한 차관 우선권을 부여하였다. 1915년 5월 일본은 북양정부 교통부에 우선 사조철로(四洮鐵路)의 한 구간인 사평가(四平街)에서 정가둔(鄭家屯) 사이의 철로 부설에 대한 허가를 요청하였다.

이러한 결과 마침내 1915년 12월 17일 교통총장 양돈언(梁敦彥)은 일본의 요코하마쇼킨은행(橫濱正金銀行)과 사정철로차관합동(四鄭鐵路借款合同)을 체결하였으며, 이 철로는 이후 완공된 사조철로의 첫 번째 구간이 되었다. 사정철로는 사평가를 출발하여 정가둔에 이르는 총연장 약 88킬로미터의 노선으로서, 차관의 총액은 500만 엔, 40년에 걸쳐 상환하도록 정해졌다. 일본의 요코하마쇼킨은행이 차관을 제공하고 남만주철도주식회사가 총공정사를 파견하여 부설 공정을 담당하였다.

부설 자재는 가능한 한 중국제품을 사용하며 외국으로부터 자재를 구입해

(단위: 킬로미터)

역명	사평가(四平街)	팔면성(八面城)	곡가점(曲家店)	부가둔(付家屯)	삼강구(三江口)	정가둔(鄭家屯)
거리	0	28.13	10.76	12.61	12.91	23.51

야 할 경우 반드시 요코하마쇼킨은행이 대행하도록 하였다. 또한 향후 사정철로의 연장선이나 지선을 부설할 경우 외자를 도입하게 된다면, 우선적으로 요코하마쇼킨은행으로부터 차입하기로 합의하였다. 또한 공정사, 총회계, 양로공정사 및 행차총관 역시 모두 일본인으로 충원하도록 하였다. 이후 총공정사에는 남만주철도주식회사의 후지네 히사키치(藤根壽吉)를, 총회계사에는 요코하마쇼킨은행의 사토다 히데쓰니(戒田秀澄)를 임명하였다.

1916년 3월 사정철로공정국 주비처가 북경에 설립되었으며, 6월 사정철로공정국이 정식으로 사평가에 설립되었다. 7월 총공정사 후지네 히사키치는 측량대를 조직하여 실측을 개시하였다. 2반(班)으로 편성하여 하나는 사평가로부터 동쪽으로 측량해 나갔으며, 또 하나는 요하(遼河) 왼쪽 기슭으로부터 서쪽으로 측량해 나갔다. 매반(每班) 직원은 6명, 조조원(助組員)이 5명, 측지부(測地夫) 7명, 부역인(夫役人) 8~9명 등으로 구성되어 8일부터 실측을 개시하였다. 측량 인원은 모두 남만주철도주식회사의 숙련공으로 구성되었으며, 10월 20일 측량업무가 기본적으로 완료되었다.

이 철로는 남만주철로 사평가를 기점으로 서행(西行)하여 팔면성(八面城)을 거쳐 요하의 삼강구(三江口)를 넘어 종점인 정가둔에 도달하였다. 사정철로는 1917년 4월부터 레일을 부설하기 시작하여 같은 해 11월 준공되었으며 12월에 정식으로 열차를 개통하여 영업을 시작하였다. 레일은 대부분 한야평공사에서 제작된 제품을 사용하였으며, 레일의 중량은 1마일당 85파운드였다. 침목은 북만주산 홍송(紅松)을 원료로 제작되었다. 이 철로는 사실성 남만주철로의 배양선으로서, 기관차와 객화차는 모두 남만주철도주식회사가 제공하였다.

사정철로공정국의 장정을 살펴보면, 공무과가 전체 노선의 공정을 주관하

05-2 • 사정철로 삼강구철교 위를 주행하는 열차
출처:「四鄭路三江口鐵橋」,『鐵路協會會報』100期, 1921, p.37(上海圖書館《全國報刊索引》
數据庫).

도록 하였다. 전 노선을 두 구간[分段]으로 나누고, 제1분단(第一分段)을 사평가
에, 제2분단을 대민둔(大民屯)에 설치하여 각 구간의 공정을 주관하였다. 분단
에는 각각 주임을 두어 구간 내의 모든 공정을 관리하도록 하였다. 각 분단의
내부는 다시 2개의 공구(工區)로 나누어 공정을 진행하였다. 사평가 분단은 사
평가와 팔면성의 두 공구로 나누었으며, 대민둔 분단은 대민둔과 정가둔의 두
공구로 나누었다.

1916년 측량에 기초하여 부설 계획을 수립한 이후, 마침내 1917년 4월에 레
일을 부설하기 시작하여 11월에 정가둔에 도달하여 열차를 개통하고 영업을
시작하였다. 1918년 1월부터는 남만주철로와 화물의 연운(聯運, 연계운수) 계약
을 체결하였다. 열차가 개통할 시점까지 부설비용이 총 331만 3,000여 원에 달
하였다. 그러나 당시 은가(銀價) 폭등, 물가 상승 등으로 부설 자금이 부족하게
되자, 1918년 3월 요코하마쇼킨은행으로부터 다시 단기차관 260만 원을 차입

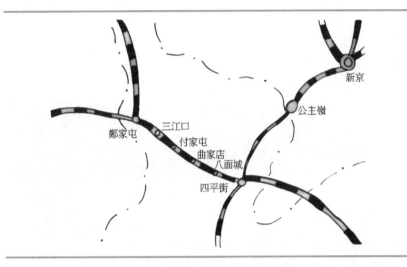

05-3 • 사정철로 노선도

하여 차관의 합계가 760만 원에 달하였다. 최초 차관에 대한 상환 기한은 40년
으로서 10년 거치 후 30년 상환으로 하고, 뒤에 차입한 단기차관은 11년 상환
(1919년 다시 1년 연장)으로 하기로 합의하였다. 차관 기간 내에는 일본인 회계
주임과 총공정사를 임명하여 철로를 부설하며, 철로가 완공된 이후에는 운수
감독 및 보선기사(保線技士, 철로토목기사)* 각 1명씩을 일본인으로 임명하기로
합의하였다.

정가둔은 요하의 수운이 지나는 관계로 영구와의 교역관계가 밀접하였지
만, 이러한 상황은 1917년의 사정철로[사평가 - 정가둔] 개통으로 크게 변화되었
다. 사정철로가 개통된 이후 정가둔의 수출입은 수운으로부터 철로로 대체되
었고, 상거래의 중심은 영구로부터 사평가나 대련으로 이동하였다. 더욱이
1922년에는 통요(通遼) - 정가둔 구간이, 1923년에는 조남 - 정가둔 구간의 철

---

* 보선기사(保線技士)는 열차의 안전 운행과 작업능률의 향상을 도모하기 위해 선로설비의
 설계, 측량, 시공, 작업감독 등을 수행한다. 또한 선로의 상태를 정확히 파악하여 선로가
 항상 완전한 상태로 유지하도록 선로 구조물을 점검, 수리하는 관리계획 작성 업무를 수행
 한다.

로도 개통되면서 정가둔은 통과역으로 전락하여 상거래에서 우위를 상실하고 말았다.

정가둔의 상권을 대신하여 발전하였던 곳이 바로 조남과 통요였다. 20세기 초의 조남은 30-40호(戶) 정도의 작은 촌락에 지나지 않았지만, 이후 몽골과 상업교역의 거점으로 발전하기 시작하여 1918년에는 인구가 무려 3만 명에 이르는 대도시로 발전하였다. 조남이 종래 정가둔으로 집산되는 우마를 흡수하였다고는 해도 지리적 여건으로 말미암아 정가둔과의 관련성이 깊었다. 그러나 조남 - 정가둔 사이의 운송 기간은 여름철에 왕복 13일, 겨울철에도 9일 전후가 소요되어 교통이 불편하였으며, 이로 인해 상거래가 크게 확대될 수 없었다.

이러한 가운데 1923년에 조남 - 정가둔 간의 철로가 개통되고, 더욱이 1926년에 조앙철로(洮昻鐵路)[조남 - 앙앙계(昻昻溪)]가 개통되면서 교통상 만주 북부와 바로 연결되게 되었다. 조앙철로는 남만주철도주식회사의 마쓰오카 요스케(松岡洋右) 이사(理事)와 장작림(張作霖) 사이에 체결된 청부계약에 의해 부설된 철로로서, 차관으로 부설된 사조철로(四洮鐵路)보다도 오히려 남만주철도주식회사의 지배력이 약했다. 철로가 개통되어 물자 운송은 용이하게 되었지만 농산물 집산지는 연선 각 역으로 분산되었다. 이러한 결과 조남을 경유하지 않고도 농산물 반출이 가능하게 되었기 때문에 조남으로의 농산물 출하량은 오히려 감소되었다.

참고문헌

「四鄭路三江口鐵橋」, 『鐵路協會會報』 100期, 1921.

雷明義, 「正氣千秋: 記四洮鐵路局局長張元斋」, 『黨史縱橫』 1999年 9期.

孟曉光, 「民國初年官民自辦鐵路對滿鐵的抵制」, 『東北師範大學學報』 2009年 1期.

程維榮, 『近代東北鐵路附屬地』, 上海社會科學院出版社, 2008.

董說平, 『中日近代東北鐵路交涉研究』, 遼寧大學出版社, 2011.

06장

개벽석철로(個碧石鐵路)

운남성의 주석을 반출하기 위한 항일철로

연　　도	1915~1936(1936년 10월 10일 개통)
노 선 명	개벽석철로, 개림병철로(個臨屛鐵路), 개구철로(個舊鐵路)
구　　간	개구(個舊) - 벽색채(碧色寨)
레일 궤간	0.6미터
총 연 장	175.5킬로미터
기　　타	전월철로(滇越鐵路)의 지선

운남성의 개구(個舊)는 주석이 풍부하게 매장되어 있을 뿐만 아니라, 주석의 품질도 매우 뛰어났다. 따라서 광산의 개발이 기대되는 지역이었지만, 교통이 불편하여 광업의 발전이 지체되었다. 1910년 전월철로가 개통되면서 현지의 신상(紳商)들은 성정부에 개구에서 벽색채(碧色寨)에 이르는 철로를 부설해 주도록 요청하였다. 1913년 운남성정부는 전월철로공사(滇越鐵路公司)와 합자(合股)로 개벽석철로공사(個碧石鐵路公司)를 조직하고 철로를 부설하기 위한 공사장정 64조를 제정하였다. 장정에 근거하여 민간자본을 모집하여 주석, 모래, 석탄을 개발하기로 하고, 이를 위해 각각 석고(錫股), 사고(砂股), 탄고(炭股) 등의 투자 자본을 모집하였다. 성(省)정부는 전촉철로공사(滇蜀鐵路公司)의 자본 가운데 144만 원을 지원하였으며, 또한 이자로 50만 원을 차입하였다. 마침내 1914년 개벽철로고분유한공사 장정이 만들어지고 정식으로 교통부에 관상합판(官商合辦)의 철로 부설을 요청하였다.

개벽(個碧) 구간은 개구를 출발하여 계가(鷄街), 몽자(蒙自)를 거쳐 전월철로의 벽색채역에 도달하는 총연장 73.5킬로미터의 노선이다. 철로의 부설비용을 절약하기 위한 목적에서 60센티미터의 협궤 궤간을 채택하였으며, 따라서 1미터의 궤간을 가진 전월철로와도 직접 연결하여 운송하기가 어려웠다. 이러한 이유에서 당시 개벽석철로에서 운행되던 열차를 미니열차(寸軌鐵路)라 부르기도 하였다. 전촉철로공사의 미국인 공정사 돌리(Dawly)를 초빙하여 측량을 개시하였으며, 이후 프랑스인 공정사 이복례사(尼復禮士)와 중국인 공정사 서은담(徐恩湛)이 철로의 부설공사를 주관하도록 하였다. 1915년 부설공사에 착수하여 1921년 11월 9일 열차를 개통하였다.

1918년 10월 임안(臨安)[현재의 건수(建水)]과 석병석광(石屛錫鑛)의 운수를 위해 다시 계가로부터 임안에 이르는 지선의 부설에 착수하여 1928년 10월에 열차를 개통하였다. 이 구간의 부설 공정은 복건인(福建人) 살소명(薩少銘)이 주관하였다. 살소명은 비록 6촌(寸)의 미니궤도로 철로를 부설하지만 노반이나 교량, 터널은 미궤(米軌)[폭 1미터]에 적합하도록 공사해야 한다고 주장하였다. 장래에 전월철로를 회수할 경우 폭 1미터인 전월철로와

06-1 ● 개벽석철로
위: 벽색채역(碧色寨驛) 전경
가운데: 개벽석철로 열차 전경
아래: 계가역(鷄街驛) 전경
출처: 「箇碧鐵路之碧色寨車站」, 『雲大特刊』特刊, 1937, p.67(上海圖書館 《全國報刊索引》 數据庫).

서로 연결하기 위해서는 그에 적합하도록 기반을 조성해야 한다는 의미였다.

임병(臨屛) 구간은 1929년에 기공하였으며, 철로 부설공정은 절강인(浙江人) 오징원(吳澄遠)과 이경여(李慶余)가 주관하였다. 이 구간은 1936년 10월 10일 준공되어 열차를 개통하였다. 이로써 개벽석철로의 전 구간에 걸쳐 열차를 개통할 수 있게 되었다. 간선, 지선의 총연장은 175.5킬로미터에 달하였다. 원래의 명칭은 개림병철로(個臨屛鐵路)였는데, 이후 개벽석철로로 명칭이 변경되었다. 시속 25킬로미터로 열차를 운행하였다. 기관차는 모두 프랑스, 영국, 독일, 미

국, 벨기에 등에서 제조한 소형 증기기관차인 SN형 23호 협궤용 기관차를 도입하였다.

개벽석철로는 열차 개통 첫날부터 유지, 보수 비용이 상당히 높은 편이었다. 개벽석철로는 산지를 관통하여 설비의 마모도가 높았으며, 열차 운행과정에서도 궤도를 이탈하는 사고가 빈번히 발생하였다. 이로 인해 관리인원도 1킬로미터당 평균 4~5명이 필요하였다. 이는 여타 국유철로와 비교하여 3배 정도의 수준으로서, 철로 유지 비용이 많이 소요될 수밖에 없었다. 철로의 측량, 설계, 시공, 자재 구매, 설비 등은 모두 외국인에게 위탁하였다. 한양강철창은 강궤를 생산할 수 있었지만 기관차를 생산하지는 못하였다. 따라서 철로의 보수, 수리 비용도 높을 수밖에 없었다.

관리부문에서 개벽석철로의 내부 구조 및 인원 현황은 고동회(주주회의) 20명, 동사회(이사회) 5명, 감찰 2명, 총협리실 7명, 총무과 27명, 재료창 20명, 총핵과 16명, 출납과 7명, 영업과 14명, 수고과(收股課) 20명, 차무과(車務課) 337명(기차역 인원 포함), 기계과 254명[공창(工廠), 차방분단(車房分段) 포함], 총공정처 112명, 구지처(購地處) 5명으로 합계 1,377명에 달하였다. 매월 급여로 총 16만 5,906원 5각(角)을 지출하였다.

형식상으로 보자면, 개벽석철로의 관리기구는 건실하고 완전한 체계를 구성하고 있었다. 고동회(주주회), 동사회(이사회), 감찰이 상호 권력의 견제체계를 형성하고 총리와 협리가 일상의 경영과 관리를 책임졌으며, 그 아래 각 직능기구가 설치되었다. 그럼에도 실제 운영에서 보자면 개벽석철로는 발기일부터 각 지방 계파 간에 권력투쟁이 적지 않았다. 고동회의 조직은 말 그대로 자본 투자의 크기에 비례하여 구성되었다. 전체 투자액 가운데 임안이 투자액[股額]이 가장 많았기 때문에 당연히 정회장의 직위를 차지하였고, 석병(石屛)이 그다음으로 많아 수석 부회장의 직위를 차지하였다. 몽자(蒙自)가 그다음으로 차석 부회장의 직위를, 개구가 그다음으로 세 번째 부회장을 차지하였다.

부설공사가 완료되고 열차가 개통된 이후 차량 운행의 번잡, 재정 문란, 직공의 잦은 교체 등의 폐해가 일상적으로 출현하였다. 철로 행정과 인사관리에서도 폐단이 적지 않았다. 1932년 운남성 정부는 개벽석철로공사의 조직관리가 불량하고 이에 따라 업무상의 부패 현상도 만연하다고 판단하여 '개벽석철로공사정리위원회'를 조직하여, 철로공사의 재정 수지, 은행이 발행한 화폐의 수량 및 용도, 철로 영업 상황, 인원의 정리, 철로 공정 등에 대한 대대적인 정리·정돈을 단행하였다. 1934년 11월 정돈이 끝나고 공

06-2 • 개벽석철로 휘장

사장정을 수정한 이후 공사는 운남민영개벽석철로고분유한공사로 개명되었다. 정리 정돈이 완료된 1932년 이후 개벽석철로의 수입과 지출의 추이를 살펴보면 명확히 순익을 내고 있음을 알 수 있다.

항일전쟁 전야에 개벽석철로는 운남에서 유일하게 전월철로와 연결되는 노선이었다. 운수업무에서 개벽석철로는 전월철로의 지선으로서 역할을 하였다. 개벽석철로는 벽색채를 통과하여 주석을 전월철로로 옮겨 실어 홍콩으로 실어 나를 수 있었다. 개벽석철로의 부설은 운남성 동남부의 대도시인 몽자, 개구, 건수(建水)[임안], 석병을 서로 연결하였으며, 주석의 도시인 개구는 개벽석철로의 열차 운행으로 최대의 수혜자가 되었다. 개벽석철로가 개통된 이후 개구에서는 상공업이 크게 발달하고 인구가 날로 증가하여 번영을 구가하였다. 주석의 생산량도 날로 증대되었다. 매년 수출되는 주석과 수입되는 각종 연료, 양식, 목재, 포필, 잡화 등도 철로의 개통으로 운수가 매우 편리하게 되었다.

개벽석철로의 영업 수입은 화운(貨運: 화물 운수)이 가장 많았고 객운(客運: 여객 운수)이 그다음이었다. 화운의 수량은 벽색채 지역이 가장 많았고 그다음이 개구, 몽자, 임안, 석병 등의 순서였다. 각 역의 운수량을 살펴보면, 벽색채에서는 쌀, 석탄, 송요탄(松要炭), 목재 등이 주종이었다. 개구의 경우는 주석이 대종이었으며 몽자는 개화미(開化米)가, 임안은 송요탄, 기와[瓦貨] 등이 대종이었다. 석병은 송요탄, 목재, 소금이 대종이었다. 개벽석철로의 궤간은 60센티미

터로서 전월철로와 연운[연계운수]을 실시하기 어려웠다. 따라서 화물 운수를 하기 위해서는 다시 옮겨 싣는 절차가 필요하였다.

조사에 따르면, 1930~1933년 사이에 개벽석철로의 객운량은 매년 40만 명 정도로 총수입의 20퍼센트 정도를 차지하였고, 화물 운송량은 80만 톤으로 총수입의 80퍼센트를 차지하였다. 화물 가운데 임산물이 1위로서 매년 화물 총운송량 가운데 27퍼센트를 차지하였고, 그다음이 농산물로서 연평균 25퍼센트를 차지하였다. 그다음이 광산물로서 23퍼센트 정도였다.

객운의 경우 개구, 임안 두 역의 수입이 가장 많았으며, 벽색채, 몽자, 석병 역이 그 뒤를 이었다. 그러나 철로직원의 경우 무임승차 등의 규정이 있어 운영이 문란하였다. 심지어 권세가들이 집단으로 무임승차하는 경우도 있었으며, 차무인원도 이를 단속하지 않았다. 결국 이와 같은 행태는 객운 수입에 부정적인 영향을 미칠 수밖에 없었다. 대략 계산하더라도 이와 같이 통제되지 못한 손실이 1년에 30~40만 원에 달하였다. 이후 정리위원회가 무임승차와 관련된 장정을 만들어 집행하자 비로소 객운 수입이 이전보다 크게 증가하였다.

대체로 1921~1927년 사이에 개벽석철로의 지출과 수입은 비교적 균형을 유지할 수 있었다. 그리고 1929~1939년의 10년 동안은 개벽석철로의 경영 상황이 가장 좋았던 기간에 속하며, 이윤이 점차 상승하는 추세였다. 1940년 일본군이 베트남의 하이퐁(海防)을 점령한 이후 전월철로를 통한 주석의 수출이 크게 감소하면서, 철로 경영이 급속히 악화되었다. 일본은 개구에서 생산되는 주석이 세계경제에서 차지하는 전략적 중요성을 충분히 인식하고 우선 하이퐁으로 통하는 통로를 차단하였다. 뒤이어 개구성(個舊城)과 인근의 광산에 대한 대대적인 폭격을 감행하였다.

이로 말미암아 개구의 주석 생산은 엄중한 타격을 입었다. 더욱이 운남 서부와 남부지역이 일본군에 포위되면서 주석이 개벽석철로를 통해 전월철로로 반출될 수 없게 되었다. 그뿐만 아니라 외부 물자 역시 이 철로를 통해 유입될 수 없었다. 1943년 개벽석철로에 독판공서(督辦公署)가 설치되어 성 재정청장과 민정청장이 정·부 독판에 임명되었으며, 이후 개벽석철로의 민영 성격에는 변

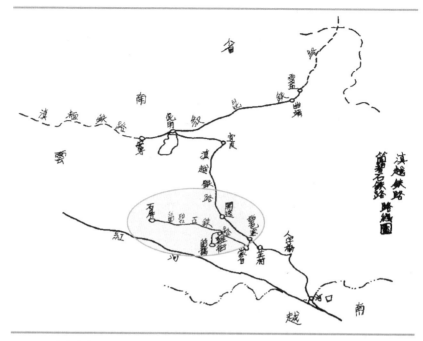

06-3 • 개벽석철로 노선도

화가 발생하기 시작하였다. 1945년 2차대전 종전 이후 전월철로의 복구가 지체되면서 주석의 생산 역시 침체되었으며, 이에 따라 연선지역의 경제도 쇠퇴하였다.

1949년 중화인민공화국이 수립된 이후 중국공산당 운남성위원회는 개벽석철로에 대한 군사통제를 실시하여 군사대리처가 최고 직능기구가 되었다. 제1차 5개년계획 이전에 전 노선에 걸쳐 "견인량을 초과 달성하여 화물을 가득 싣고 500킬로미터를 달린다"라는 운동이 전개되었으며, 이것이 중국의 초기 사회주의 건설과정에서 크게 기여하였다. 이 사이 개벽석철로의 관리는 정식으로 철도부 곤명철로국으로 이관되었다. 이후 석병으로부터 서쪽으로 보수(寶秀)까지 10킬로미터에 달하는 노선이 연장되었다. 1969년 철도부는 이 구간의 노선에 대해 대대적인 레일 교체공정을 진행하였다. 그리하여 몽자에서 보수까지의 142킬로미터의 노선을 기존의 촌궤(寸軌)[폭 60센티미터]로부터 미궤(米

軌[폭 1미터]로 변경하였다. 이후 계가에서 개구까지의 34킬로미터만이 촌궤로 남게 되었다. 따라서 계개(鷄個) 구간은 중국에서 마지막 남은 촌궤철로(寸軌鐵路)[미니철로]가 되었다.

철로와 도로의 속도가 제고되면서 시속 30킬로미터도 안 되는 미궤 열차는 경제 발전의 수요에 적응하지 못하게 되었다. 1990년 계개 구간에서 화물의 운송 업무가 중단되고 말았다. 2003년 개벽석철로의 객운이 중단되었으며, 2010년 1월 1일 화물 운송 역시 전면적으로 중단되고 말았다.

참고문헌

「箇碧鐵路之碧色寨車站」, 『雲大特刊』 特刊, 1937.
車轎, 「民國時期滇越鐵路與個碧石鐵路關係考」, 『四川民族學院學報』 2012年 2期.
車轎, 「民國時期個碧石鐵路的經營情況分析」, 『廣西師範學院學報』 2014年 4期.
王玉芝, 「中國第一條民營鐵路: 個碧石鐵路的啓示」, 『紅河學院學報』 2009年 7期.
和中孚, 『個碧石鐵路』, 雲南美術出版社, 2007.

07장

길회철로(吉會鐵路)

한반도와 만주를 잇는 일본자본의 중동철로 병행선

연 도	1918~1933
노 선 명	길회철로, 경도철로(京圖鐵路)
구 간	길림(吉林) - 회령(會寧)
레일 궤간	1.435미터
총 연 장	528킬로미터
기 타	

1909년 9월 4일 일본은 중국과 북경에서 '도문강중한계무조강(圖們江中韓界務條款)', 즉 '간도협약'을 체결하고 한국과 중국의 국경을 도문강(圖們江, 두만강)으로 확정하는 동시에, 길회철로의 부설권을 일본에 부여하였다. 이는 명백히 조선의 보호국으로 자처한 일본제국주의가 종래 한·중 간 오랜 국경분쟁의 핵심적인 문제였던 간도의 영유권을 청조에 넘기는 대가였던 것이다. 이 조약 제6항은 "중국정부는 장차 길장철로(吉長鐵路)를 연길 남쪽으로 연장하여 한국 회령지방 및 한국의 철로와 연결하며, 모든 방법은 길장철로의 전례를 준용한다. 부설의 시기는 중국정부가 상황을 고려하여 일본정부와 협의하여 결정한다"라고 규정하였다.

돈도철로(敦圖鐵路)는 길장철로, 길돈철로(吉敦鐵路)와 함께 길회철로(경도철로) 주요 구간의 노선이었으며, 마침내 1933년 2월에 길회철로의 전 구간이 개통되었다. 1933년 3월 남만주철도주식회사는 봉천에 철로총국을 설치하고 동북지역의 철로를 통일적으로 관리하도록 하였다. 같은 해 9월 1일 돈도철로, 길장철로, 길돈철로를 합병하여 길회철로[경도철로(京圖鐵路)]라 명명하였다. 1933년 3월 1일, 남만주철도주식회사는 봉천에 철로총국을 개설하고, 9개 철로국과 소속 10선(線)의 종합 경영에 착수하였다.

07-1 • 길회철로 휘장

특히 길장철로, 길돈철로의 관리, 경영을 위해 길장길돈철로국이 신경(新京)[장춘(長春)]에 설립하였다. 길회철로는 만주국의 심장부를 동서로 관통하는 총연장 528킬로미터의 대간선이 되었다. 이 노선은 명확히 신경[장춘], 하얼빈에서 도쿄(東京), 오사카(大阪)에 이르는 거리를 단축시켰으며, 동시에 남부의 안봉철로와 긴밀하게 만주 남북을 연결하여 동북지역에 대한 일본의 세력권을 공고히 하였다.

일찍이 일본은 '동삼성육안(東三省六案)'을 통해 기존 중일 간의 첨예한 현안이었던 안봉철로의 개축문제를 승인받았으며, 나아가 일련의 교섭을 통해 청조의 신법철로 부설계획의 포기를 약속받았다. 더욱이 일본은 1915년 5월 25일, '남만주 및 동부 내몽골에 관한 조약'을 중국과 체결하여 여순, 대련의 조차기한 및 남만주철로, 그리고 안봉철로에 대한 차관 상환 기한을 99년으로 연장하기로 합의하였다. 여기서 특히 주목할 점은 바로 일본제국주의가 '동삼성육안'을 통해 길회철로의 부설권을 재차 확인하였다는 사실이다. 일본은 안봉철로뿐만 아니라 길회철로의 부설권 문제를 명시함으로써 이후 만주를 자신의 세력권으로 포함시키는 중요한 단서를 마련하게 된 것이다.

돈도철로의 완공은 사실상 길회철로 전 노선의 완성을 의미하였으며, 이와 함께 도문에서 조선의 웅기, 나진, 청진 등에 이르는 새로운 노선도 부설되었다. 이를 통해 일본은 20여 년간 꿈에 그리던 일만(日滿) 간의 최단 노선을 마침내 실현할 수 있게 되었다. 길회철로의 완성은 일만선(日滿鮮) 경제블록의 형성과 동아시아의 정치·군사적 구도에 중요한 전기를 마련해 주었다. 예를 들어 오사카를 기점으로 쓰루가(敦賀)로부터 해로로 청진 혹은 나진에 이르러 길회철로를 타고 신경(장춘)에 이르는 거리를 대련 경유와 비교할 경우 660킬로미

07-2 • 일본 각 항구와 대련, 블라디보스토크, 나진항까지의 거리 비교

(킬로미터)

	시모노세키 (下關)	고베(神戶)	오사카(大阪)	도쿄(東京)	가고시마 (鹿兒島)
대련	614	869	876	1,225	695
블라디보스토크	567	807	813	953	802
나진	515	756	767	1,011	734

07-3 • 각 항구와 대련·블라디보스토크·나진항까지의 톤당 운임 비교

(일본 엔)

	니카타 (新潟)	시모노세키 (下關)	오사카 (大阪)	오타루 (小樽)	나가사키 (長崎)	기륭 (基隆)	부산 (釜山)
대련	2.37	1.78	2.06	2.62	1.65	2.06	1.65
나진	1.58	1.69	1.96	1.77	1.83	2.55	1.52
블라디보스토크	1.60	1.70	2.12	1.60	1.84	2.57	1.71

07-4 • 북만주에서 대련항과 북선3항까지의 운임 비교

(1톤당: 원)

출발지	대련항	북선3항 평균
하 얼 빈	20.96	20.24
흑 하	30.72	25.51
치 치 하 얼	27.19	26.93
만 주 리	32.46	31.56
가목사(佳木斯)		19.54

터 내지 730킬로미터나 단축되었다. 여객 운송시간도 약 20시간이나 단축되었다. 운송 거리의 단축은 화물의 생산지와 소비지를 보다 근접시키게 되며, 이 것이 다시 세력권의 확대로 이어지게 됨은 자명한 일이었다.

1932년 5월 11일, 일본외상은 나진을 길회철로의 종단항으로 결정하고 곧 이어 8월에 조선총독부도 항만의 매립을 위한 토지수용령을 발표하였다. 계획에 따르면, 1933년 초에 기공하여 1937년 말에 완성할 경우 이 항구를 통한 만주의 수출은 총 1,350만 톤, 수입은 총 500만 톤으로, 수출입 합계 총 1,850만 톤을 목표로 추진되었다.

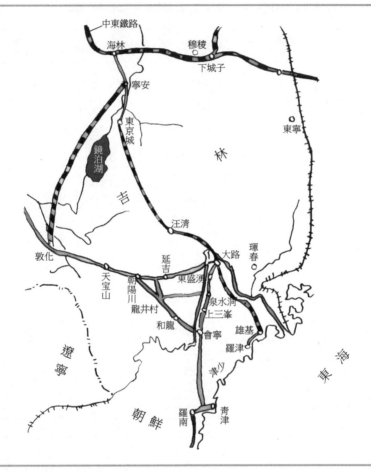

07-5 ● 길회철로와 조선 북부 웅기, 나진, 청진항과의 연결 상세 노선도

돈도철로의 개통을 통한 길회철로의 완성은 만주의 수출입 루트에 큰 변화를 가져왔다. 기존 30여 년간 만주의 물류 유통은 대체적으로 대련과 블라디보스토크의 양대 수출입 종단항에 의존해 왔는데, 여기에 돈도철로 등 길회철로의 개통과 종단항으로서 나진항이 선정되고 웅기, 청진 등이 보조항으로서 신·증설되면서 큰 변화가 발생하였다. 길회철로의 부설과 종단항으로서 나진항을 선정한 것은 만주 물류를 선점함으로써 블라디보스토크항의 기능을 저하시

키기 위한 목적에서 연유한 것이었다.

　반면 나진항은 대련의 번영에 아무런 악영향도 주지 않았다. 왜냐하면 두 항만은 모두 남만주철도주식회사가 경영을 통제하였기 때문에, 과거 대련 1항주의에서 합리적으로 운송 경로를 재편할 수 있게 된 것이다. 길회철로와 나진항을 통한 만주 물류 운수가 중동철로에 비해 경쟁력을 가지고 있음은 다음의 몇 가지 수치를 통해 명확히 알 수 있다.

　이상과 같은 몇 가지 통계수치를 통해 돈도철로 개통 이후 콩 1톤당 요금을 장춘에서 오사카까지 운송할 경우를 비교해 보자. 블라디보스토크항을 경유할 경우 중동철로 및 우수리철로의 운임이 15.55엔이며, 접속비가 2.80엔, 배삯이 2.00엔으로 모두 20.35엔이 소요되었다. 반면 대련을 경유할 경우 중동철로의 운임이 6.30엔, 남만주철로의 운임 13.90엔, 접속비 0.40엔, 배삯이 1.80엔으로 모두 22.40엔이 소요되었다. 이에 비해 나진을 경유할 경우 철로 운임 14.33엔, 접속비 0.60엔, 배삯 4.00엔으로 모두 18.93엔이 소요되게 된다.

　이러한 의미에서 일본의 여론은 블라디보스토크항과 나진항 사이의 길항관계를 지적하면서, 조만간 나진항이 블라디보스토크항을 압도할 것으로 예상하였다. 실제로 길회철로의 완성과 나진항의 발전 이후 동북의 무역규모가 크게 신장되었음을 알 수 있다. 예를 들어 1926년 연변 지역의 무역액은 933만 2,046원이었는데, 1933년에는 1,543만 7,595원, 1934년에는 무려 3,450만 4,950원으로 급속히 확대되었다. 조선 북부 3항의 주요 수출품은 만주 농산품의 대종인 콩과 두류(豆類)로서, 1938년 수출액은 1억 400만 원으로 전체 수출액의 73퍼센트를 차지하였다. 그다음이 깻묵(豆餅)으로 7.2퍼센트를, 세 번째가 농산물로서 6.9퍼센트를 차지하였다.

길회철로와 중동철로의 길항관계

　길회철로의 연선이 지나는 지역에는 훈춘(琿春), 왕청(汪淸), 연길(延吉), 화룡

07-6 • 길회철로 연선지역의 곡물 생산량과 전체 만주에서의 비중(1933)

(단위: 톤 , 비중: 퍼센트)

품목	콩	두류	수수[高粱]	조[粟]	옥수수	밀	벼	육지벼	기타잡곡
합계	2,085,700	92,690	1,025,280	1,285,620	380,020	575,520	49,780	72,350	560,750
만주 전체	5,297,820	369,270	4,779,690	3,276,480	1,585,680	1,356,660	154,350	157,840	1,722,760
비중	39.5	25.1	21.5	39.2	24.0	42.4	32.2	45.8	32.5

(和龍), 돈화(敦化), 화순(樺句), 액목(額穆), 영길(永吉), 반석(磐石), 해룡(海龍), 쌍양(雙陽), 서란(舒蘭), 장춘(長春), 오상(五常), 유수(楡樹), 아성(阿城), 쌍성(雙城), 빈강(濱江), 호란(呼蘭), 파언(巴彦), 난서(蘭西), 수화(綏化), 경성(慶城), 해륜(海倫), 수악(綏愕), 망규(望奎), 통북(通北), 배천(拜泉), 극산(克山), 용진(龍鎭), 눌하(訥河)가 포함된다. 이들 지역은 콩을 포함하여 두류, 수수, 조(粟), 옥수수, 밀, 벼, 육지벼, 기타 잡곡 등이 생산되는데, 여기에서 생산되는 곡물의 수량과 이것이 전체 만주 지역에서 차지하는 비중은 위 표(07-6)와 같다.

표에서 알 수 있듯이 길회철로가 지나는 연선지역에서 생산되는 각종 농산물은 무려 612만 7,710톤에 이른다. 이는 만주에서 생산되는 총량의 32.8퍼센트로서 약 3분의 1에 해당되는 수치이다. 이 가운데 절반인 약 360여만 톤이 현지에서 소비된다고 추정되며, 나머지 250여만 톤이 길회철로를 통해 한국 북부의 종단항으로 운송될 것으로 예견되었다. 이렇게 본다면 기존에 북만주에서 생산되는 상품 운송을 대부분 담당하고 있던 중동철로에 직접적인 타격이 아닐 수 없었다.

대련항을 경유하여 일본으로 수출되던 약 127만 톤은 한국북부 종단항으로 전환될 것으로 예상되었으며, 또한 중동철로와 블라디보스토크항을 통해 일본으로 수출되던 61만 4,000여 톤 역시 길회철로로 전환될 것으로 추정되었다. 마찬가지로 유럽으로 수출되는 수량 역시 같은 경로로 비슷한 정도의 수량이 전환될 것으로 예상되었다.

그렇다면 길회철로 전 구간이 완성된 이후 기존 중동철로를 통해 운송되어

(단위: 톤)

품목	총수출량	일본으로의 수출량	유럽으로의 수출량
콩	813,737	154,040	659,435
팥	12,295	12,275	-
길두(吉豆, 길림산 콩)			
수수[高粱]	286	268	
옥수수			
기타 곡물	27,506	12,180	15,035
깻묵	428,600	428,029	571
밀기울[麩]	7,441	7,441	
콩기름[豆油]	7,489	8	7,481
죄[粟]	2,493	201	
합계	1,299,847	614,442	682,522

블라디보스토크항을 거쳐 수출되던 물류 가운데 어느 정도가 나진항 등 한국 북부항으로의 운송으로 전환되었을까. 이와 관련하여 기존에 중동철로를 통해 블라디보스토크로 운송되던 물류 가운데 길회철로를 통해 한국 북부항으로의 운송으로 전환되는 품목과 수량은 위 표(07-7)와 같이 집계되었다.

길회철로의 각 구간이 부분적으로 개통되면서 중동철로의 경영은 점차 악화되기 시작하였다. 더욱이 제극철로(齊克鐵路), 납빈철로(拉濱鐵路) 등 일본자본에 의한 철로네트워크의 구축과 설상가상으로 세계공황의 여파, 그리고 중·소 관계의 악화 및 중국관민의 반제운동 등이 복합적으로 겹치면서 중동철로의 경영은 더욱 어려운 지경으로 빠져들고 있었다. 중국 최대의 신문인 『신보(申報)』는 1933년 5월 10일의 평론에서 "대련은 남만주철로의 종단항인데, 흑룡강 서부에서 생산된 상품도 조앙철로, 사조철로 등과 접속하여 대련항으로 흡수할 수 있게 되었다. 길림과 흑하유역의 곡물 역시 이전에는 중동철로로 운송되었으나, 길회철로가 완성된 이후 청진, 웅기항을 통해 반출되게 되어, 그 형세가 블라디보스토크와 이를 통한 해상 출로를 포위하고 말았다. 이러한 결과 중동철로는 단순히 시베리아철로를 통해 유럽과 아시아를 연결하는 역할만

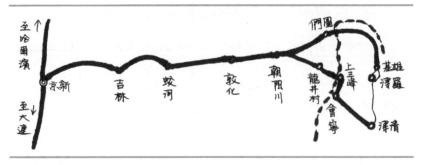

07-8 • 길회철로 노선도

으로 제한되었으며, 군사적으로도 종래와 같은 역할을 할 수 없게 되었다"라고
지적하였다.

길회철로의 개통은 당연히 중동철로와 블라디보스토크항의 쇠퇴를 가져올
것으로 예견되었다. 중국과 일본의 여론은 "돈도선의 개통에 따른 길회철로 전
구간의 개통과 북선(北鮮) 3항의 축항(築港)에 따라 새로운 교통로가 출현함으
로써 지리적·경제적 관계로 말미암아 블라디보스토크에 대한 타격이 불가피
하다. 동만주는 물론, 북만주로부터 일본으로 수입되는 콩 및 기타 특산물을
비롯하여 각종 상품, 그리고 일본으로부터 북만주 각지로 유입되는 면사포 및
기타 잡화류는 블라디보스토크를 경유하지 않고도 북선 3항을 경유하는 새로
운 물류 루트를 통해 운송된다. 일·만(日滿) 양국의 수출입 화물이 연결되고 북
만주로부터 유럽 및 기타 각국으로 수출되는 콩 역시 블라디보스토크를 대신
하여 나진 등으로 반출되게 될 것이다. 이 점에서 블라디보스토크항은 치명적
인 타격을 입지 않을 수 없게 된다"라고 지적하였다.

실제로 길회철로의 완성과 나진항의 발전 이후 철로가 지나는 연선지역의
무역 규모가 크게 신장되었다. 연선지역의 무역액을 살펴보면 1926년 933만
2,046원에서 1933년에는 1,543만 7,595원으로, 1934년에는 3,450만 4,950원으
로 급속히 신장되었음을 알 수 있다.

일본제국주의는 길회철로의 부설을 통해 삼국간섭 이후 러시아가 획득한

07-9 ● 만주국의 철로네트워크

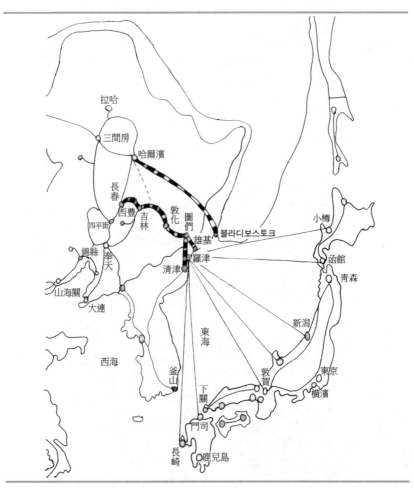

07-10 • 중동철로와 길회철로의 길항관계

중동철로의 경제적 효용성을 현저히 저하시켰으며, 사실상 중동철로에 대한 소련의 관심을 저하시키는 데 성공하였다. 길회철로의 완성과 나진항의 발전으로 인해 기존 블라디보스토크항의 영화가 급속히 쇠퇴하면서, 무역 중심지로서 훈춘의 기존 지위 역시 급속히 쇠락하였다. 반면 길회철로를 통해 조선으로 물류가 밀려들면서, 무역 중심지로서 도문의 지위가 크게 제고되었다. 예를 들면, 1932~1938년 동안 도문을 거쳐 조선 북부 3항으로 수출, 수입되는 총액은 979만 5,000원으로부터 1억 7,272만 8,000원으로 급속히 신장되었는데, 이는 겨우 6년 만에 17.6배로 성장하였음을 의미하였다.

참고문헌

金志煥, 『철도로 보는 중국역사』, 학고방, 2014.

金志煥, 「간도협약과 일본의 길회철도 부설」, 『中國史硏究』 34輯, 2005. 2.

曲朝蝦, 「簡析吉會鐵路的建設及其沿線的殖民經營」, 『社會科學戰線』 2012年 8期.

林榕, 「吉會鐵路的修建及其植民經營」, 『東北師範大學學報』 2002年 1期.

佟銀霞, 「1928年吉林人民反對日本修築吉會鐵路的鬪爭」, 『長春師範大學學報』 2017年 36期.

王鐵軍, 「從吉會鐵路交涉案看20世紀初期中日關係的幾個特点」, 『日本硏究』 1998年 2期.

程維榮, 『近代東北鐵路附屬地』, 上海社會科學院出版社, 2008.

董說平, 『中日近代東北鐵路交涉硏究』, 遼寧大學出版社, 2011.

08장

창석철로(滄石鐵路)

이재민의 구제를 위해 부설된 화북지역 철로

연 도	1920~1940(1940년 11월 15일 개통)
노 선 명	창석철로, 석덕철로(石德鐵路)
구 간	창주(滄州) - 석가장(石家莊)
레일 궤간	1.435미터
총 연 장	221킬로미터
기 타	

창석철로는 하북성 경내를 동서로 가로지르는 노선으로서 경한철로(京漢鐵路)와 연결되며, 이를 통해 산서성에서 생산되는 석탄과 천진 빈해(濱海)의 식염, 그리고 기타 화물을 운송하기 위한 중요한 노선이라 할 수 있다. 1907년 청조는 독일과 진포철로차관합동(津浦鐵路借款合同)을 체결하였는데, 차관 계약 가운데 덕주(德州)로부터 정정(正定)에 이르는 지선을 15년 내에 부설할 경우 중국이 자력으로 부설할 수 있도록 규정하였다. 만일 15년이 경과할 경우 반드시 독일로부터 차관을 도입하여 철로를 부설해야 한다는 조항이 포함되어 있었다.

1916년 증정상(曾禎祥) 등이 민업철로법규에 따라 창주(滄州)에서 석가장에 이르는 경편철로의 부설을 청원하면서 철로 노선 및 자본 210만 원의 증명서를 직예의 민정장관을 통해 교통부에 송부하였다. 당시 독일과 약속한 15년이 5년밖에 남지 않아 교통부는 서둘러 이를 승인하였다. 그러나 이 계획은 결국 실현되지 못했다.

1920년 가을 교통총장 엽공작(葉恭綽)은 당시 화북 일대에 기근으로 인해 주민들의 생활이 도탄에 빠지자 철로 부설을 통해 빈민을 구제한다는 취지로 창석철로의 부설 계획을 수립하였다. 창석철로는 석가장에서 고성(藁城), 진현(晋

縣), 심현(深縣), 무강현(武强縣), 투진(渝鎭)를 거쳐 창주에 이르는 총연장 221킬로미터의 노선으로 계획되었다. 이와 함께 석가장에 철로를 부설하기 위한 주비처(籌備處)를 설립하고 일반으로부터 자본을 모집하였다.

1920년 11월 1일 석가장에서 정식으로 부설공사에 착수하였다. 1921년 1월 교통부는 창석철로로공처를 설립하고 이대수(李大受)를 처장으로 임명하였다. 1년 후 공정처를 공정국으로 변경하고, 기감(技監) 심기(沈琪)가 국장을 겸임하도록 하였다. 창석철로는 부설 공정 가운데 노임을 통해 이재민을 구제한다는 취지에서 부설이 추진되고 진행된 최초의 철로이다. 그러나 1922년 5월 공사가 중단되고 말았다.

1929년 7월 국민정부는 손문(孫文)의 유훈을 실행하기 위해 철도부를 설립하는 동시에 철로 부설 계획을 수립하였는데, 이때 창석철로가 가장 시급히 부설해야 할 철로 가운데 우선순위를 차지하였다. 국민정부는 하징(何澄)을 공정국장으로 임명하고 일상(日商) 화창공사(華昌公司)의 대표 이치요시 데쓰오(市吉徹夫)와 차관계약을 체결하여 철로의 부설 경비로 일화(日貨) 1,000만 엔을 차입하기로 합의하였다. 노선은 석가장 창현(滄縣)으로부터 대고(大沽) 해안까지로 결정되었다. 차관 계약 이후 6개월 이내에 철로의 부설공사에 착수하도록 규정하였으며, 2년 내 완공하기로 합의하였다. 차관의 이자는 8리(厘)로 정하여 20년 내 상환을 완료하도록 하였다. 차관의 담보는 철로 자산 및 정태철로 (正太鐵路) 차관의 상환 이후 발생하는 수익으로 설정하였다. 차관 계약 기간 동안 회계주임은 반드시 일본인을 임명하도록 하였다.

그러나 철도부는 차관계약이 일본 측에 유리한 방식으로 이루어졌다며 중국외교부에 정식으로 항의서를 제출하였다. 이러한 가운데 철로의 부설은 계속 미루어졌다. 1935년 초 남경주재 일본총영사 스마 야키치로(須磨彌吉郎)는 중국외교부에 창석철로 문제의 조속한 해결을 요구하였다. 그러나 1935년 4월 중국철도부는 훈령을 내려 차관계약 및 공정국을 완전히 철폐하며, 장래 창석철로를 부설하기 위해 일상 화창공사와 체결한 계약을 취소한다고 선언하였다.

일본은 창석철로가 내포하는 경제적·정치적 의미를 깊이 이해하고 있었다. 경제적으로 창석철로가 지나는 지역은 토지가 비옥하여 농산물의 생산이 풍부하였다. 아울러 창석철로 연선지역은 기후가 건조하고 강수량이 적은 편으로서, 무엇보다도 면화를 생산하기에 적합한 토양이었다. 일본은 자국 방직공업의 발전과 군수품 수급이라는 견지에서 하북성의 면화에 주목하고 있었다. 특히 중일전쟁 직전 중일경제제휴의 핵심 내용이 바로 창석철로 부설과 이를 통한 면화의 운수였다. 더욱이 창석철로를 부설할 경우 교통의 편의를 적극 활용하여 면화의 생산과 운송을 확대할 수 있는 가능성이 충분하다고 판단하였다.

화북지역에서 면화를 생산하여 일본경제의 골간산업이라 할 수 있는 방직공업의 원료를 확보한다는 구상은 매우 구체적인 정책적 배경을 바탕으로 추진된 것이었다. 1935년 1월 22일 일본외상 히로타 고키(廣田弘毅)는 중국정부에 중일친선(中日親善), 경제제휴(經濟提携)를 제안하였다. 일본의 아리요시 아키라(有吉明) 공사는 남경으로 가서 왕정위(汪精衛)와 장개석을 만나 중일친선의 제안을 전달하였다. 1월 30일 장개석은 아리요시 아키라 공사를 불러 중일관계의 개선 의사를 표명하는 동시에, 일본군부의 강경한 태도를 완화시켜 주도록 요청하였다. 이에 아리요시 아키라 공사는 중국 측의 배일운동을 철저히 단속해 주도록 요구하였다.

이러한 분위기 속에서 일본공사관의 요코다케(橫竹) 상무참사관은 2월 13일 중일경제제휴에 대해 "중국의 농업 방면에 기술을 원조하고 면화의 대량 생산을 지원하여 일본에서 이를 구매하도록 한다"라는 구체적인 방법을 언급하였다. 다음 날인 14일에 일본외무성은 중일경제제휴의 구체적인 방안에 대해 "중국은 배일운동을 단속하여 성의를 표시해야 한다. 일본은 중국에서 면화 등의 농산물을 수입하고 동시에 중국으로 공업제품, 기계류 등을 수출한다"라는 원칙을 마련하였다.

이와 같이 중국의 면화는 중일경제제휴의 주요한 매개물이었다. 중일 간의 무역 구조를 살펴보면 중국의 대일 수출 품목 가운데 가장 큰 비중을 차지하는 것이 바로 면화였으며, 반대로 일본의 대중 수출 품목 가운데 가장 큰 비중을 차지하는 것이 면직물이었다. 따라서 만주사변 이후 위축된 중일무역의 추세를 중일경제제휴를 통해 주력 품목의 교류를 확대함으로써 양국의 외교 및 경제관계를 회복시키고 나아가 발전시켜 나간다는 목적이었던 것이다.

1935년 7월 2일 관동군(關東軍), 남만주철도주식회사, 동양척식회사(東洋拓殖會社), 만주국(滿洲國) 재정부(財政部), 실업부(實業部)는 장춘에서 개최된 연석회의에서 화북 자원의 확보를 위한 구체적인 대강을 결정하였다. 회의에서는 광산업, 교통업, 무역 및 면화 재배사업에 우선적으로 착수하고 남만주철도주식회사가 산동의 면화를 중심으로 일본의 면화 자급에 노력하기로 합의하였다. 면화의 확보가 대중국 정책, 특히 중일경제제휴에서 중요한 문제로 취급되었던 이유는 대영제국 블록경제의 형성과 일본 - 인도 간의 통상 마찰, 그리고 이로 인해 단행된 인도면화 불매 이후 심각한 문제로 대두된 일본의 면화 부족을 해결하기 위한 정책적 배려라고 할 수 있다. 일본 경제에서 차지하는 면업(綿業)의 비중을 고려할 때 저렴하고 안정적인 면화의 확보는 중요한 문제가 아닐 수 없었으며, 이러한 이유로 중일경제제휴에서 면화가 핵심적인 문제로 대두되었던 것이다.

일본은 면화를 확보하기 위해 특히 중국의 하북성, 산동성, 하남성 등 화북지역에 주목하였다. 일본의 대표적 신문인 『아사히신문(朝日新聞)』은 "화북으로의 진출에서 일본이 특히 주목할 것은 하북(河北), 산동, 하남(河南)으로 이어지는 면화이다"라고 보도하였다.

화북의 각 성에서는 면화 등 농산물 이외에도 석탄과 철광석, 농산물, 오금(五金, 금·은·구리·철·주석) 등이 다량으로 산출되었다. 그러나 교통이 불편하여 채굴과 운송을 적시에 끝내기가 쉽지 않았다. 화북지역의 교통은 북녕철로(北寧鐵路)와 평수철로(平綏鐵路)가 북부를 관통하는 것 이외에 평한철로(平漢鐵路), 진포철로 양 철로가 남북으로 평행하게 부설되었다. 비록 정태철로가 있지만 하북성과 산서성 사이의 운송에 기여할 뿐이었다. 따라서 하북성 남부 40여 현을 동서를 관통하는 철로가 없었다. 이들 지역에서 생산되는 산서 동부의 석탄과 면화, 그리고 식량 등의 운송은 운하를 통한 운송에 의지하는 형편이었

08-1 ● 창석철로의 이재민 노동자

출처: 「滄石鐵路收容災民所災民編號遣送工地之影」, 『救災週刊』 9期, 1920, p.6(上海圖書館 《全國報刊索引》 數据庫).

08-2 ● 창석철로 기공식

출처: 「滄石鐵路以工代振開工儀式撮影」, 『救災週刊』 24期, 1921, p.6(上海圖書館 《全國報刊 索引》 數据庫).

다. 따라서 연선지역의 경제 발전을 위해서는 창석철로의 부설이 매우 시급한 현안이 아닐 수 없었다.

이상과 같은 경제적 효과 이외에도 창석철로의 부설은 군사적으로도 매우 유용할 것으로 기대되었다. 창석철로는 하북성 내지를 관통하여 동쪽으로 진포철로와 연결되어 천진에 도달하며, 서로는 정태철로, 동포철로(同蒲鐵路)와 연결하여 섬서성과 산서성에 도달할 수 있었다. 따라서 하북의 방어를 위해서도 창석철로의 부설은 매우 효과적일 것으로 예측되었다. 일본은 화북에서의 정세를 공고히 하고 북평, 천진 일대의 방어를 강화하기 위해 반드시 석가장과 해안 사이의 운송로를 확보하지 않으면 안 되었다. 이를 통해 관외에 주둔하던 일본군과 여순을 거점으로 하는 해군을 상호 연계하는 계획을 마련하였다. 이러한 과정에서 일본은 창석철로의 정치·군사적 효용성에 주목한 것이다.

일찍이 일본정부는 남만주철도주식회사 건설국 공정사 조칠조(趙七兆), 조녕회(趙寧會)와 하얼빈철로학교의 일본인 교원 마쓰야마 신스케(松山信輔)에게 덕주(德州)에서 석가장(石家莊) 사이의 구간을 정밀 측량하도록 지시하였다. 중일전쟁이 발발한 이후 화북지역이 일본의 판도로 넘어간 이후, 일본은 산서성의 석탄을 약탈하기 위해 석덕철로의 부설을 추진하였다. 일본이 산서성의 석탄을 확보하기 위해 특별히 창석철로의 기점을 석가장으로부터 덕주로 변경하였으며, 이로 인해 석덕철로(石德鐵路)라고도 불렀다.

1940년 7월 1일부터 현지 주민들을 징용하여 철로의 부설에 동원하였으며, 같은 해 11월 15일 180킬로미터에 달하는 전 노선을 개통하였다. 1941년부터는 일본 치하의 화북철도주식회사*에 넘겨져 운영되었으며, 화북과 화동을 잇는 중요한 철로 노선이 되었다. 석덕철로는 중국공산당의 팔로군(八路軍)이 치열하게 항일유격전을 전개하였던 전장이기도 하다. 이들은 진포철로, 석덕철로 연선의 레일 및 열차역, 철로 설비에 대한 공격을 감행하여 이를 파괴하였다.

항일전쟁 승리 이후 일부 철로의 레일이 중국공산당 군대에 의해 철거되었

---

* 중일전쟁이 발발한 이후 화북지역의 대부분을 점령한 일본은 1938년 11월 이 지역의 경제 개발을 총괄하는 기관으로서 화북개발주식회사를 수립하였다. 다음 해인 1939년 4월에 화북지역의 모든 철로를 국유화하였고, 이를 관리하기 위한 기관으로 화북개발주식회사의 산하에 화북교통주식회사를 설립하였다. 화북교통주식회사의 자본금 3억 엔 가운데 화북괴뢰정권이 3,000만 엔, 화북개발주식회사가 1억 5,000만 엔, 남만주철도주식회사가 1억 2,000만 엔을 출자하였다. 남만주철도주식회사는 화북교통주식회사의 주식 가운데 40 퍼센트를 보유하고 있었으며, 화북교통주식회사의 총재에서 직원에 이르기까지 모든 인사권을 장악하고 있었다.

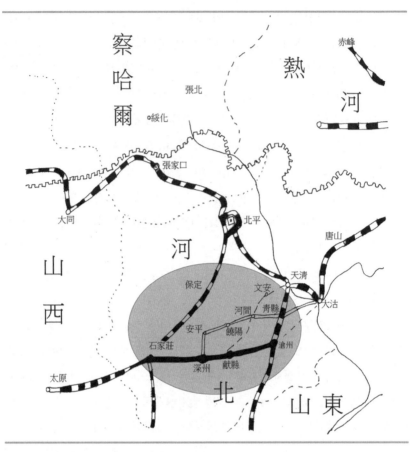

08-3 • 창석철로(석덕철로) 노선도

다. 1947년 11월 17일 진찰기변구철로국(晉察冀邊區鐵路局)이 설립되어 석덕철
로의 복구에 나서 마침내 1948년 2월 15일 전 노선에 걸쳐 열차를 개통하였다.
1985년 석덕철로의 전 노선은 복선화를 완료하였으며, 원래의 단선철로는 덕
주시연료공사(德州市燃料公司)에 매각되어 석탄을 운반하는 전용선이 되었다.

참고문헌

「滄石鐵路收容災民所災民編號遣送工地之影」, 『救災週間』 9期, 1920.

「滄石鐵路以工代振開工儀式撮影」, 『救災週間』 24期, 1921.

超冰, 「王瑤著譯年表」, 『新文學史料』 1990年 3期.

李志民, 「挺進冀中, 重建冀中軍區」, 『黨史研究與教學』 1993年 2期.

荻原充, 「華北經濟提携をめぐる日中關係: 鐵道と資源開發を中心に」, 『社會經濟史學』 53卷 4 號, 1987.

金志煥, 「中日戰爭 直前期 中日經濟提携論」, 『中國學論叢』 22輯, 2006.12.

09장

정통철로(鄭通鐵路)

동북 서부지역을 관통하는 사조철로의 지선

연 도	1921~1922(1922년 1월 1일 개통)
노 선 명	정통철로
구 간	정가둔(鄭家屯) - 통요(通遼)
레일 궤간	1.435미터
총 연 장	114킬로미터
기 타	사조철로(四洮鐵路)의 지선

청말에 '몽지(蒙地, 몽골인 거주지)'로 한인(漢人)이 유입되면서 이들의 거주지 및 농경지가 급속히 동북지방의 서부지역으로 확대되었다. 19세기 말에는 농안(農安) - 회덕(懷德) - 법고문(法庫門) 연결선의 동쪽에 주로 한인이 거주하였으며, 따라서 한인과 몽골인과의 교역도 농안이나 법고문 등에서 이루어졌다. 그러나 동북지방의 서부지역으로 한인의 이주가 확대되고 철로가 부설된 결과, 교역의 중심지는 점차 정가둔, 조남, 통요(通遼)[예전 명칭은 백음태래(白音太來)]로 이동하였다.

정가둔은 1906년에 요하 유역의 삼강구(三江口) 개방을 계기로 법고문을 대신하여 우마(牛馬) 거래의 중심지가 되었다. 1910년에 정가둔까지 요하의 운항이 확대되자 정가둔은 요하의 수운을 이용하여 상업이 크게 융성하였다. 그러나 우마교역의 중심지가 점차 북방의 조남으로 이동하면서 1910년대 이후 정가둔의 우마 출하 수량은 대폭 감소하였다. 우마 거래는 쇠퇴했지만 부근 몽지의 개척이 진전됨에 따라 농산물 집산량이 증가하여, 1907년부터 1922년에 걸쳐 정가둔의 농산물 출하 수량은 2배 이상 증가되어 농산물 시장으로서의 기능이 한층 강화되었다.

정통철로는 정가둔에서 통요에 이르는 총연장 114킬로미터의 철로로서, 사

(단위: 킬로미터)

역명	정가둔 (鄭家屯)	백시 (白市)	구리 (歐里)	문달 (門達)	대한 (大罕)	대림 (大林)	오사도 (烏司徒)	전가점 (錢家店)	오도목 (五道木)	통요 (通遼)
거리		7.69	18.51	11.75	15.21	12.18	9.88	14.89	13.59	160.3

조철로(四洮鐵路)의 지선이다. 철로가 지나는 연선지역은 대부분 과거 몽골 왕의 영지에 속하였으며, 개간되지 않은 광활한 황무지가 지천으로 있었으나, 반면 인구는 매우 희박한 지역이었다. 게다가 지세도 평탄하여 개발하기에 용이한 편이었다. 통요현은 1903년에 형성된 촌락으로서, 1914년 통요진(通遼鎭)으로 편성되었다가 1918년 현제(縣制)가 전면적으로 실시되면서 통요현으로 개명되었다. 이 지역은 물산의 집산지로서 특히 쌀이 주요 농작물이었으며, 이 밖에 목축업도 번성하여 소, 말, 돼지털, 말꼬리, 짐승뼈, 가죽 등이 대량 생산되었다.

1919년 6월 철로국은 정통철로를 부설하기로 결정하고, 6월 4일부터 측량을 개시하였다. 측량대는 직원 4명, 감공(監工, 공사현장감독) 1명, 측량공 4명, 부역(夫役, 인부) 6명으로 구성되었으며, 순경 4명이 측량대를 보호하였다. 1921년 4월에 이르러 모든 측량 업무가 종결되었다. 이를 기초로 1921년 5월 4일 정통철로를 부설하기 위한 부지의 가격을 산정하여 민지 1만 5,000무(畝)를 지가에 따라 등급화하였다. 수용 가격은 갑지(甲地)가 소양(小洋) 40원, 을지(乙地)가 35원, 병지(丙地)가 30원, 정(丁地)지가 25원, 무지(戊地)가 20원, 기지(己地)가 15원, 경지(庚地)가 10원, 신지(辛地)가 5원으로 책정되었다.[*]

정통철로의 부설에 사용된 강철 레일(강궤)은 남만주철도주식회사가 양도한 레일 중량 64파운드의 구식 러시아제였다. 침목은 북만주에서 생산된 홍목(紅木)을 사용하였다. 1921년 7월 1일 레일을 부설하기 시작하여 11월에 통요까지

---

[*] 철로를 부설하기 위한 부지를 수용할 때 부지의 등급을 갑(甲), 을(乙), 병(丙), 정(丁), 무(戊), 기(己), 경(庚), 신(辛)으로 나누었다.

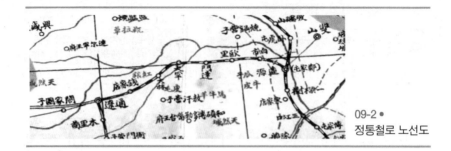

09-2 ●
정통철로 노선도

도달하여 준공되었으며, 1922년 1월 1일 정식으로 영업을 개시하였다. 교량은 모두 목교(木橋)로 가설되었으며, 이 가운데 청하교(淸河橋)가 660피트(200미터)에 달하여 비교적 긴 교량에 속하였다. 정통철로의 개통은 사조철로 전 노선의 개통을 의미하였다. 1927년 말 동북교통위원회가 주관하는 경봉철로(京奉鐵路)의 대통지선(大通支線)이 통요에 도달하여 정통철로와 서로 연결되었다.

참고문헌

李淑雲, 「九一八事變前的東北鐵路建設」, 『遼寧大學學報』 1999年 3期.
王曉敏, 「四洮鐵路硏究」, 『東北師範大學學報』 2016年 1期.
孫建冰, 「歷史上的一份防鼠疫布告」, 『蘭台世界』 2003年 8期.
吳菊英, 「東北地區現存民國鐵路檔案簡介」, 『民國檔案』 1996年 2期.
程維榮, 『近代東北鐵路附屬地』, 上海社會科學院出版社, 2008.
董說平, 『中日近代東北鐵路交涉硏究』, 遼寧大學出版社, 2011.

10장

타통철로(打通鐵路)
동삼성정부가 자력으로 가장 먼저 부설한 철로

연 도	1921~1927(1927년 11월 15일 개통)
노 선 명	타통철로, 대통철로(大通鐵路)
구 간	타호산(打虎山) - 통요(通遼)
레일 궤간	1.435미터
총 연 장	251.7킬로미터
기 타	경봉철로(京奉鐵路)의 지선

타통철로는 타호산(打虎山)[현재의 대호산(大虎山)]으로부터 통요(通遼)에 이르는 총연장 251.7킬로미터의 철로이며, 대통철로(大通鐵路)라고도 불렀다. 중국 동북지역은 러시아와 일본이 세력권을 분할하여 대치하던 지역으로서, 남만주철로와 동청철로는 양국 세력의 근간이 되었다. 1920년대부터 동북지역 군벌 장작림과 동삼성(東三省)정부는 자국의 자본 및 기술을 동원하여 철로를 부설하기 시작하였다 이 가운데 가장 먼저 부설한 철로가 바로 타통철로였다.

장작림은 1922년 5월 동삼성의 자치를 선포하고 북경정부에게 관계 단절을 통보하였다. 장작림의 입장에서 유사시 길림성, 흑룡강성 등의 군대를 남하시키기 위해서는 반드시 남만주철로를 이용할 수밖에 없었다. 그런데 남만주철로에 동삼성의 군대를 탑승시켜 운송하기 위해서는 "군사 관련 운송 시 관동군과 관동청, 남만주철도주식회사 및 주봉천 일본총영사 등 4대 기관의 엄격한 검사 및 승인이 필요하다"라는 규정을 준수하지 않으면 안 되었다.

더욱이 이들 병력이 열차에 탑승하기 위해서는 반드시 일본 남만주철로의 규정된 시간과 장소에서 임시로 무장을 해제해야 하였으며, 탄약과 총 등의 무기는 별도로 탁송(託送)하지 않으면 안 되었다. 더욱이 봉천군 관병은 일본군대의 통제 및 감독하에 열차에 승차해야만 하였다. 따라서 동북 당국으로서는 일본의 군사적 통제로부터 벗어나기 위해서라도 스스로 철로를 부설하지 않으면 안 되었던 것이다.

이 철로는 원래 경봉철로(京奉鐵路)[북녕철로]의 지선으로서, 최초 부설의 목적은 석탄을 채굴하여 운반하기 위한 것이었다. 타통철로는 모두 네 구간[단(段)]으로 나누어 부설공사를 진행하였다. 첫 번째 구간[단(段)]이 바로 타호산으로부터 팔도호(八道濠)에 이르는 석탄운반 노선이었다. 1921년 9월 경봉철로의 대호산역(大虎山驛)으로부터 팔도호매광(八道壕煤礦) 사이의 29킬로미터 구간의 부설에 착수하여 1922년 말에 완공되었다. 1922년 5월 장작림은 동삼성의 독립을 선포하였으며, 북경정부와의 행정 및 재정관계를 단절하고 자치를 선언하였다.

1925년 8월 팔도호에서 신립둔(新立屯) 사이의 25킬로미터 구간에서 열차가 개통되었고, 1927년 1월 창무(彰武)까지 연장 부설되었으며, 같은 해 말에 통요까지 도달하였다. 1927년 10월 11일 준공되었으며, 11월 15일 전선에서 영업을 개시하였다. 타통철로는 경봉철로의 타호산역(打虎山驛)에서 출발하여 흑산현(黑山縣), 팔도호(八道濠), 방산진(芳山鎭), 신립둔(新立屯), 십가자(十家子), 포자(泡子), 곽가점(郭家店), 창무현(彰武縣), 풍가와붕(馮家窩棚), 장고태(章古台), 아이향(阿爾鄕), 감기잡(甘旗卡), 이호탑(伊胡塔), 파호탑(巴胡塔), 아문영(衙門營), 목리도(木里圖)를 거쳐 통요현에 이르는 총연장 251.17킬로미터의 노선이었다. 철로는 모두 경봉철로 측이 관리하도록 하였으며, 부설 과정에서 필요한 노임과 자재도 모두 경봉철로 측이 지원하였다.

통요에서는 1912년부터 본격적으로 집락촌이 형성되기 시작하였다. 1916년에는 통요가 인구 약 3,000명 정도로 정가둔의 부속지로서의 성격이 강했으며, 상권은 크지 않았다. 그러나 정가둔을 중심으로 한 교통의 요지에 위치하고 있었으며, 1918년에는 통요현이 설치되면서 인구도 약 1만 명으로 증가하였다. 더욱이 1922년에 통요 - 정가둔 사이의 정통철로(鄭通鐵路)가, 1927년에 타통철로(통요 - 타호산)가 개통되어 1930년대에는 인구 4만 명을 넘는 거대 상업도시로 성장하였다.

10-1 •
석탄운반용 타통철로
출처:「大通煤鑛」,『東
方雜志』31卷 10
號, 1934. 5, p. 24.

이 철로는 통요까지 부설된 이후 사조철로의 정통철로와 연결되었다. 그뿐
만 아니라 사조철로, 조앙철로(洮昂鐵路)를 경유하여 제극철로(齊克鐵路)와 접속
함으로써 동북성 서부를 종관(縱貫)하는 간선철로를 구성함에 따라 동부지역
의 심해철로(瀋海鐵路), 길해철로(吉海鐵路)와 대등한 중요성을 갖게 되었다. 동
북의 교통당국은 동서 각 철로 간의 연운(연계운수)을 실행하여 사조철로, 조앙
철로 등 각 철로를 연계운수를 위한 네트워크에 포함시켰으며, 이를 통해 러시

10-2 • 대통탄광공사(大通炭鑛公司)의 석탄 채굴과 운반

왼쪽 위: 대통·매광공사/ 왼쪽 아래: 채굴된 석탄을 운반하는 모습

오른쪽: 구식 채굴법으로 석탄을 채굴하는 대통·매광공사

출처: 「大通煤鑛」, 『東方雜志』 31卷 10號, 1934.5, p.24.

아의 중동철로 및 일본의 남만주철로 양 철로의 발전을 억제하는 데 노력을 기울였다. 이 밖에 경봉철로 연선의 호로도항(葫蘆島港)을 개발하여 동북 각 국유철로의 출구 항만으로 조성하려는 구상을 가지고 있었다.

타통철로의 부설로 인해 중일 사이에는 끊임없이 분쟁이 발생하였다. 타통철로는 동북지역을 종관하는 간선철로의 일환일 뿐만 아니라 군사상·정치상의 독립을 위해서도 중요한 역할을 수행하였다. 타통철로는 북으로 사조철로, 조앙철로와 서간선을 형성하여 흑룡강성 및 동부 내몽골의 철리목맹(哲里木盟)[1990년대 말 통요시(通遼市)로 개명]과 봉천성을 긴밀히 연계하였다. 또한 경봉철로 간선을 통해 관내외 사이의 연계를 강화하였으며, 타통철로 연선의 경제 발전을 선도하였다. 이와 같이 타통철로는 기타 철로와 상호 호응함으로써 동북지역에서 남만주철로를 포위하고 동청철로를 횡단하는 국유철로 네트워크를 형성하였다. 일본 측은 이 노선이 남만주철로의 병행선에 해당된다고 항

10-3 ● 타통철로 노선도 1

의했지만 부설을 저지하지는 못하였다. 부설공사가 완료된 이후에도 일본은
이 철로가 남만주철로의 병행선으로 일본의 권익을 침해할 것이라며 지속적으
로 항의하였다.

타통철로는 경봉철로 간선의 열차를 이용하였으며, 1928년부터 매일 객화
혼합열차를 운행하였다. 매번 운행 시 객차는 3량 정도 운행하였으며, 평시 이
용 승객이 300명 정도였다. 그러나 봄 기간에는 이민자가 상대적으로 많아 전
용열차를 증설할 정도였다. 화차는 12량으로 하루 700톤 정도의 화물을 운송
하였다. 매년 2월에서 5월까지 관내이민자 20만 명을 운송하였으며, 가장 많은
해에는 30만 명을 수송하기도 하였다. 연선의 화운은 콩, 잡량(雜糧: 잡곡) 20만
톤, 석탄 10만 톤, 영구에서 운반해 온 공산품이 10만 톤에 달하였다.

타통철로는 준공 이후 연선 경제에 대한 영향이 매우 컸다. 제앙철로(齊昂鐵

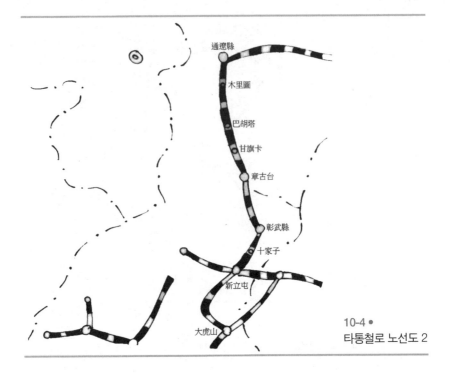

10-4 •
타통철로 노선도 2

路)가 부설된 이후 타통철로는 흑룡강성에서 산출된 콩 및 잡량[잡곡]의 남쪽 운송을 다수 흡수하였다. 1929년 흑룡강성은 제앙철로를 통해 화물 30만 톤을 남쪽으로 운송하였다. 이 가운데 20만 톤의 화물이 남만주철로에 의해 흡수되어 대련이나 영구로 운송되었으며, 10만 톤의 화물은 타통철로를 통해 영구로 운송되었다.

타통철로는 교통운수를 발전시키는 동시에, 남만주철로가 독점해 왔던 화물 운수의 지위를 동요시켰다. 이와 같이 타통철로는 일본의 남만주철로를 견제하며 상호 경쟁을 전개하였으며, 일본제국주의의 경제침략을 저지하는 중요한 역할을 수행하였다. 더욱이 타통철로가 부설된 이후 동북당국은 이 철로를 통해 수시로 군대를 운송할 수 있게 되었으며, 군수에 대한 관동군과 남만주철로의 통제로부터 벗어날 수 있게 되었다.

참고문헌

「大通煤鑛」,『東方雜志』31卷 10號, 1934.5.

鄭言,「打通鐵路建設與中日交涉」,『日本研究』1992年 2期.

閆洪森,「從一座民國時期老火車站看通遼地區的國有鐵路建設」,『商業文化月刊』2014年 27期.

11장

사조철로(四洮鐵路)

동북지역 서부를 종관(縱貫)하는 간선철로

연　　도	1922~1923
노　선　명	사조철로,
구　　간	사평가(四平街) - 조남(洮南)
레일 궤간	1.435미터
총　연　장	312킬로미터
기　　타	1949년 조앙철로와 합쳐져서 평제철로(平齊鐵路)로 명칭이 변경됨

　　사조철로는 남만주철로 북단의 사평가(四平街)로부터 시작하여 서행(西行)하여 정가둔(鄭家屯)으로 가고, 이로부터 다시 북쪽으로 개통(開通)을 거쳐 조남(洮南)에 도달하는 총연장 312킬로미터의 노선이다. 일찍이 1913년 북경정부는 일본과 '만몽5로차관계약'을 체결하였는데, 차관 계약 중에 사조철로의 부설 계획이 포함되어 있었다. 1915년 12월 북경정부와 일본의 요코하마쇼킨은행(橫濱正金銀行) 사이에 사정철로(四鄭鐵路)[사평가 - 정가둔]를 부설하기 위한 차관계약이 성립되었다. 다음 해인 1916년 북경정부 교통부는 이국기(李國驥), 하창치(夏昌熾)를 파견하여 노선을 측량하도록 하고, 이에 근거하여 철로의 부설 계획을 완료하였다. 1917년 4월에 부설공사에 착수하여 1918년 사정철로의 전 노선을 개통하여 영업을 개시하였다.

　　그러나 당시 은가의 폭등, 물가의 상승 등으로 부설 자금이 부족해지자, 1918년 3월 재차 요코하마쇼킨은행으로부터 단기차관 260만 원을 차입하였다. 이로써 차관은 도합 760만 원에 달하였다. 상환 기한은 최초 500만 원의 경우 40년, 10년 거치 이후 30년 상환으로 합의하였다. 후에 차입한 단기차관의 경우는 11년 상환(1919년에 다시 1년 연장)으로 합의하였다. 차관 기간 내에는 일본인 회계와 총공정사를 임명하여 철로의 부설을 일임하며, 철로가 완공된 이후

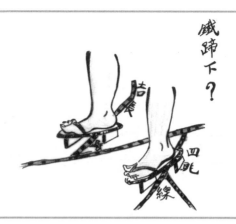

11-1 •
일본이 차관을 통해 길장
철로와 사조철로를 장악
한 사실을 풍자한 삽화

11-2 • 사조철로공사가
차입한 일본차관과 철로
소유권의 상실

사조철로를 부설하기 위
해 일본으로부터 막대한
차관을 차입할 수밖에 없
었으며, 이러한 이유로 사
실상 일본으로 경영권이
넘어갈 수밖에 없었다. 아
래의 그림은 바탕에 일본
침략의 상징인 '욱일기(旭
日旗)'를 그려 넣음으로써
사조철로가 사실상 일본
의 소유가 되었음을 풍자
하고 있다.

11-3 • 사조철로 정가둔역 부근의 철교
출처: 「四洮鐵路鄭家屯西遼河便大橋及興築中之正橋」, 『東三省官銀號經濟月刊』 2卷 6期,
1930, p.1(上海圖書館《全國報刊索引》 數据庫).

에는 운수감독과 보선기사 각 1명씩을 일본인으로 충원하기로 합의하였다.

사정철로가 완공된 이후 일본영사는 노선이 너무 짧다며 중국정부에 연장선의 부설을 요구하였다. 그러나 이 차관은 사정철로를 부설하기 위해 차입된 것으로서, 정백지선, 즉 정통철로[정가둔 - 백음태래(白音太來, 통요의 옛 이름)와 정조철로(鄭洮鐵路)[정가둔 - 조남]의 부설비용으로는 크게 부족하였다. 다음 해인 1919년 9월 북경정부 교통부는 남만주철도주식회사와 4,600만 원의 '사조철로 차관합동'을 체결하고, 이전의 요코하마쇼킨은행 차관은 남만주철도주식회사가 그대로 인수하기로 합의하였다. 사조철로는 사정철로의 부설을 시작으로 그 연장선으로 부설되었다.

사정철로는 사조철로의 첫 번째 구간으로서, 사평가를 출발하여 정가둔에 이르는 노선이며, 1917년 11월에 열차를 개통하고 영업을 시작하였다. 1918년에는 남만주철로와 화물의 연운(연계운수) 계약을 체결하였다. 이 구간은 1917년 초 열차가 개통될 시점까지 부설비용이 일화(日貨) 총 331만 3,000엔에 달하였다.

두 번째 구간은 정조철로(鄭洮鐵路)[평룡철로(平龍鐵路)]로서 사정철로의 연장선이며, 사조철로의 한 구간이 되었다. 사정철로의 부설을 완공한 이후 일본은

11-4 • 사조철로 전경

위: 사조철로 사평가역/ 가운데: 사조철로 소속의 의관(醫官)들/ 아래: 사조철로 조남역(洮南驛)
출처: 「四洮路车站: 洮南车站」, 『中華醫學雜誌』(上海) 15卷 3期, 1929, p.9(上海圖書館《全國
報刊索引》數据庫).

중일 간의 계약에 근거하여 정조철로의 연장선 부설을 요구하였다. 1920년 북경정부 교통부는 사정철로공정국을 사조철로공정국으로 개조하여 조직을 확대하였다. 1922년 1월에 사조철로독판총공사를 사평가에 설립하고 사조철로의 공정 및 열차 운행업무를 주관하도록 하였다. 1923년 4월 레일을 부설하기 시작하여 12월에 조남까지 레일의 부설을 마쳤다. 이 구간의 부설비용으로 1923년 말까지 총 1,452만 원을 지출하였다. 이 철로는 이후 조앙철로 및 제앙철로와 상호 접속하여 흑룡강성까지 나아간 까닭에 평룡철로(平龍鐵路)라고도 불렸다.

세 번째 구간은 정통철로(鄭通鐵路)이다. 1919~1920년 사이에 정가둔에서 백음태래(白音太來)에 이르는 사조철로의 지선을 부설하기로 결정하였다. 1919년 6월 측량을 개시하였으며, 총연장 113.7킬로미터에 달하였다. 레일은 모두 남만주철로가 종래 보유하고 있던 중량 64파운드의 러시아산 강궤를 사용하였고, 침목은 북만주산 홍목(紅木)을 사용하였다. 1921년 7월 레일을 부설하기 시작하여 11월에 통요까지 완공하였다. 1927년 말 동북교통위원회가 관리하는 경봉철로 대통지선(大通支線)이 통요까지 부설된 이후 이 철로와 접속하여 사조철로 정조구간과 함께 서부지역을 관통하는 간선이 되었다.

1921년 정백지선(정통철로)이 개통되자 철로 운수가 활성화되면서 연선지방의 산업이 크게 발전하기 시작하였다. 정조철로의 개통 역시 요하 서쪽 동몽골 지역의 산업 발전에 큰 자극을 주었다. 종래의 유목지가 수전(水田) 등 농경지로 바뀌어 쌀 등 미곡을 산출하기 시작하였다. 예전의 색촌(塞村) 백음태래도 통요진이라 부르며 인구 1만 수천 명이 거주하는 도시로 변모하였다. 동몽골의 문호(門戶)인 조남의 경우도 인구 2만 5,000명의 거대 도시로 변모하여, 철로의 개통과 함께 급속한 발전을 성취하였다.

사조철로(四洮鐵路), 조앙철로(洮昻鐵路), 타통철로(打通鐵路) 등이 부설된 이후 남만주철로에 의존하지 않고도 동북 북부와 남부 사이의 화물 운수가 가능해졌다. 그러나 사조철로의 경영진은 북경 교통부계가 차지하였고 조앙철로의 경영진은 주로 봉천계에 속했기 때문에 상호 우호적인 관계가 아니었다. 이로 인해 1927년 9월까지 조남에서 양 철로의 연계운수가 시행되지는 않았다. 남만주철로는 사조철로, 조앙철로로 운송되는 화물을 흡수하기 위해 1926년에 사조철로, 조앙철로와 연운회의(聯運會議)를 개최하였지만, 조앙철로가 연계운수로부터 발생하는 수익 가운데 35퍼센트를 요구하였기 때문에 결렬되고 말았다. 결렬된 주요한 원인은 조앙철로가 중동철로와의 연계를 고려하였기 때문이기도 하고, 사조철로 경영진과의 관계가 좋지 않았기 때문이기도 하다. 그러나 사조, 조앙, 경봉철로(京奉鐵路)의 화물 연계운수는 1928년부터, 사조, 조앙, 제극(齊克), 경봉철로의 화물 연계운수는 1929년부터 실시되었다. 이 때문에 남만주철로를 통하지 않고 영구 하북역으로 운송되는 화물의 수량이 크게 증가하였다.

조남에서 발송된 농산물은 조앙철로를 통해 북행하지 않고 모두 사조철로로 운송되었다. 이것은 조앙철로-중동철로-블라디보스토크의 경로로 운송하는 것이 사조철로-남만주철로-대련 경로의 운임에 대항할 수 없었기 때문이었다. 이에 조앙철로는 남행하여 사조철로로 수송되는 경로와 북행하여 중동철로로 운송되는 경로를 선택할 수 있었다. 북행, 남행의 분기점은 대개 태래역(泰來驛)으로, 여기서부터 북쪽에 있는 역은 앙앙계(昂昂溪)를 경유하고, 남쪽에 있는 역은 조남을 경유하여 화물을 수송하였다. 앙앙계를 경유한다고 해도 조앙철로는 동청철로와 선로가 연결되어 있지 않아 중동철로의 화물을 직접 연계하여 운송하는 일은 가능하지 않았다. 그러나 조앙철로는 제극철로의 선로와 연결되어 있어 제극철로의 연계화물이 조앙철로에 적재되는 것이 대부분이었다.

만주사변 이후 1931년 10월 사조철로국장 하서장(何瑞章)이 사직하고 후임에는 전 길장, 길해철로국장을 역임한 바 있는 감탁(闞鐸)을 임명하였다. 사조철로는 만주사변 직후 현지 유격대의 습격 등으로 열차 운행이 여러 차례 중단되기도 하였으나, 1932년 1월 25일부터 점차 전 노선의 운행이 정상화되었다. 1931년 12월 1일 남만주철도주식회사 총재와 사조철로국장 사이에 사조철로 임금 및 경영에 관한 계약이 체결되어 1932년 1월 12일 동북교통위원회 및 봉천성정부의 허가를 얻었다. 계약의 주요한 내용은 나음과 같다.

① 임금 총액에 상당하는 4,900만 원을 차입하며, 이자는 연 7분 5리로 한다.

② 기간은 1931년 12월 1일부터 50년으로 하고, 이 기간 중에는 조기에 원금 전액을 상환할 수 있다.

③ 차관 기간 중 남만주철도주식회사가 사조철로의 경영을 대행한다.

사조철로의 객화 운임

사조철로는 표가(票價), 운임, 잡비 등을 대양(大洋)*으로 수취하였으며, 기타 화폐는 규정에 따라 대양으로 환산하여 수취하였다. 단위는 킬로미터, 킬로그램, 톤, 입방미터 등으로 계산하였다. 화물은 100킬로그램을 단위로 하는 정차화물(整車貨物)과 100킬로그램 미만의 경우 100킬로그램으로 환산하여 계산하는 영차화물(零車貨物)의 두 종류가 있었다.** 100킬로그램이 초과하는 수량은 10킬로그램을 단위로 가산하였다. 운송거리는 30킬로미터를 최소 단위로 하였으며, 운임은 대양(大洋) 5분(分)을 최소 단위로 하였다.

사조철로와 조앙철로는 1949년 중화인민공화국 수립 이후 통합되어 평제철로(平齊鐵路)로 명칭이 변경되었다. 평제철로는 남쪽으로 길림성 사평시를 출발하여 백성시(白城市)를 거쳐 흑룡강성의 치치하얼(齊齊哈爾)시에 이르며, 길림성 서부와 흑룡강성 서부를 연결하는 주요 교통 간선이다.

---

* 대양(大洋)은 은원(銀元)을 가리키는 별칭으로서 은전을 말한다.

** 철로화물의 운송은 크게 정차화물(整車貨物)과 영차화물(零車貨物, 不滿整車貨物)로 나눌 수 있다. 정차화물(carload lot)은 화물차량 1량을 채울 수 있는 분량의 화물을 가리키며, 대체로 톤 단위로 운임을 계산한다. 화물이 1톤에 미치지 못하는 우수리가 있을 경우 1톤으로 운임을 계산한다. 영차화물(LCL, less than container load)은 하나의 화물차량을 만재할 수 없는 소량의 화물을 가리킨다. 따라서 하나의 화물차량에 다른 화물주의 화물과 함께 실어 운반하게 된다. 일반적으로 10킬로그램 단위로 운임을 계산한다. 10킬로그램에 미치지 못할 경우 10킬로그램으로 계산한다.

11-5 • 사조철로 여객 운임

역명												
사평가(四平街)	1등	2등	3등									
팔면성(八面城)	1.45	0.85	0.6	1등	2등	3등						
전가둔(傳家屯)	2.6	1.55	1.05	1.2	0.7	0.5	1등	2등	3등			
삼강구(三江口)	3.25	1.95	1.3	1.8	1.1	0.7	0.65	0.4	0.25	1등	2등	3등
정가둔(鄭家屯)	4.4	2.65	1.75	3	1.8	1.2	1.8	1.1	0.7	1.2	0.7	0.5

11-6 • 사조철로 화물 운임(보통화물)

등급	영차(零車): 100킬로그램 1킬로미터로 환산	정차(整車): 100킬로그램 1킬로미터로 환산
1등화물	0.006	0.05
2등화물	0.005	0.04
3등화물	0.004	0.03
4등화물	0.003	0.02

11-7 • 사조철로 화물 운임(위험화물)

종류	영차(零車): 100킬로그램 1킬로미터로 환산	정차(整車): 100킬로그램 1킬로미터로 환산
석유, 성냥, 생석회,[*] 주정(酒精)	0.005	0.04
폭죽, 연화(煙火, 축포), 유지(油紙), 유포(油布), 강산(强酸, 염산)	0.006	0.05

---

* 생석회(生石灰): 석회석을 고온에서 연소시켜 제조한 산화칼슘을 가리킨다. 산성 토양 중화 및 토양 개량에 사용한다.

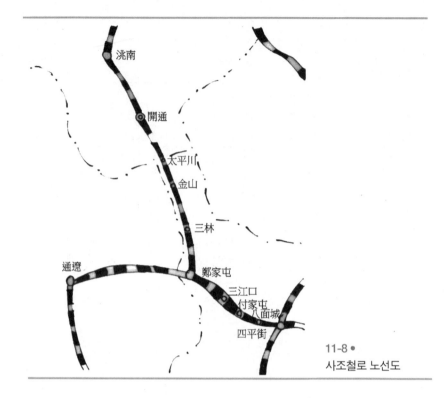

참고문헌

「四洮鐵路鄭家屯西遼河便大橋及興築中之正橋」, 『東三省官銀號經濟月刊』 2卷 6期, 1930.

「四洮路车站: 洮南车站」, 『中華醫學雜誌(上海)』 15卷 3期, 1929.

雷明義, 「正氣千秋: 記四洮鐵路局局長張元斋」, 『黨史縱橫』 1999年 9期.

黃鶴, 「九一八事變前四平地區四洮鐵路工人運動的開展及影響」, 『長江叢刊』 2015年 25期.

吳菊英, 「東北地區現存民國鐵路檔案簡介」, 『民國檔案』 1996年 2期.

李淑雲, 「九一八事變前的東北鐵路建設」, 『遼寧大學學報』 1999年 3期.

程維榮, 『近代東北鐵路附屬地』, 上海社會科學院出版社, 2008.

董說平, 『中日近代東北鐵路交涉研究』, 遼寧大學出版社, 2011.

12장

정조철로(鄭洮鐵路)

일본자본으로 부설된 사정철로의 연장선

연　도	1922~1924(1924년 7월 1일 개통)
노 선 명	정조철로, 평룡철로(平龍鐵路)
구　간	정가둔(鄭家屯) - 조남(洮南)
레일 궤간	1.435미터
총 연 장	228킬로미터
기　타	사조철로(四洮鐵路)의 지선, 사정철로(四鄭鐵路)의 연장선

1920년 사정철로공정국은 사조철로공정국으로 개조되어 관할 범위가 사평가에서 조남 사이의 철로 및 그 지선으로 정해졌다. 정조철로는 사조철로(四洮鐵路) 간선의 한 구간으로서, 사정철로(四鄭鐵路)의 연장선이다. 정가둔(鄭家屯)으로부터 조남(洮南)까지 총 228킬로미터에 달한다.

사정철로의 부설이 완료되고 열차를 개통한 다음 해 일본영사는 중국정부에 원래 계약에 따라 정조철로의 연장 부설을 독촉하였다. 사정철로는 열차가 개통된 이후 노선이 너무 짧아 화물의 운송량이 제한되어 큰 수익을 거두지 못하였다. 철로의 수입으로 차관의 원금과 이자를 상환하기에는 턱없이 부족하였을 뿐만 아니라 철로의 관리, 보수 경비조차 마련하기 어려운 정도로 적자가 발생하였다. 이러한 이유에서 북양정부로서도 사정철로를 조남까지 연장 부설하는 데 동의하지 않을 수 없었다.

북양정부는 재정총장 공심담(龔心湛)과 교통차장 대리 증육준(曾毓雋)에게 남만주철도주식회사 대표 가와카미 도시히코(川上俊彦)와 '사조철로차관합동(四洮鐵路借款合同)'을 체결하도록 지시하였다. 계약의 주요한 내용을 살펴보면, 사조철로를 부설하기 위해 발행한 이자 5리(厘)의 공채 4,500만 엔을 남만주철도주식회사가 구매하며, 40년 기한으로 상환하기로 합의하였다. 또한 철로 자산

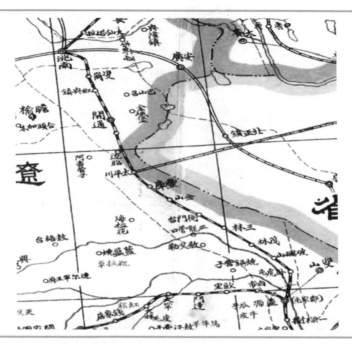

12-1 ● 정조철로 노선도

및 장래 영업으로부터 발생하는 수입을 담보로 설정하였다. 공정 기간 동안의 총공정사와 준공 이후 철로를 경영하는 시점에서 행차총관 및 양로공정사 역시 모두 일본인으로 충원하도록 하였다. 그뿐만 아니라 장래 지선을 부설하거나 연장선을 부설할 경우 외국자본을 차입하게 된다면 반드시 남만주철도주식회사와 우선 협의하도록 규정하였다.

사정철로가 준공된 이후 바로 연장선의 부설에 착수하였다. 이를 위해 1918년 7월 총공정사 후지네 히사키치(藤根壽吉)는 정조철로 연선에 대한 측량을 개시하였다. 측량대는 모두 4조로 구성되었다. 즉 중심조(中心組), 수평조(水平組), 평면조(平面組), 횡단조(橫斷組)가 각 구간으로 나누어 측량을 진행하였다. 간선의 총연장은 224.4킬로미터였는데, 레일은 남만주철도주식회사가 보유하고 있던 64파운드 러시아산 강궤를 사용하였으며, 침목은 북만주산 홍송(紅松, 잣

나무)을 사용하였다.

정조철로는 본선이 246킬로미터로, 부설비용으로 일본화폐 1,750만 엔이 소요되었다. 아울러 정가둔에서 백음태래(白音泰來, 통요의 옛 지명)에 이르는 정백지선(鄭白支線)은 112킬로미터이며 부설비용으로 일본화폐 790만 엔이 소요될 것으로 예상되었다. 교통부는 1920년에 사정철로공정국을 사조철로공정국으로 개조하여 조직을 확대하였다. 그리하여 1922년 1월에 사조철로독판총공사를 사평가에 설립하고 사조철로 전 노선의 공정 및 열차 운행업무를 주관하도록 하였다. 정가둔으로부터 조남에 이르는 간선은 사정철로 준공 이후 일본인 총공정사 후지네 히사키치가 1918년 7월부터 측량을 개시하도록 하였다.

자본이 충분치 않은 관계로 부설 공정은 1922년 4월에 먼저 정가둔에서 태평천(太平川) 사이의 110킬로미터를 부설하던 도중 직봉전쟁으로 공정이 수개월 동안 중단되었다. 10월에 들어 정국이 안정되면서 다시 부설이 재개되었다. 1923년 4월 레일을 부설하기 시작하여 12월에 조남까지 완공하였다. 이 구간의 부설비용으로 1923년 말까지 총 1,452만 원이 소요되었다. 1924년 7월 1일 정식으로 영업을 개시하였다. 이 철로는 이후 조앙철로 및 제앙철로와 상호 접속하여 흑룡강성까지 나아갔으며, 따라서 평룡철로(平龍鐵路)라고도 불렸다.

참고문헌

李淑雲, 「九一八事變前的東北鐵路建設」, 『遼寧大學學報』 1999年 3期.

孫建冰, 「歷史上的一份防鼠疫布告」, 『蘭台世界』 2003年 8期.

吳菊英, 「東北地區現存民國鐵路檔案簡介」, 『民國檔案』 1996年 2期.

程維榮, 『近代東北鐵路附屬地』, 上海社會科學院出版社, 2008.

董說平, 『中日近代東北鐵路交涉研究』, 遼寧大學出版社, 2011.

13장

천도철로(天圖鐵路)

간도와 조선 사이의 교통 편의를 목적으로 부설된 철로

연 도	1923~1924(1924년 11월 1일 개통)
노 선 명	천도철로
구 간	조양천(朝陽川) - 용정(龍井) - 개산둔(開山屯)
레일 궤간	0.762미터 이후 표준궤로 개축
총 연 장	60킬로미터
기 타	

천도철로는 최초 노두구(老頭溝)와 돈화(敦化) 사이에 위치한 천보산(天寶山)의 은광산(銀鑛山)과 동광산(銅鑛山)[1915년 10월 태흥합명회사가 개발]을 개발하고, 채굴된 광석을 운반하며, 더욱이 간도와 조선 사이의 교통운수의 편의를 목적으로 부설되었다. 1918년 일본자본 태흥합명회사(太興合名會社)가 중심이 되어 중일합판(中日合辦)의 천도경편철로공사(天圖輕便鐵路公司)를 설립한 이후 이 철로의 부설을 개시하였다. 1923년 용정촌(龍井村) - 상삼봉(上三峰) 구간, 1924년 용정촌 - 조양천(朝陽川) - 노두구(老頭溝) 구간 및 연길 - 조양천 구간이 개통되었다. 천도경편철로는 일본에게 경제뿐만 아니라 군사적으로도 중요한 지역을 통과하는 노선이었기 때문에 일본대장성(日本大藏省) 예금부(預金部)가 부설비용을 지원하였다.

철로는 도문(圖們)의 강안(江岸)[개산둔(開山屯)]을 기점으로 용정촌을 거쳐 노두구를 종점으로 하는 간선과 조양천에서 국자가(局子街)[연길]에 이르는 지선이 합병되어 조성되었다. 중일합자의 형식을 취하였으며, 레일 궤간은 2.6피트(76센티미터), 총연장 111킬로미터의 경편철로였다. 만주국이 수립된 이후 이 철로를 매입하여 표준궤로 개축하였다.

당초 간도의 교통이 매우 불편하고 험준한 까닭에 만주에 거주하던 일본인

사이에서 철로를 부설해야 한다는 요구가 끊임없이 제기되었다. 1916년 11월 간도 용정촌에 거주하던 일본인들이 간도경평기성회(間島輕便期成會)를 조직하고 천도철로의 부설을 추진하였으나, 천보산광산 측에서는 천도철로가 당연히 광산의 부속사업으로 경영되어야 한다고 주장하였다. 마침내 1918년 3월 남만주대흥공사(南滿洲大興公司)가 광산사업과 함께 이 경편철로를 경영하는 것으로 결말이 났다. 이후 중국 측 대표 문록(文綠)과 계약을 체결하여 철로 부설권을 획득하고, 천도경편철로공사를 설립하여 길림에 총공사를 두고 용정촌에 분공사를 두었다.

그러나 일본자본으로 철로가 부설된다는 소식이 알려지자 이 지역에 거주하던 주민들이 대대적으로 반대운동을 전개하였다. 수많은 곡절 끝에 1922년 5월에 이르러서야 가까스로 일부 구간에 대한 측량에 착수할 수 있었다. 11월 8일에는 장작림이 일본과 '중일합판천도철로계약'을 체결하고 아울러 천도경편철로공사를 중일 관상합판(中日官商合辦)으로 변경하였다. 이러한 결과 공사(公司)는 길림공서와 일본상 이다 노부타로(飯田延太郎)의 합자 형식이 되었다. 1923년 봄에 철로의 부설 공정이 개시되어, 10월 14일 상삼봉의 건너편에서 용정촌에 이르는 구간이, 1924년 10월 용정촌에서 노두구까지의 구간 그리고 조양천에서 연길에 이르는 구간이 개통되었으며, 1924년 11월 1일 영업을 시작하였다.

만주사변 이후 만주와 조선을 연결하기 위해 돈도철로(敦圖鐵路)의 부설 문제가 제기되었으며, 이러한 과정에서 천도철로를 통해 한국 북부의 종점인 나진항과 연결하도록 하였다. 이에 따라 양 철로를 연결하기 위한 천도경편철로의 개축 문제가 제기되었다. 개축되어 새로 부설되는 천도철로는 길회철로(吉會鐵路)(경도철로)의 조양천역(朝陽川驛)을 기점으로 용정을 거쳐 도문의 강안인 개산둔(開山屯)에 도달하였다. 그리하여 다시 도문강을 건너 한국 북부의 삼봉역(三峰驛)에 도달하는 총연장 60킬로미터의 노선이었다. 1933년 4월에 기공하여 1934년 3월 말 준공하고 4월 1일 영업을 개시하였다. 도문강교는 원래 협궤의 국제교량이었으며, 1929년에 가설되었다. 이후 철로의 개축과 함께 표준궤로 개축되었다.

천도경편철로의 수매 및 개축 공사는 일본육군성, 척무성(拓務省),* 대장성, 외무성 및 조선철로국, 남만주철도주식회사, 동양척식회사의 대표가 협의회를 구성하여 결정하였다. 천도경편철로를 수매하기로 결정한 이후 1932년 1월 27일 간도파견군의 보호하에 조선철로국이 파견한 측량반이 개산둔으로부터 조양천까지 측량을 진행하였으며, 동시에 남만주철도주식회사 측량반은 조양천에서 개산둔 방향으로 측량을 하였다. 같은 해 4월 15일 측량을 마치고 11월부터 12월에 걸쳐 다시 측량을 진행하였다. 철로의 개축 및 신선의 부설공사는 남만주철도주식회사가 청부하여 시행하도록 하였다. 부설 및 개축 비용은 남만주철도주식회사가 부담하며, 준공 이후 철로의 경영 역시 만주국으로 경영을 위탁 받는 형식으로 남만주철도주식회사가 주관하도록 하였다.

전체 노선을 5개 구간으로 나누어 1932년 12월 부설공사를 위한 준비에 착수하였다. 1933년 8월 15일 조양천과 개산둔 양 지점으로부터 동시에 레일을 부설하기 시작하여 1934년 3월 10일 전 노선을 완공하였다. 천도철로와 돈도철로는 모두 만주와 조선을 연결하는 길회철로의 남선으로서 만주와 일본 사이의 거리를 크게 단축시켰다.

만주사변 전 간도의 무역 동향을 살펴보면, 1900년대에는 러시아와의 무역에 의해 훈춘이 우세하였지만, 그 후 연길이 발흥하기 시작하였고 청회철로(淸會鐵路, 한국의 청진 - 회령), 천도경편철로를 부설한 결과 용정촌에서 상업이 보다 번성하는 변화가 일어났다. 연길도 천도경편철로와 연결되었지만 노선상 용정촌보다는 열세였기 때문에 무역 총액이 용정촌을 넘어서기는 불가능하였다. 이 때문에 철로의 부설은 간도경제의 발전 방향에 결정적인 영향을 미쳤다.

용정촌은 조선인이 이주하여 정착하면서 형성된 마을로서, 1907년 당시에는 인구 400명 정도에 지나지 않았다. 용정촌의 무역은 청진을 경유하는 경우

---

* 척무성은 1929년부터 1942년까지 17년에 걸쳐 일본에 있던 행정기구로서, 일본 식민지의 통치업무와 감독 이외에 남만주철도주식회사, 동양척식주식회사의 감독, 그리고 해외 이민 업무를 담당하였다.

13-1 • 천도철로 노선도(1929년)

가 거의 대부분이었고 그간 교통사정이 좋지 않아 길림이나 훈춘과의 무역량
은 많지 않았다가, 1912년 이래 철로가 청진을 경유하면서부터 조선무역이 급
격하게 신장되었고, 그때까지 길림상권에 속했던 돈화방면에도 영향을 미치게
되었다.

청진 - 회령 간의 철로가 개통된 1917년에 이르러 용정촌의 무역 총액이 훈
춘을 능가하였다. 1923년의 천도경편철로(天圖輕便鐵路)가 개통된 이후 철로를

통해 직접 청진과 연결됨으로써 용정촌은 조선과 한층 깊은 관계를 형성하였다. 그러나 천도경편철로의 운송량은 많시 않았고 마차나 우마를 통한 운송도 이전처럼 행해졌다.

용정촌의 무역액 동향은 청진 - 회령 구간의 철로가 개통된 1917년과 다음 해인 1918년 사이에 뚜렷이 급증하였지만 천도경편철로가 개통되었던 1923년과 다음 해인 1924년 사이에는 증가가 나타나지 않았다. 다만 콩 수출량이나 면제품 수입액은 1918년과 1923년 사이에 급증하는 경향이 나타났다.

더욱이 인구도 눈에 띄게 증가하여 1926년에는 약 1만 5,000명에 달했다. 1926년의 시점에서 훈춘, 연길, 용정촌의 인구를 비교해 보면 훈춘 약 8,000명, 연길 약 9,500명, 용정촌 1만 5,000명으로, 용정촌은 간도 제일의 도시가 되었다. 또한 인구 구성에서 조선인의 비율이 높아 연길은 한족(漢族) 마을, 용정촌은 조선인 마을로 불렸다. 이와 같이 간도무역에서 용정촌이 차지하는 우세는 해관행정(海關行政)에도 그대로 반영되어 훈춘이 본관(本關)이고 용정촌이 분관(分關)이었지만, 1923년에는 용정촌 분관이 본관으로 승격되고 훈춘은 분관이 되었다.

참고문헌

「天圖鐵路問題」, 『東方雜誌』 20卷 3號, 1923. 2.

程維榮, 『近代東北鐵路附屬地』, 上海社會科學院出版社, 2008.

董說平, 『中日近代東北鐵路交涉硏究』, 遼寧大學出版社, 2011.

易丙蘭, 「1916-1924年中日天圖鐵路交涉始末」, 『延邊大學學報』 2012年 5期.

劉玉祥, 「天圖鐵路建筑始末」, 『吉林師範學院學報』 1995年 2期.

袁文科, 「論多方博奕下的天圖鐵路(1916-1924)」, 『大慶師範學院學報』 2017年 37期.

黑瀨郁二, 「兩大戰期間の天圖輕便鐵路と日本外交」, (江夏由樹外編) 『近代中國東北地域史硏究
   の新視角』, 山川出版社, 2005.

大藏省預金部, 『天圖鐵道關係融通金ニ關スル沿革』, 1929.

14장

조앙철로(洮昂鐵路)
일본차관으로 부설된 남만주철로의 배양선

연 도	1925~1926(1926년 7월 1일 개통)
노 선 명	조앙철로
구 간	앙앙계(昂昂溪) - 조남(洮南)
레일 궤간	1.435미터
총 연 장	224킬로미터
기 타	

조앙철로는 조남(洮南)으로부터 앙앙계(昂昂溪)에 이르는 노선이다. 일찍이 1907년 11월 8일 동삼성총독 서세창(徐世昌)은 영국의 보령공사(保齡公司, Pauling & Co.)와 '신법철로공정승조초합동(新法鐵路工程承造草合同)'을 체결하고 신민(新民)에서 법고문(法庫門)에 이르는 구간의 철로를 부설하기로 합의하였다. 이에 일본이 강력히 반대하자 영국은 영일동맹의 제반 관계를 고려하여 결국 본계약에는 이르지 못하였으며, 따라서 조앙철로의 부설 역시 실현되지 못하였다.

1922년 제1차 직봉전쟁이 종결된 이후 동삼성은 자치를 선포하였다. 1924년 동삼성총사령 장작림은 조남에서 치치하얼(齊齊哈爾) 사이의 구간에서 개간이 급속히 진행되어 생산량이 날로 증대됨에도 운수가 불편하여 농산물의 반출이 어렵다는 점에 주목하였다. 이에 조남에서 앙앙계 사이에 철로를 부설하여 사조철로와 접속하는 방안을 강구하였다.

이와 함께 동삼성정부는 군수품의 운수 과정에서 만일 소비에트러시아 자본의 중동철로를 통할 경우 여러 가지 이유에서 불편함이 초래될 것으로 예상하였다. 흑룡강성의 치치하얼[용강(龍江)]은 중동철로의 북방에 위치하여 오로지 제앙경편철로(齊昂輕便鐵路)가 유일한 출구였다. 1923년 사조철로의 전 노선이 완성되자 흑룡강성 성회인 치치하얼은 조남으로부터 겨우 224킬로미터 떨어진 거리에 위치하게 되었다. 연도에는 눈강(嫩江)이 있을 뿐이며, 지세가 평탄하여 철로의 부설공사 역시 난이도가 높지 않았다. 이러한 판단에서 조남에서 앙앙계 사이에 철로를 부설하기로 결정하였다.

장작림은 봉천성장 왕영강(王永江)에게 이 철로의 부설을 주관하도록 맡겼다. 마침 남만주철도주식회사는 이 기회를 틈타 동삼성 당국에게 조앙철로 부설공사의 청부를 요청하였다. 일본은 자신의 경제세력을 북만주로 확대하기 위해 조앙철로의 부설 과정에서 차관의 공여권을 획득하였다.

1924년 9월 3일 장작림과 왕영강은 남만주철도주식회사 대표 마쓰오카 요스케(松岡洋右)와 '승판건조조앙철로합동(承辦建造洮昻鐵路合同)'을 체결하고, 조앙철로를 부설하기 위한 비용으로 1,292만 엔을 차입하기로 합의하였다. 여기에는 철로의 부설비용뿐만 아니라 토지의 수용 및 기타 설비와 관련된 비용도 포함되었다. 차관 계약이 체결된 1년 이내에 부설공사에 착수해야 하며, 기공한 날부터 2년 내에 완공하도록 규정하였다. 또한 남만주철도주식회사는 고문 1명을 파견하며 조앙철로의 모든 수입과 지출을 관리하며, 조앙철로의 자금지출 각 명세서를 국장과 함께 심의, 결정하도록 하였다. 더욱이 철로가 완공되고 열차가 개통한 이후에 남만주철로와의 연운(聯運, 연계운수)을 실시하기로 합의하였다. 연계운수를 실시할 경우 남만주철도주식회사가 조앙철로의 운임을 결정하며, 구체적인 사항은 향후 다시 협의하도록 규정하였다.

이자는 연 9리(厘)로 하며, 철로의 모든 자산과 수입을 담보로 하였다. 40년 내에 언제든지 상환할 수 있도록 하였으며, 상환 이후 차관계약의 모든 조항은 폐지하도록 하였다. 남만주철도주식회사는 인원을 파견하여 고문으로서 모든 권한을 행사하였으며, 철로의 수입과 지출을 감찰하며, 조앙철로의 지출과 관련된 승인 권한을 보유하였다.

차관계약에서 규정한 이자 연 9리는 기타 차관과 비교하여 높은 편이었다. 조앙철로는 사조철로와 같은 차관철로이지만, 남만주철로의 연장선과 같아 극히 정치적인 의미를 내포하고 있었다. 이러한 성격에 비추어 동북당국은 차관의 경제적 대가, 예를 들면 높은 이자 등을 제외하고 관리권 및 운수권의 경우는 가능한 한 중국 측이 주도적으로 행사하려 하였다. 이러한 이유에서 조앙철로의 부설 공정이 완료되고 열차가 개통된 이후 동북교통위원회는 남만주철도주식회사의 주도로 양 철로의 상호 연운(연계운수)을 실시하자는 일본 측의 제안을 받아들이지 않았다. 오히려 조앙철로의 완공으로 말미암아 동북지역에서의 중국 측 철로 네트워크가 보다 확대된 셈이다. 이로 인해 중일 양국 간 분쟁의 소지가 여전히 남아 있었다.

동삼성 총사령 장작림은 1924년 조앙철로와 관련된 모든 공정을 사조철로국에 위임하였으며, 부설공사는 중일합판의 동아공사(東亞公司)에 청부하였다. 동아공사는 사실상 남만주철도주식회사와 밀접한 관계를 가지고 있었으며, 따라서 동아공사를 통해 유입된 자본은 결국 남만주철도주식회사의 자본이라고 볼 수 있다. 일본은 조앙철로를 적극 활용하여 러시아의 중동철로와 경쟁에서 우위를 차지하고자 하였다. 결국 조앙철로는 남만주철로의 배양선(培養線)으로서의 성격이 강하며, 총연장 224킬로미터에 달하였다.

1924년 7월 만주에서 일본과 함께 세력권을 형성하고 있던 소비에트러시아는 북경정부에 정식으로 항의서를 제출하였다. 즉 봉천당국이 조앙철로를 중국자본을 통한 자판(自辦)으로 부설할 것이라고 하였으나 실제로는 이와 달리 일본의 차관을 도입하여 부설하려는 계획에 우려를 표명한 것이다. 소련 측은 조앙철로가 중동철로의 이권을 침해할 우려가 크다며 이에 항의의 뜻을 전달하였다. 그러나 중국 측은 인재와 부설 자재가 부족하여 조앙철로를 중일합판의 동아공사에 부설공사를 청부하도록 한 것일 뿐, 철로의 권리는 여전히 중국의 소유이며 결코 일본 측과 하등의 관련도 없다고 회답하였다.

이러한 가운데 1925년 6월 8일 모스크바에서 일본대사와 러시아외무대신 사이에 협상이 진행되었다. 소련 측은 조앙철로가 부설될 경우 조남 부근의 농산물이 남쪽으로 운송되는 것에 대해서는 별다른 이의가 없지만, 치치하얼 방면은 흑룡강성의 물자 집산지인 안달(安達)의 농산물까지도 흡수할 가능성이 커서 중동철로로서는 타격이 매우 심할 것이라 항의하였다. 더욱이 비단 경제적으로뿐만 아니라 정치적으로도 중대한 침해에 해당된다고 주장하였다. 만주에 대한 소련의 이권범위 내에 철로를 부설하지 않기로 약속했음에도 이러한 조약상의 의무를 이행하지 않는 것은 도의상으로도 소련의 권리를 침해한 것이라는 주장이었다.

일본 측은 남만주철도주식회사가 단지 철로 부설공사의 청부인일 뿐이라고 강변하였으나, 소련 측은 이러한 주장에 대해서도 반박하였다. 즉 조앙철로를 부설하기 위한 중국 측의 자금 부족이 명백한 상태에서, 일본이 남만주철도주식회사를 통해 일본의 자금으로 부설함으로써 철로에 대한 권리를 장악하려는 의도가 명백하다는 주장이었다. 그러나 일본 측은 만일 남만주철도주식회사가 청부를 맡지 않을 경우 결국 영국이나 미국자본가가 공사를 청부하게 될 터인데, 이 경우 소련이나 일본 모두에게 위협이 아닐 수 없다고 강변하였다. 만일 남만주철도주식회사가 철로 부설의 청부를 포기한다면 오히려 소련의 전통적인 경쟁상대인 영국이 그 자리를 대신하게 될 것이라는 주장이었다.

조앙철로는 1925년 3월 측량을 개시하고 같은 해 5월 28일 노반 공사에 착수하였으며, 9월에 레일을 부설하기 시작하였다. 부설공사는 사조철로의 공정을 준거하도록 하였다. 레일은 80파운드 중량을 사용하였다. 동삼성 당국의 지시에 따라 사조철로국장 노경귀(盧景貴)가 조앙철로국장을 겸임하였다. 철로 공정이 진행되는 기간 중에 철로국은 사평가의 사조철로국 내에 설치되었다. 조남에는 한 곳의 판사처를 두었다. 1926년 7월 1일 전 노선이 개통되었으며, 12월에 전체 노선이 정식으로 영업을 개시하였다. 철로의 총연장은 224킬로미터이며, 총 10개의 역을 두었다. 즉 조남, 백성자(白城子), 진동(鎭東), 동병(東屛), 가기(街基), 태래(泰來), 오묘자(五廟子), 강교(江橋), 대흥(大興), 앙앙계 역이다.

조앙철로는 부설비용으로 책정된 예산이 1,292만 엔이었다. 준공 결산 시 남만주철도주식회사는 공정비 외에 각종 비용, 예를 들면 교섭비, 포공비(包工費, 공사 도급을 맡는 비용), 측량비 등 207만 엔을 추가로 요구하였다. 그러나 장부를 대조하여 확인한 결과 남만주철도주식회사가 공사비를 51만 엔이나 부풀려 책정한 사실이 드러나자 중일 쌍방 사이에 분쟁이 발생하여 해결에 이르지

14-1 ● 조앙철로 눈강철교(嫩江鐵橋)
출처:「洮昂鐵路之嫩江便橋兩旁鐵桁極堅固宏偉之致」, 『大亞畵報』294期, 1931, p.1(上海圖
書館《全國報刊索引》數据庫).

못하였다. 그러나 남만주철도주식회사는 자신의 계산법에 따라 9리 복리로 이
자를 계산하여 1930년 12월 말까지 총 2,340여만 원으로 계산한 결과를 제시
하였다. 일본은 차관의 대여를 통해 이 철로에 대한 권리를 보유하였던 것이
다. 차관계약에서 비용은 부설 공정과 토지의 수용, 기타 설비를 포괄하였으나
열차 차량은 포함되지 않았다. 이 철로는 사조철로의 공정을 표준으로 하여 부
설 계획을 입안하였고, 레일 중량은 1미터당 80파운드의 레일을 사용하였으
며, 총연장은 224킬로미터에 달하였다.

1925년에 부설공사에 착수하여 1926년 1월 조남에서 진동관(鎭東關)까지의
구간에 열차가 개통되었다. 4월에는 강교, 6월에는 눈강교(嫩江橋)가 가설되었
으며, 7월 1일에는 앙앙계에 도달하여 조앙철로 전선이 개통되었다. 그러나 조
앙철로는 중동철로에 대한 권한을 보유하고 있던 소비에트러시아 측이 중동철
로를 넘어 치치하얼에 도달하는 것에 극력 반대를 제기함으로써 결국 중동철

14-2 • 수재로 절단된 조앙철로 선로의 연결 공사

출처: 谷聲, 「洮昻鐵路冲斷處行旅徒步聯絡」, 『大亞畵報』 190期, 1929, p. 1(上海圖書館《全國報刊索引》 數据庫).

로 노선 남쪽의 작은 마을인 삼간방(三間房)까지 부설되어 여기를 종점으로 할 수밖에 없었다. 그리하여 제극철로(齊克鐵路)가 완공된 이후 비로소 양 철로가 서로 연결되었다.

양 철로가 연결되면서 총연장선은 중동철로 남쪽의 삼간방역까지 220.1킬

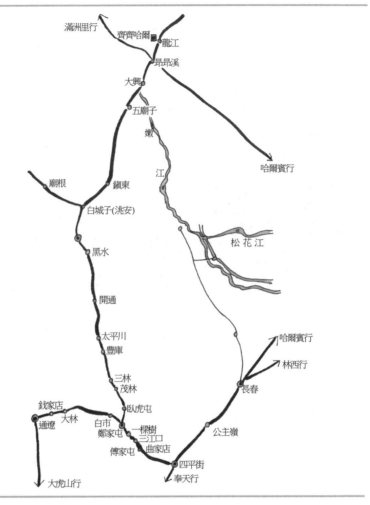

14-3 • 조앙철로 노선도 1

로미터에 달하였다. 이후 중동철로 소속 중국독판의 승인을 받아 입체교 가설을 통해 중동철로를 건너가 제앙철로(齊昂鐵路)와 접속하여 연운(연계운수)을 실시하였다. 조앙철로의 차량 통행 이후 동북교통위원회는 남만주철로와의 연운을 수용하지 말도록 지시하여 북만주와 동몽골로 침투하려는 일본의 시도를 차단하였다.

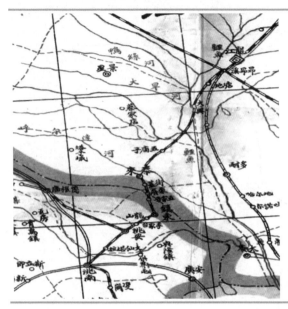

14-4 ● 조앙철로 노선도 2

참고문헌

「洮昂鐵路之嫩江便橋兩旁鐵桁極堅固宏偉之致」,『大亞畵報』294期, 1931.

谷聲,「洮昂鐵路冲斷處行旅徒步聯絡」,『大亞畵報』190期, 1929.

于寧寧,「論1931至1932年馬占山的對日交涉」,『齊齊哈爾大學學報』2006年 3期.

範麗紅,「滿蒙鐵路懸案交涉與日奉關係」,『蘭台世界』2001年 2期.

李正軍,「張作霖與東北的鐵路近代化建設」,『蘭台世界』2013年 4期.

吳菊英,「東北地區現存民國鐵路檔案簡介」,『民國檔案』1996年 2期.

程維榮,『近代東北鐵路附屬地』, 上海社會科學院出版社, 2008.

董說平,『中日近代東北鐵路交涉硏究』, 遼寧大學出版社, 2011.

15장

개풍철로(開豊鐵路)

동북 개원(開原)의 신상(紳商)들이 민간자본을 모집하여 부설한 철로

연 도	1925~1927
노 선 명	개풍철로, 개척철로(開拓鐵路)
구 간	석가태(石家台) - 서풍(西豊)
레 일 궤 간	1미터 경편협궤철로
총 연 장	65킬로미터
기 타	

이 철로의 원래 명칭은 개척철로(開拓鐵路)로서, 1927년 개풍철로라 개명되었다. 남만주철로 개원현성역(開原縣城驛) 동북 2킬로미터에 위치한 석가태(石家台)로부터 동으로 서풍성(西豊城)에 도달하는 총연장 65킬로미터의 노선으로서, 궤간 1미터의 경편 협궤철로이다. 개풍철로는 위치상 남만주철로에 근접해 있었으며, 더욱이 일본이 이미 중국으로부터 획득한 개해철로(開海鐵路)[개원(開原) - 해룡(海龍)] 부설권과 상호 충돌의 우려가 있었다. 이러한 이유에서 철로를 부설할 경우 일본 측의 반대를 우려하는 의견이 제기되었다.

일찍이 1903년 개원의 신상(紳商)들 사이에서 개원에서 출발하여 해룡(海龍)에 도달하는 철로를 부설해야 한다는 주장이 제기되었으며, 이를 개해철로라 하였다. 그러나 마침 이때에 철령(鐵嶺)의 신상들도 철령에서 해룡에 이르는 철로를 부설해야 한다는 주장이 제기되어 노선의 선정을 두고 상호 격렬한 논쟁이 전개되었다. 이러한 가운데 당국이 잠정적으로 심양(瀋陽)으로부터 해룡에 도달하는 노선, 즉 심해철로(瀋海鐵路)를 부설하기로 결정하면서 양자 사이의 논쟁은 일단 수면 아래로 잠복하였다.

1913년 교통부는 동북으로 인원을 파견하여 개원 노선을 측량하도록 지시하였다. 측량 결과 이 노선은 서풍, 서안(西安), 동풍(東豊), 매하구(梅河口)를 경과하는 총연장 약 313리에 달하였으며, 지세도 평탄하여 특별히 난공사가 없었다. 터널의 굴착도 필요 없어 부설비용은 약 630만 원 정도로 추산되었다. 그러나 중국이 일본과 체결한 만몽4로*차관의 계약 가운데 개해철로가 포함되어 있어 즉시 부설공사에 착수하기는 어려웠다.

1차대전 종전 이후 전국에 걸쳐 열강으로부터 철로의 이권을 회수하자는 이권회수운동이 광범위하게 전개되면서 동북지역에서도 민간의 자본을 모집하여 철로를 부설하려는 움직임이 활발하게 전개되었다. 1924년 3월 26일 곽송령(郭松齡)은 개원에서 개풍철로공사를 창립하기 위한 회의를 개최하고, 곽송령, 강작민(康作民), 사정신(謝鼎臣), 우회천(于匯川), 왕조풍(王兆豊), 팽조적(彭蓧荻), 양요종(楊耀宗), 송기산(宋紀珊), 왕덕후(王德厚) 등 9명을 공사(公司)의 발기인으로 선정하였다.

일본이 철로 부설에 간섭할 우려를 불식하기 위해 개풍철로공사는 명칭을 개해장도기차고분유한공사(開海長途汽車股份有限公司)로 정하였다. 명칭으로 보면 이 회사는 철로회사가 아니라 자동차회사라 할 수 있다. 4월 11일 개원에서 공사주비처를 설립하고 강작민을 임시주임으로 선정하여 정식으로 자본 모집에 착수하였다. 이후 1924년 6월에 사조철로 총공정사인 오총(吳悤)을 초빙하여 노선의 실측을 개시하였다.

1925년 봄 철로의 부설공사에 착수하여 1927년 여름에 준공하였다. 그러나 이미 1926년 11월부터 부분적으로 열차를 운행하기 시작하였다. 1920년 10월 당시 자본 총액이 280만여 원에 달하였다. 열차를 개통한 이후 매년 순익을 낼 정도로 영업이 양호하였다. 궤간은 1미터의 협궤로서, 석가태, 개원성, 조가태(趙家台), 위원보(威遠堡), 송수촌(松樹村), 신수(神樹), 고가점(鄗家店), 대경양(大

---

*　원세개의 사후 실권을 장악한 단기서는 1918년 9월 일본과 '만몽4로철로차관예비합동'을 체결하고 막대한 자본을 차입하였다. 이를 통해 일본은 만몽4로의 부설권, 즉 길해철로(길림 - 해룡), 장조철로(장춘 - 조남), 조열철로(조남 - 열하, 현재의 승덕) 이 밖에 조열철로 노선의 한 지점으로부터 해항(海港)으로 연결되는 지선 철로의 부설권 등 총 네 철로의 부설권을 획득하였다.

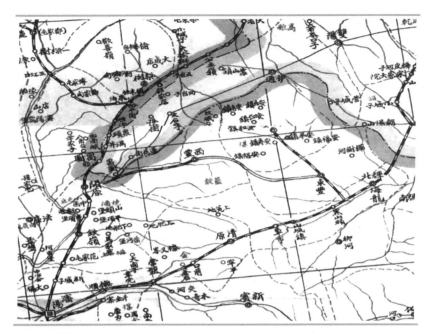

15-1 • 개풍철로 노선도 1

당초 개원의 신상들이 제안하였던 노선은 개원에서 서풍, 동풍을 거쳐 해룡에 이르는 구간이었다. 그러나 이후 중국정부는 심양으로부터 해룡에 이르는 심해철로를 우선 부설하기로 결정하였다. 이후 부설된 개풍철로는 원래 구상대로 전 노선이 부설되지는 못하였고 그 일부인 개원 - 서풍 구간으로 한정되었다.

慶陽)과 서풍 등 9개 열차역을 설치하였다. 기관차는 독일로부터, 객화차는 남만주철도주식회사 대련공장에서 구매하였다.

자본이 충분치 않아 교량은 모두 임시성의 목교로 가설되었으며, 역사(驛舍)도 임시로 민가를 임대하여 개설하였다. 철로 부설이 완료되고 열차가 개통된 이후 매일 두 차례 왕복하였다. 석가태에서 서풍까지는 오전 6시에 발차, 오후 1시 50분에 도착하였다. 서풍에서 석가태까지는 오전 6시 35분에 출발하여 오후 12시 30분에 도착하였다.

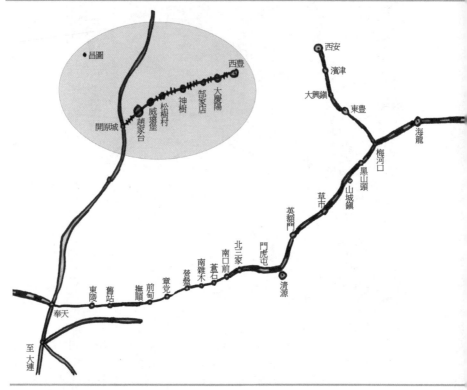

15-2 ● 개풍철로 노선도 2

참고문헌

楊文生, 「平綏鐵路與商人的遷移及其社會影響」, 『歷史敎學問題』 2006年 3期.

吳菊英, 「東北地區現存民國鐵路檔案簡介」, 『民國檔案』 1996年 2期.

王海晨, 「論民國時期東北地方政府自辦鐵路的意義」, 『遼寧大學學報』 2004年 32期.

孟曉光, 「民國初年官民自辦鐵路對滿鐵的抵制」, 『東北師範大學學報』 2009年 1期.

16장

심해철로(瀋海鐵路)

동삼성교통위원회가 중국자본과 기술로 부설한 동북철로

연 도	1925~1927(1927년 9월 6일 개통)
노 선 명	심해철로, 봉해철로(奉海鐵路), 평해철로(平海鐵路)
구 간	봉천(奉天) - 해룡(海龍)
레일 궤간	1.435미터
총 연 장	251킬로미터
기 타	

심해철로는 중국이 동북에서 자력으로 부설한 첫 번째 철로였다. 심해철로 이전에 동북지역에서 철로는 으레 러시아와 일본에 의해 부설되어 왔다. 심해 철로는 동북에서 처음으로 중국인이 자신의 자본과 기술로 부설하고 관리한 국유철로이다. 봉천성 대북변문(大北邊門) 밖의 모군둔(毛君屯)을 출발하여 동 북쪽으로 나아가 무순(蕪順), 영반(營盤), 팔가자(八家子), 북삼성자(北三城子) 등 을 거쳐 해룡(海龍)에 이르는 총연장 236킬로미터의 노선이다. 1925년 7월 부 설공사에 착수하여 1927년 9월에 준공되었으며, 12월에 다시 조양진(朝陽鎭)까 지 16킬로미터를 더 부설하였다. 이 밖에 매하구(梅河口)로부터 서안[현재의 요 원(遼源)]에 이르는 지선 66킬로미터를 부설하였다. 1929년 4월에 봉천이 심양 으로 명칭이 변경되면서 봉해철로(奉海鐵路)도 심해철로로 명칭이 변경되었다.

심해철로는 동삼성교통위원회가 성립된 이후 최초로 부설이 계획된 철로로 서, 심양, 길림, 치치하얼의 세 지역을 연결하는 철로네트워크 계획의 일부였 다. 이 철로는 자본금 2,000만 원으로 1925년 4월에 설립된 관상합판(官商合辦) 의 봉해철로공사가 부설한 것으로서, 1927년 9월 6일 봉천 - 해룡 간의 노선 234.5킬로미터의 공사를 완료하고 영업을 개시하였다.

요녕성 해룡 일대는 수백 리에 걸쳐 비옥한 평야가 조성되어 있었으며, 청조

시기에는 출입이 금지된 봉금(封禁)지역[*]이었다. 동치 말년 농지가 개방되면서 이민이 확대되어 매년 대량의 농산물이 생산되었으나, 철로가 부재하여 차량으로 철령성(鐵嶺城) 서요하(西遼河)의 민선부두에 이르러 수로를 통해 영구에까지 도달한 이후 다시 각지로 운송되는 실정이었다. 이러한 이유로 교통의 요충에 위치한 철령의 상업은 매우 번성하였다.

그러나 1903년 중동철로가 장춘에서 대련에 이르는 지선을 연장 부설하면서, 개원과 철령을 거쳐 각 현으로 운송되던 농산물도 상당수가 개원으로 운송된 후 철로를 따라 남하하는 것으로 변경되었다. 이와 같은 유통루트의 변화는 철령 지역의 상업에 부정적인 영향을 미쳤다. 이에 철령 지역의 신상(紳商)들은 상업의 쇠퇴를 저지하고 과거의 영화를 재현하기 위해 철령으로부터 해룡에 이르는 철로를 부설하자고 주장하였다. 이에 개원 지역의 신상들 역시 개원으로부터 해룡에 이르는 철로의 부설을 계획하고 쌍방이 모두 동삼성에 철로의 부설을 요청하였다. 성정부는 철로의 부설 기점을 심양으로 결정하였다. 그러나 심양 일대에는 청황실의 황릉이 많아 봉해철로로 결정되기는 하였지만 바로 기공에 착수하지는 못하였다.

러일전쟁 직후에 서세창(徐世昌)과 동삼성 총독 석량(錫良) 등도 열강의 자본을 차입하여 동북지역에 철로를 부설해야 한다고 주장하였다. 1910년에는 동삼성자의국이 설립되어 교통 등 실업의 발전을 주요한 의제로 제안하였는데, 여기서 봉천성 길림과 해룡 사이에 철로를 부설하여 경봉철로(京奉鐵路)와 상호 연계해야 한다고 주장하였다. 동삼성 총독 석량도 이 방안에 찬동을 표시하여 추진하려 하였으나, 마침 1911년 무창기의(武昌起義)가 폭발하며 신해혁명으로 이어지자 정국이 혼란에 빠지면서 이 제안은 실현에 이르지 못하고 말

---

[*] 봉금지역이란 이주 금지의 무인공간지대를 가리킨다. 청조는 장백산을 만주족의 발상지로 여겨 성역으로 삼았으며, 1644년 입관(入關) 이후 명조와는 달리 이 지역으로의 이주와 경작을 제한하는 봉금정책을 시행하였다. 이에 따라 완충지대, 무인지대 등 다양한 용어로 불리는 봉금지대가 설정되었다. 봉금정책의 주요 내용은 첫째, 한족 출입금지, 둘째, 만주족 보호, 셋째, 한족과 몽골인의 연합 차단, 넷째, 기인(旗人)들의 생계유지, 다섯째, 산삼과 같은 만주특산물의 보호 등으로 요약할 수 있다.

왔다.

1913년에는 봉천성정부가 임시회의를 개최하여, 동삼성의 실업 진흥을 위해 무엇보다도 봉해철로의 부설에 착수하여 경봉철로와 서로 연결하는 일이 시급하다고 결정하여 봉천도독 장석란(張錫鑾)의 비준을 받아냈다. 그러나 같은 해 일본은 중국정부를 강압하여 '만몽5철도(滿蒙五鐵道)에 관한 교환공문(交換公文)'에서 개원 - 해룡 사이의 차관철로 이권을 획득하였다. 조약 가운데 개원으로부터 서안 동풍을 거쳐 해룡에 이르는 개해철로와 관련된 규정이 있었다. 따라서 일본은 일찍이 인원을 파견하여 철로의 노선에 대한 측량을 실시한 바 있다. 일본은 이를 빌미로 봉천성정부가 추진하던 봉해철로의 부설에 정면으로 반대하였다. 그러나 현지 주민들은 만일 이 노선이 부설된다면 사실상 남만주철로의 배양선이 될 것이며, 남만주철로의 세력이 확장되는 셈이라 주장하며 극력 반대하였다.

그러나 1919년 5·4운동의 발발 이후 전국에 걸쳐 이권회수운동이 일어나고 그 일환으로 철로 부설권의 회수운동이 전개되면서 마침내 봉해철로를 부설하기 위한 조건이 점차 무르익었다. 동북지방에서도 철로의 이권을 회수하려는 철로 자판운동(自辦運動)이 광범위하게 확산되면서, 남만주철로와의 이해 충돌을 피할 수 없었다. 길림, 봉천, 하얼빈 등에서는 여순, 대련 조차지의 반환과 불평등조약을 철폐해야 한다는 열기 속에서 1924년 5월 동삼성교통위원회가 설립되어 개원에서 서풍, 봉천에서 해룡, 타호산에서 통요에 이르는 철로망의 부설을 추진하였다.

이미 1922년부터 장작림은 동북보안사령으로서 동북의 자치를 선포하는 동시에 자력으로 봉해철로, 길해철로(吉海鐵路)를 부설하여 일본이 장악하고 있던 남만주철로에 대항하고자 하였다. 1922년 하반기 총참의(總參議) 양우정(楊宇霆)과 봉천성장 왕영강(王永江)의 주장을 반영하여 동삼성을 관통하는 동서 간선철로를 부설하여 남만주철로 대항하려는 계획이었다.

계획에 따르면 서간선은 타호산(打虎山)을 출발하여 통요(通遼), 조남, 백성자(白城子)를 거쳐 치치하얼(齊齊哈爾)에 이르는 노선이며, 봉천성과 흑룡강성

총리 (總理), 협리 (協理)	경무단(警務段)[보안대(保安隊), 소(所)], 심양양곡교역소(瀋陽糧穀交易所)	
	총무처 (總務處)	문서과(文書課), 제비과(制備課), 서무과(庶務課), 편사과(編査課), 부업과(附業課)
		전와창(磚瓦廠), 판매소(販賣所)[분소(分所)], 석회창(石灰廠), 인쇄창(印刷廠)
	공무처 (工務處)	문패과(文牌課), 공정과(工程課), 지무과(地畝課), 전무과(電務課)
		제1공무총단(第一工務總段)[4개 공구(工區)], 제2공무총단(第二工務總段)[5개 공구]
	차무처 (車務處)	차무총단(車務總段)[2개 차무단(車務段), 기무단(機務段)[4개[
		차무과(車務課), 운전과(運轉課), 계핵과(計核課), 기무과(機務課)
	회계처 (會計處)	문패실(文牌室), 검사과(檢查課), 종핵과(綜核課), 출납과(出納課)

의 양 성(省)을 연결하게 된다. 동간선은 봉천에서 출발하여 해룡, 길림을 거쳐 호란(呼蘭)에 이르며 봉천성과 길림성, 흑룡강성 등 3성을 서로 연결하게 된다. 양우정은 먼저 동간선 남단의 봉해철로를 부설하도록 건의하였으며, 이 방안은 왕영강의 적극적인 지지하에 철로 부설이 준비되었다.

그러나 봉해철로의 부설은 일본과 체결한 불평등조약의 제한을 받게 되어 장작림은 철로 부설권을 회수하기 위해 일본과 교섭하도록 왕영강에게 지시하였다. 왕영강은 1923년 1월부터 남만주철도주식회사와 협상에 착수하여 일본 측의 부설권 포기를 요청하였다. 2년여에 걸친 협상 끝에 봉천성이 일본의 차관을 도입하여 조앙철로(洮昂鐵路)[조남에서 앙앙계(昂昂溪)까지]를 부설하는 조건으로 협상이 타결되어, 마침내 1924년 봉해철로 부설권을 회수할 수 있었다. 왕영강은 봉해철로와 길해철로의 부설 및 상호 연결을 통해 봉천에서 길림으로 직통하는 봉길철로(奉吉鐵路)의 부설을 염두에 두고 있었다. 만일 이 철로가 부설된다면 남만주철로의 물류를 상당 부분 분담할 가능성이 매우 높았다.

1925년 2월 왕영강은 팔왕사(八王寺)에 봉해철로건설주비처를 설립하여 공사장정(公司章程)을 제정하였다. 5월 14일에 봉해철로고분공사(奉海鐵路股份公

司)를 발족하여 봉천성 정무청장 왕경환(王鏡寰)이 봉해철로공사 총경리로 임명되었다. 전 사조철로 총무처장이자 기사(技士)인 진수당(陳樹棠)이 총공정사를 맡았다. 총무과장에는 부유기(富維驥), 공정과장에는 장국현(張國賢), 차무영업주비처 주임에는 고원책(高元策)이 임명되었다. 봉해철로고분공사(奉海鐵路股份公司)의 조직은 다음과 같다.

봉해철로공사의 장정에는, "관상합판의 고분유한공사(股份有限公司)를 조직하여 봉천성에서 해룡현(海龍縣)에 이르는 철로 간선 및 지선을 관할하며, 아울러 연선에 시장(市場) 및 부속기업을 설립한다"라고 규정하였다. 철로공사는 철로 운수과 관련된 공장, 탄광과 각종 부속기업을 경영하도록 규정하였다. 공사의 총리는 성장이 선임하며, 총리가 공사의 모든 업무를 총괄하도록 하였다. 총공정사는 성장이 선임하며, 총리의 명령을 받아 일체의 공정 관련 업무를 집행하였다. 과장과 단장(段長)은 공사의 총리가 임명하도록 하였다. 공사의 동사회(이사회)가 설립되기 이전에는 공사 총리와 과장이 자본의 모집, 토지의 구매, 공정의 진행 등을 전적으로 주관하도록 하였다.

부설 자금과 자본의 모집

일찍이 1922년 말 왕영강은 성의회 의원 조문회(兆文會) 등의 건의에 따라 봉길철로의 부설과 관련하여 여러 차례에 걸쳐 비밀회의를 개최하고 여기서 봉천에서 길림에 이르는 철로의 부설을 추진하기로 의결하였다. 경비의 염출 방안과 관련해서는 봉천성과 길림성 양성의 성민들이 부담하도록 계획을 수립하였으며, 토지 소유자에게 1무(畝)당 1원(元)을 분담시키는 방안도 수립하였다. 부설비용의 징수와 관련해서는 각 현지사(縣知事)가 맡아서 처리하도록 하였다. 또한 현금의 경우 동삼성은행(東三省銀行)에 예치해 두고 공채를 발행하여 자본을 출자한 성민들에게 출자액에 상당하는 공채를 배분하도록 하는 방안을 마련하였다. 장작림이 부인했음에도 일본의 신문들은 다투어 봉천, 길림성의 주도로 남만주철로의 경쟁선을 부설할 예정이라는 사실을 보도하였다.

1922년 12월 9일 장작림은 성장과 각 성의 의회, 농, 상, 공, 교육 등 각 단체 앞으로 다음과 같은 내용의 계획안을 발송하였다.

동삼성의 교통은 외국인들에 장악되어 있으며, 남만주철로는 일본의 관할로 서 중국 측이 이용 시에 크나큰 곤란이 있다. 유사시 중국군대를 신속히 수송하 기에 매우 불편한 실정이다. 이와 같이 동삼성의 이권은 모두 외인의 독점에 맡 겨져 있다. 물자 운수의 이익을 오로지 외국인의 손에 독점하도록 내버려 둘 수 는 없다. 이에 봉길철로를 부설하여 교통의 편의를 도모하고, 국방의 취지에서도 조속히 부설하지 않으면 안 된다. 따라서 동삼성의 모든 토지에 대해 원래 납부 하던 부세 이외에 1상(坰)[10무(畝)]당 3년간 현대양(現大洋) 1원(元) 5각(角)[일화 (日貨) 1엔 50전]을 부가세로 징수하여 철로의 부설 자금으로 충당하고, 이것이 부족할 경우 본 총사령이 앞장서서 보조금을 염출할 예정이다.

장작림에 제안에 대해 길림총상회는 남만주철로가 기존에 향유하던 여러 이권을 자판철로(自辦鐵路)의 부설을 통해 견제하고 물류를 분담하려는 정책에 는 대찬성이라고 전제하였다. 그러나 의도는 좋으나 농민에게 자금을 부담하 도록 하는 조달방식은 가혹하며, 따라서 다음과 같은 건의안을 제안하였다.

첫째, ① 농민 가운데 소유지 10상(坰)[1정(町)]을 넘는 자는 현대양 1원[1엔 (円)]을 1년간 납부한다. ② 농민 가운데 100상이 넘는 자는 현대양 1원 5각을 2년 간 납부한다. ③ 1,000상 이상인 자는 현대양 2원을 3년간 납부한다.

둘째, 각 성의 성진(城鎭)에 축로주관처(築路籌款處)를 설립하여 공상업 방면에 대한 철로 부설비의 징수를 담당하도록 한다. 공상업에 대한 징수 방법은, 거래 총액 100원마다 현대양 1원 5각을 과세하고 철로 영업개시 시점까지 과세한다.

셋째, 축로 주관처는 납부 대상이 아닌 서민이 자유롭게 납부하는 것을 허락한다.

넷째, 이 기구의 총리는 성장이 겸하도록 하고 성내 각 도시에 이사 1명을 둔다. 이사는 각 단체의 추천으로 명망 있는 자를 선임하며, 별도의 급여를 지급하지는 않는다.

다섯째, 상납하는 자에 대해서는 그 액수에 따라 중앙정부에 신청하여 편액 혹은 훈장 등을 주어 표창한다.

1924년 진수당은 철로 부설을 위한 측량을 시행하였으며, 그 결과 부설 자금을 총 2,400만 원으로 책정하였다. 봉해철로의 자본 모집 장정에 따르면 주식[고표(股票)]를 구매하는 자는 중국인으로 한정하고, 공사의 주식은 기명식의 유가증권으로 하여 중국인들 사이에서 매매, 양도가 가능하도록 하였다. 그러나 외국인에게 양도하는 일은 금지하였다. 장정에 따르면, 철로의 부설은 동북지방의 실업을 발전시키기 위한 취지이며, 따라서 주민의 권리를 보호하기 위해 외국자본의 침투로 인한 권리의 상실을 허가하지 않을 것임을 명확히 밝히고 있다.

봉해철로의 주식은 관고(官股)와 민고(民股)로 구분되어 봉천성정부와 동북 각 은행 및 각계 민중으로 구매를 한정하였다. 총자본은 잠정적으로 봉대양(奉大洋) 2,000만 원[현대양 1,250만 원]으로 정하고, 관상(官商)이 절반씩을 부담하도록 하였다. 주식[고표(股票)]은 1고(股)에 100원(元)으로 총 20만 고를 발행하였다. 주식[고표(股票)]은 100고, 10고, 1고의 3종이 있었다. 100고는 표면에 1만 원, 10고는 1,000원, 1고는 100원으로 표기되었다. 자본의 모집을 원활하게 하기 위해 봉천성 당국은 5월 27일 노고수관처(路股收款處)를 설립하고, 아울러 각 현지사에게 관내에도 노고처(路股處)를 설립하도록 지시하였다.

상고(商股) 가운데 개인이 만일 500고 이상의 주식을 보유할 경우 상고 동사(董事)[이사(理事)]로 선임될 자격을 갖추게 되며, 200고 이상을 보유할 경우 상고감사(商股監査)로 선임될 자격을 갖추게 된다. 대량으로 상고를 구매한 주체를 살펴보면 대부분 동삼성관은호(東三省官銀號), 봉천저축회(奉天貯蓄會), 상호(商號), 은호(銀號), 전장(錢莊) 등이었다. 1928년 봉해철로의 공정이 준공될 때까지 부설비용과 차량 비용 등으로 총 5,400만 봉대양이 소요되었으며, 이 가

16-2 • 심해철로 전체주주[股東]회의

출처: 「本公司第三屆股東選擧會撮影(民國十八年九月十五日)」, 『瀋海鐵路月刊』 2卷 14期, 1930, p.11(上海圖書館 《全國報刊索引》 數据庫).

운데 성정부가 4,500만 원을 투자하였다.

당초 관고(官股)가 절반으로 성재정청에서 투자한 것으로 동삼성관은호에서 지출되었다. 민자[商股]가 나머지 절반을 차지하였으며, 각 은행과 지방은행, 그리고 상인들의 자본이 투자되었다. 민간 투자의 부족이나 전체 부설자금의 부족은 수시로 성재정청이 충당하였다. 민간 자본의 투자는 본국인으로 한정하였으며, 주로 성내 거주민들은 토지를 분담하여 충당하였다. 주식([공사고표(公司股票)]은 기명식의 유가증권으로서 중국인 사이에서는 매매, 양도가 가능하였으나 외국인에게 양도하거나 담보로 설정하는 행위를 금지하였다.

봉해철로공사는 봉천성장공서(1928년 12월에 요녕성정부로 개칭)의 철로 관리 기구로서 성장이 임명한 공사의 총리가 재정, 인사와 업무 관리권을 장악하였다. 관방의 투자가 전체 투자액의 3분의 2에 달하여 공사의 경영에서 여러 가지 특혜가 주어지기도 하였다. 그 예로 심해철로공사의 영업세를 면제하거나 연선지역의 치안을 유지한다거나 관지를 발급해 주는 등의 특혜를 들 수 있다. 심해철로는 봉천성의 성유철로(省有鐵路)로서 성장공서(성정부)가 독판권과 최고관리권을 장악하였고, 관상합판(官商合辦) 기업을 장려하기 위해 투자금에 대한 이윤을 보장하였으며, 또한 일정 부분 업무 관리권을 허용하였다.

1925년 7월 봉해철로가 정식으로 부설되기 시작하면서, 공사도 매우 순조롭게 진행되었다. 1927년 9월 간선이 모두 완공되었으며, 총연장 236.2킬로미터에 달하였다. 노선상에는 봉천, 동릉(東陵), 구참(舊站), 무순(撫順), 전전(前甸), 장당(章黨), 영반(營盤), 원수림(元帥林), 남잡목(南雜木), 창석(蒼石), 남구전(南口前), 북삼가(北三家), 문호둔(門虎屯), 청원(淸源), 영액문(英額門), 영련동(永蓮洞), 초시(草市), 산성진(山城鎭), 흑산두(黑山頭), 매하구, 사하(沙河), 해룡 등 총 22개 역이 설치되었다.

봉해철로는 자력 부설의 원칙을 견지하기 위해 포공(包工, 청부노동자) 모집과 재료 구매 등을 모두 현지시장에서 공개적으로 하는 방식을 채택하였다. 외국에 철로 권리가 양도되는 것을 방지하기 위해 어떠한 경우라 하더라도 주식을 외국인에게 판매·양도할 수 없도록 하였으며, 투자 자격을 중국인으로 제한하는 규정을 적용하였다. 이와 관련하여 이전에 부설된 길장철로와 사조철로 등이 모두 일본차관으로 부설되었는데, 부설비용이 지나치게 높았을 뿐만 아니라 부설 공정의 수준 역시 높지 않았다. 봉천성 당국은 이를 귀감 삼아 부설공사에 대한 엄격한 감독을 시행하였다. 부설을 위한 자재나 부지 구매 등에서도 철로국장이 엄격한 감독을 시행할 뿐만 아니라, 봉천성 당국 역시 전 과정을 철저히 관리하였다.

동북교통위원회는 봉천성 동부 물산을 봉천으로 집중시켜 경봉철로(북녕철로)와 상호 연운(聯運)을 실시하도록 계획하였다. 봉해철로는 동북교통위원회가 인원을 파견하여 측량을 시행하고, 원래는 봉천 동문외(東門外)를 기점으로 하여 영반을 경유하여 도흥경(道興京), 통화(通化)를 거쳐 해룡에 도달하도록 하였다. 도흥경과 통화지역은 산악지형이 험준하여 공정의 난이도가 매우 높았기 때문에, 이후 노선을 도청원(道淸源)으로 변경하여 산성진을 경유하여 해룡에 이르는 243킬로미터로 변경하였으며 부설비용도 은량 1,250만 원으로 책정하였다. 이는 봉대양(奉大洋) 2,000만 원에 상당하였다.

당시 봉천성에서는 다른 철로의 부설도 다수 계획되어 있었기 때문에, 자본이 충분치 않아 봉해철로의 부설은 1925년 5월이 되어서야 비로소 부설공사에 착수할 수 있었다. 이후 봉표(奉票)의 가치가 하락하면서 원래 책정한 부설비용이 부족해지자 자연히 부설 공정 역시 영향을 받지 않을 수 없었다. 이러한 이유에서 한편으로는 봉천성의 성고를 증자하여 배정하는 한편, 다른 한편으로는 현지 주민을 민공(民工)으로 징발하여 부설을 진행하였다.

1927년 9월 전 노선이 완공되어 열차를 개통하고 영업을 개시하였다. 열차를 개통한 이후 서안(西安)의 풍부한 석탄 생산에 주목하여 총연장 74.5킬로미터의 매서(梅西, 매하구 - 서안)지선을 부설하였으며, 1928년 1월에 열차를 개통하였다. 매서지선은 당시 개해철로의 동단으로서, 후에 이 지선은 만주국 시기에 사평가까지 연장 부설되어 평해철로(平海鐵路)가 되었다. 1927년 봉천 - 해룡 구간과 서안 - 매하구 구간이, 1928년 8월 해룡에서 조양진(朝陽鎭) 사이의 간선 연장선을 부설하였다. 봉해철로공사는 1929년 심해철로공사로 개명되었다.

심해철로 연선지역에서 시장으로서 규모가 컸던 곳으로 해룡, 조양진, 산성진(山城鎭)[북산성자(北山城子)] 등 세 도시를 꼽을 수 있다. 이들 도시는 철령을 통해 농산물을 판매하고 잡화를 구입했는데, 남만주철로가 개통된 이후에는 개원과의 관계가 밀접하게 되어 마차 수송을 통해 개원으로 반출되는 농산물의 수량이 증가하였다. 조양진, 산성진에서는 농산물의 출하량이 많았다. 해룡은 정치 행정의 중심지로 조양진과 산성진 두 도시 사이에 자리 잡고 있어 상권이 협소하였다. 남만주철로가 개통된 이후 심해철로 연선에는 개원의 상권이 확대되어 갔다.

관상합판인 봉해철로공사는 심양, 길림, 치치하얼의 세 지역을 연결하는 심해철로의 부설에 착수하였으며, 1927년 9월 6일 봉천 - 해룡 간 234.5킬로미터에 달하는 노선을 완료하였다. 다음 해 8월 팔도호(八道濠) - 신립둔(新立屯) 간의 25킬로미터에 달하는 노선이 준공되었으며, 9월에는 신립둔에서 창무, 통요에 이르는 노선의 부설계획이 발표되었다. 1928년에 봉천 - 조양진 구간이 개통되자, 농산물은 개원이 아니라 심해철로를 통해 직접 봉천으로 운송되어 봉천과의 상업관계가 밀접하게 되었다.

봉해철로의 연선에는 심양, 무순, 청원(淸源), 해룡, 동풍, 서안의 6현(縣)과 산성진과 조양진의 상업중심 시장이 존재하였다. 연선지역은 물산이 풍부하

16-3 ● 심해철로 심양역 화물창고

출처:「瀋陽車站貨物倉庫」,『瀋海鐵路月刊』1卷 6-7期, 1929, p.11(上海圖書館《全國報刊索
引》數据庫).

여 매년 농산물 90여만 톤을 운송하였으며, 콩과 양식이 대종화물로서 전체 화
운 가운데 70퍼센트 정도를 차지하였다. 그다음이 서안탄광의 석탄이었으며,
그 밖에 공산품과 잡화 등이 뒤를 이었다. 1929년에는 심해철로를 통해 조양
진, 산성진, 해룡으로부터 약 16만 톤에 달하는 농산물이 반출되었다.

종래 개원으로 반출되던 농산물은 심해철로를 통해 운송되기 시작하였으
며, 이로 인해 이전에는 물자를 구매하기 위해 개원을 방문하였던 상인들도 심
해철로 연선과 북부로 가버리고, 이에 따라 특산물 거래지역으로서 개원의 중
요성도 동시에 저하되었다. 이로 인해 개원의 농산물 출하 수량은 대폭 감소하
였다. 종래 개원으로 반출되던 콩 위주의 농산물은 봉천으로 운송되었으며, 이
에 따라 농산물시장으로서 봉천의 지위는 한층 강화되었다.

봉해철로는 기존 남만주철로 등 일본의 동북철로에 의해 독점되었던 물류
유통을 상당 부분 분담하게 되었다는 점에서 큰 의의가 있었다. 봉해철로가 부
설된 이후 철로 연선지역이 광범위하게 가경지로 개간되었으며, 여기서 생산
된 물산이 봉해철로를 통해 성 전역으로 유통되었다. 이들 물산은 철로를 통해

연선의 심양, 무순, 청원, 해룡, 동풍, 서안의 6현을 지났으며, 이 밖에 산성진과 조양진의 상업 중심시장으로 통하였다. 이 지역에서는 담배와 마, 식량, 삼림, 광물 등의 물산이 대량으로 생산되었다. 이들 상품은 이전에는 모두 남만주철로를 통해 운송되었지만 봉해철로가 부설된 이후 이들 상품의 상당 부분을 흡수하였다.

봉해철로는 개통 초기에 기관차와 화물차의 수량이 적어 경영에 적자를 기록하기도 하였다. 그러나 1929년 정식으로 영업을 개시한 이후 수입과 이윤이 해마다 증가하였다. 봉해철로는 매년 콩과 식량 등 농산물 90여만 톤을 운송하였으며, 이로 말미암아 화물 운수에서 많은 수익을 올렸다.

1년도 안 되어 봉해철로는 남만주철로 동부 노선과 경쟁선으로 부상하였다. 봉해철로의 부설과 개통으로 연도의 상인과 여객의 여행으로 객운량도 해마다 증가하였다. 1929년에서 1931년까지 철로 수입은 매년 현대양(現大洋) 200만 원에 달하였으며, 1931년의 이윤은 무려 457.6만 원에 달하였다. 이는 철로 부설 투자금의 5분의 1에 상당하는 액수로서, 평균 1킬로미터당 수입이 1만 5,000원에 이르렀다. 봉해철로는 중국이 스스로 부설한 철로 가운데 수익이 가장 높은 철로 가운데 하나였다고 할 수 있다.

봉해철로는 동북철로에 대한 외국 세력의 독점을 타파하여 국유철로의 공백을 메꾸었다는 점에서 큰 의의가 있다. 특히 봉해철로는 경봉철로와 연계한 이후 동북지역의 토산품, 모피 등이 열차에 적재되어 관내지역으로 운송되었으며, 관내의 철강, 금속, 기계 등의 상품도 봉해철로를 통해 동북지역으로 반입됨으로써 동북지역과 관내지역 사이의 관계를 더욱 밀접하게 연결하였다.

심해철로는 만주사변 이후 일시 불통되었다. 그러나 관동군의 지지하에 일부 한간(漢奸, 친일 반역자)들로 구성된 심해철로보안유지회[회장 정감수(丁鑑修)]가 조직되어 1931년 10월 15일부터 봉천 - 조양진 구간의 운행이 재개되었다. 이후 만주국 동북교통위원회를 설립하고 남만주철도주식회사에게 철로의 경영을 위임하는 방안을 논의하였다. 결국 남만주철도주식회사가 심해철로, 길장철로, 길돈철로, 길해철로, 사조철로, 조앙철로, 제극철로 등을 접수하여 대

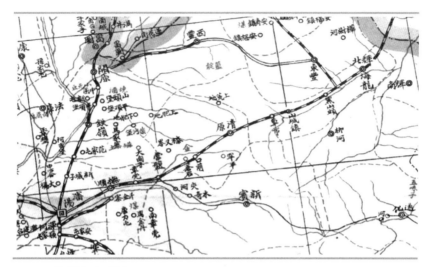

16-4 • 심해철로 노선도 1

리 경영하게 되었다. 남만주철도주식회사는 심해철로의 총무처, 사무처, 공무처, 회계처에 고문 및 고문보 각 1명을 전보하였다. 철로의 영업성적은 매우 양호하여 1931년에는 순익이 231만 원에 달하였다.

그러나 1932년도에 동변도 일대에서 항일유격대의 공격이 감행되면서 1931년도 상반기에 비해 약 200만 원이 감소되었다. 8월 이후에는 철로 및 교량이 파괴되어 어쩔 수 없이 운행을 중지할 수밖에 없었다. 이후 철도국이 수리를 완료한 이후 9월부터 봉천 - 청원 간 열차 운행을 개시하고 11월 초에는 전 노선의 보수를 완료하였다.

1933년 2월 9일 남만주철도주식회사는 만주국 교통부와 '만주국철도차관급위탁경영계약(滿洲國鐵道借款及委託經營契約)'을 체결하고 중국 동북지역에 소재한 모든 중국철로를 수중에 장악하였다. 이후 심해철로 등 동북지역의 모든 국유철로는 일본의 수중으로 넘어가고 말았다. 1945년 일본이 항복한 이후 봉해철로는 중국의 소유로 회수되었으며, 다시 심해철로라는 명칭을 회복하였다.

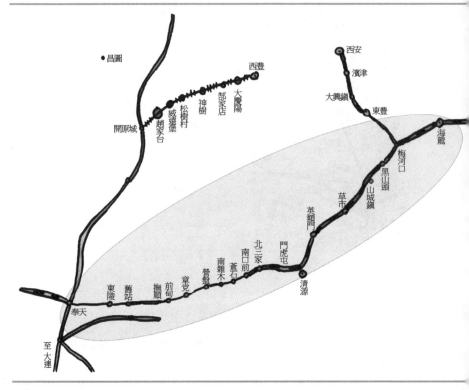

16-5 ● 심해철로 노선도 2

참고문헌

「本公司第三屆股東選舉會撮影(民國十八年九月十五日)」,『瀋海鐵路月刊』2卷 14期, 1930.

「瀋陽車站貨物倉庫」,『瀋海鐵路月刊』1卷 6-7期, 1929.

繼英,「王永江與奉海鐵路」,『中國地名』2006年 3期.

易丙蘭,「東北鐵路自主化的開端 ― 奉海鐵路」,『東北史地』2012年 6期.

吳菊英,「東北地區現存民國鐵路檔案簡介」,『民國檔案』1996年 2期.

陶俐,「張作霖與奉海鐵路」,『蘭台世界』2006年 8期.

17장

호해철로(呼海鐵路)

북만주의 물류 유통에 크게 기여한 흑룡강성 철로

연 도	1925~1928
노 선 명	호해철로
구 간	송포(松浦) - 해륜(海倫)
레일 궤간	1.435미터
총 연 장	258킬로미터
기 타	

호해철로는 흑룡강성 호란현(呼蘭縣)에 속한 송화강 북쪽 기슭의 송포(松浦)지방으로부터 해륜(海倫)에 이르는 총연장 213킬로미터의 노선으로서, 송포, 서가(徐家), 호란(呼蘭), 마가(馬家), 심가(沈家), 강금정(康金井), 석인성(石人城), 백규보(白奎堡), 홍륭진(興隆鎭), 만발둔(萬發屯), 이하(泥河), 수화(綏化), 항가외(項家巍), 진가(秦家), 사방태(四方台), 장유둔(張維屯), 고가점(高家店), 극음하(克音河), 풍우둔(馮友屯), 동변정(東邊井), 해륜 등 총 21개의 역을 지난다.

호해철로의 부설계획은 일찍이 청말에 입안되었지만, 자금 등의 문제로 실제 부설에까지는 이르지 못하였다. 1925년 9월 관상합판(官商合辦)의 호해철로공사(呼海鐵路公司)가 설립되었고, 성정부가 총경리, 협리, 감찰 등을 파견하여 10월에 부설공사에 착수하였다. 공사총리 고운곤(高雲昆)이 국장을 겸임하였으며, 재정청장 장성계(張星桂)가 독판(督辦), 장흥인(張興仁)이 감독(監督)에 임명되었다. 이 밖에 사조철로국건축과장 온유상(溫維湘)을 호해철로총공정사 겸 공정위원장으로 초빙하여 전체 노선의 모든 공정을 총괄하도록 하였다.

간선을 부설하기에 앞서 송포(松浦)로부터 마선구(馬船口)에 이르는 강안(江岸, 강기슭)지선을 부설하였는데 총연장 약 7킬로미터에 달하였다. 이 지선은 수로를 통해 철로 부설을 위한 자재를 운송하기 편리하게 하려는 목적에서 설립된 것이다. 1926년 5월 강안지선이 완공된 이후 주간선의 부설에 착수하였다. 간선은 모두 세 구간[단(段)]으로 구분하여 부설을 진행하였다. 1구간은 송포에서 호란(呼蘭)에 이르는 철로로서 이 구간은 1926년 7월에 준공되어 열차를 개통하였으며, 9월 1일에 정식으로 개통식을 거행하였다. 2구간은 호란에서 수화(綏化)에 이르는 구간으로서, 1927년 3월에 수화까지 열차가 개통되었다. 3구간인 수화에서 해륜에 이르는 101킬로미터 노선은 1928년 1월에 부설에 착수하여 같은 해 12월에 완공되었다. 12월 15일부터 객화를 취급하기 시작하였다.

동북지방의 서부지역은 하얼빈 관구(管區) 다음으로 농산물 발송량이 많았던 곳으로서, 그중에서도 농산물 반출이 가장 많았던 곳이 안달(安達)이었다. 안달은 중동철로역이 이곳에 건설될 때까지는 인구가 희박한 지역이었지만, 철로가 부설된 이후 급속히 발전하여 지리적으로 청강현(靑岡縣), 명수현(明水縣), 배천현(拜泉縣), 극산현(克山縣) 등 서부선 북쪽으로부터의 농산물이 안달을 경유하여 반출되었다. 특히 배천현에서 출하되는 농산물 수량이 많았으며, 안달은 중동철로 연선 제일의 농산물 발송량을 자랑하였다.

서부선 지방에 흑룡강성의 성회(省會, 성도를 가리킴)였던 치치하얼이 있었지만 치치하얼은 군사·정치적으로 발달한 도시여서 농산물 집산지로서의 역할은 크지 않았다. 상업의 발전이 더뎠기 때문에 인구 증가도 완만하여 만주국 이전에는 치치하얼의 인구가 4~5만 명 정도밖에 되지 않았다. 공업 역시 그다지 발달하지 못하여 만주국 시기에도 제분, 유방업(油坊業, 식용유 제조업), 축산물 가공업 등의 경공업조차 미미한 수준이었다. 치치하얼은 경제적으로는 소비도시에 지나지 않았고 그 상권도 하얼빈에 속하여 상업 중심지로서의 역할은 그다지 부각되지 못하였다. 서부선의 북쪽에 있는 각 현의 농산물은 안달이나 하얼빈 어느 쪽으로든 반출할 수 있었다.

이러한 가운데 호해철로가 부설되면서 종래 물류 루트에 큰 변화가 일어났다. 호해철로 연선의 호란은 하얼빈의 발흥에 따른 영향을 받기는 하였지만, 호란평야에서 생산된 농산물의 집산지로서 특히 호란하(呼蘭河)의 수운으로

17-1 • 호해철로 개통식과 선박과의 연계 수송
왼쪽: 호해철로 승객의 선박 연계 수송/ 가운데·오른쪽: 호해철로 개통식(7월 1일)
출처: 詹明廠, 「黑龍江呼海鐵路七月一日通車典禮之遊覽之大機車」, 『北平華報』 47期, 1929,
　　p.2(上海圖書館 《全國報刊索引》 數据庫).

운송된 농산물이 많아 상업이 크게 번영하였다. 그러나 1928년 호해철로가 개
통되자 기존의 수운이 철로로 대체되면서 호란의 상업은 크게 쇠퇴하였다. 호
해철로가 개통된 결과 연선에서 산출된 농산물이 철로를 통해 운송되는 루트
로 변화된 것이다. 이러한 결과 농산물의 집산은 연선 각 역으로 분산되어 과
거 농산물 집산지였던 수화, 해륜 등의 위상은 크게 약화되었다. 그리고 호해
철로 연선지역에서 하얼빈의 영향력이 더욱 확대되었다.

　호해철로는 소위 북만주의 곡창지대를 관통하기 때문에 객화의 운송량이
매우 많았다. 호해철로는 흑룡강성정부가 민간자본 합대양(哈大洋) 1,050만 원
을 모집하여 1928년에 개통하였다. 1928년 흑룡강성은 민간주(民間株)[상고(商
股)]를 발행하여 호해철로공사(呼海鐵路公司)를 관영(官營)으로 변경하여 호해철
로를 운영하였다.

　호해철로는 특히 1934년 납빈철로(拉濱鐵路)가 부설된 이후 상호 연계를 통
해 시너지효과를 불러일으켰다. 납법(拉法)에서 하얼빈에 이르는 납빈철로의
개통은 중동철로를 가로질러 하얼빈의 건너편인 호란에서 해륜으로 통하는 호
해철로와 접속되기 때문에, 북만주의 상품 유통의 상당 부분을 흡수할 수 있게
되었다. 만주국 시기인 1934년 납빈철로와 직통으로 연계가 가능하게 되어 대
련으로의 운송이 손쉬워졌다.

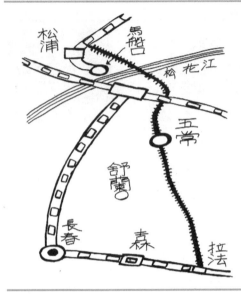

17-2 ● 호해철로와 납빈철로의 연결
호해철로는 간선을 부설하기에 앞서 송화강의 하운을 통한 자재 운송의 편의를 위해 먼저 송포(松浦)로부터 마선구(馬船口)에 이르는 7킬로미터의 지선을 부설하였다. 1926년 5월 강안 지선이 완공된 이후 비로소 주간선의 부설에 착수하였다. 호해철로는 1934년 납빈철로가 부설된 이후 상호 연결을 통해 시너지효과를 불러일으켰다. 호한에서 해륜으로 통하는 호해철로와 납빈철로가 연계되면서 북만주 물류의 상당 부분을 흡수하였다.

송화강철교의 부설로 납빈철로와 호해철로가 서로 연결될 경우 북만주의 물류 유통에서 상당한 효과를 기대할 수 있었다. 일본은 납빈철로와 호해철로를 북만주에서의 주요한 물류 유통 네트워크로 구상하였으며, 나아가 이들 철로를 각 열차역을 중심으로 일본인의 이주 루트로 적극 활용하였다. 이는 "현재 부설 중인 각 열차역은 일본인 농·상민(農商民)이 철로 연선으로 집단 이주하는 대상지역이 될 것이다. 이 철로의 연선에는 길림성 내에서도 비옥한 경지와 대삼림을 포함하여 많은 발전이 기대된다"라는 『오사카마이니치신문』의 보도(「拉賓線愈愈完成」)에서도 잘 알 수 있다.

호해철로는 송화강철교를 통해 납빈철로와 연결되어 연선지역의 물류 유통 루트에 적지 않은 변화를 초래하였다. 기존 호해철로를 통해 남하하던 화물 가운데 절반가량은 납빈철로를 통해 남하할 것으로 추정되었다. 송화강 부두가 완공된 이후 납빈철로를 통해 운송될 것으로 예상되는 수량은 호해철로로부터 25만 톤, 송화강 부근으로부터 10만 톤, 중동철로 서부선 부근으로부터 6만

17-3 ● 현재의 송화강

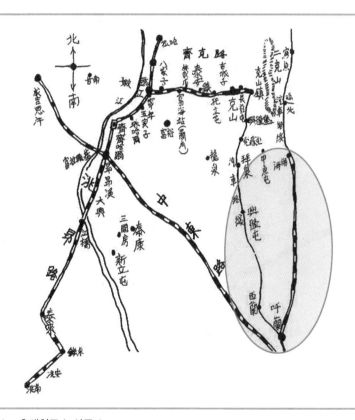

17-4 ● 호해철로 노선도 1

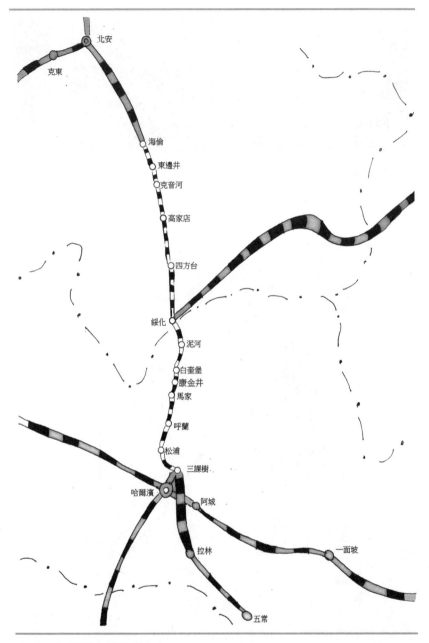

17-5 • 호해철로 노선도 2

2,000톤으로 총 41만 2,000톤의 운송이 가능할 것으로 예상되었다. 납빈철로 는 송화강철교를 통해 호해철로와 연결됨으로써 송화강 북쪽의 물류 유통 역 시 상당 부분 흡수할 수 있었다. 납빈철로의 출현으로 말미암아 저렴한 운임을 바탕으로 일본상품이 이 지역에서 상당 부분 유통될 수 있는 기반도 마련되어, 북만주 상품의 수출뿐만 아니라 일본산업의 수출시장으로서 역할도 기대할 수 있었다.

1932년 1월 8일 남만주철도주식회사와 흑룡강성정부 대표 장경혜(張景惠) 사이에 '흑룡강성관은호 복업비(復業費) 대차계약 및 호해철로 경영계약'을 체 결하였다. 이에 따라 ① 남만주철도주식회사로부터 흑룡강성관은호의 복업비 로 흑룡강성정부에 300만 원을 제공하며, 호해철로를 담보로 설정하였다. ② 호해철로 및 장래 하얼빈을 기점 혹은 종점으로 하여 부설하는 철로는 모두 호 해철로와 병합하여 남만주철도주식회사에 위탁 경영하는 것으로 결정하였다.

참고문헌

詹明廠, 「黑龍江呼海鐵路七月一日通車典禮之遊覽之大機車」, 『北平華報』 47期, 1929.
吳菊英, 「東北地區現存民國鐵路檔案簡介」, 『民國檔案』 1996年 2期.
王化鈺, 「呼海路與呼蘭的經濟」, 『北方文物』 1992年 2期.
「拉賓線愈愈完成」, 『大阪每日新聞』 1933. 11. 19.

18장
학강철로(鶴崗鐵路)
동삼성이 자력으로 부설한 석탄 운반용 광궤철로

연 도	1926~1927(1927년 1월 1일 개통)
노 선 명	학강철로, 가학철로(佳鶴鐵路)
구 간	학강매광구(鶴崗煤礦區) - 송화강(松花江) 연강구(蓮江口)
레일 궤간	1.524미터 광궤(廣軌), 이후 표준궤로 개축
총 연 장	55.8킬로미터
기 타	동북에서 중국자본으로 부설된 유일한 광궤 철로

학강(鶴崗)은 흑룡강성 동부에 위치한 지역으로, 특히 석탄 등 광물자원의 생산에서 매우 중요한 위치를 차지해 왔다. 학강철로(鶴崗鐵路)는 관상합판의 흑룡강학강매광고분유한공사(黑龍江鶴崗煤礦股份有限公司)가 부설한 학강매광구(鶴崗煤礦區로)부터 송화강(松花江) 연강구(蓮江口)에 이르는 총연장 56킬로미터의 석탄 운반용 전용철로로서 온전히 중국자본으로 부설되었다. 일찍이 1916년 광업가 심송년(沈松年)이 학강(鶴崗)에서 자본을 모집하여 광산을 개발하였다. 그러나 재래식 채굴 방법을 동원하여 채탄함으로써 생산 효율이 높지 않아 대규모 광산으로 발전하기에는 한계가 있었다.

1919년 7월 길림독군 포귀경(飽貴卿)과 흑룡강독군 손열신(孫熱臣)이 공동으로 학강탄광을 매수하여 이를 관상합판의 학강매광공사(鶴崗煤礦公司)로 개조하였다. 장작림과 장학량 역시 학강탄광을 매우 중시하였다. 1926년에 학강탄광의 자산 규모는 이미 330만 원에 달하였으며, 동삼성 북부지역에서 매우 중요한 석탄 생산기지로 발전하였다.

학강탄광에서 생산된 석탄의 수출 문제를 해결하기 위해 1923년 학강매광공사는 흑룡강성정부에 광산으로부터 연강구 부두에 이르는 철로의 부설을 청원하였다. 중동철로관리국은 철로 운행에 필요한 석탄의 공급과 운반 문제를

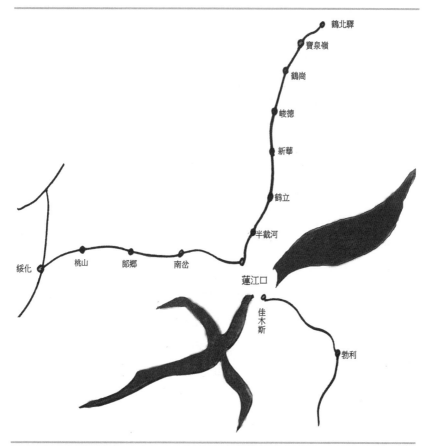

18-1 ● 학강철로[학북역(鶴北驛) - 연강구(蓮江口)] 노선도

해결하기 위해 학강철로의 부설을 적극 지지하였다. 1925년 8월 당시 흑룡강 독구(督軍) 오준승(吳俊升)은 소련의 중동철로관리국 국장과 계약을 체결하였다. 여기서 중동철로관리국은 부설 자재 및 차량을 제공하고, 학강매광공사는 그 대가로 매년 중동철로에 석탄을 공급하기로 합의하였다.

1926년 5월 학강매광공사의 주관하에 학강철로의 부설공사가 개시되었다. 같은 해 11월 30일 학강철로는 석탄을 운송하기 시작하였으며, 1927년 1월 1일 정식으로 영업을 개시하였다. 부설비용은 총 120만 원에 달하였다. 열차가 개통된 이후 학강철로는 학강매광공사에 의해 경영, 관리되었다. 학강철로의 궤간은 1.524미터로서 동북지역에서 부설된 자판철로(自辦鐵路) 가운데 유일한 광궤철로였다.

당초 이 철로는 전문적으로 석탄을 운반하기 위한 목적에서 부설되었으나, 이후 객화 운수를 겸하는 것으로 영업이 확대되었다. 객화 운수의 연수입은 4만 5,000원 정도였으나 지출이 매년 평균 33만 원으로 적자 규모가 큰 편이었다. 송화강 연안의 연화구(蓮花口)로부터 학입진(鶴立鎭)을 경유하여 흥산진(興山鎭)에 도달하는 총연장 56킬로미터의 부설비용은 120만 원에 달하였다. 철로의 자재 및 기관차, 차량 등은 모두 중동철로공사로부터 구매하였다.

1930년대 일본과 만주국은 학강탄광에서 생산된 석탄의 운송을 확대하기 위해 수가철로(綏佳鐵路)와 선로를 서로 연결하였으며, 이를 위해 학강철로의 레일 궤간을 표준궤로 개축하였다. 이러한 결과 철로는 가목사(佳木斯)를 출발하여 연강구, 반절하(半截河), 학립(鶴立), 신화(新華), 준덕(峻德), 학강, 보천령(寶泉嶺) 등을 거쳐 최종적으로 종점인 학북역(鶴北驛)에 도달하게 되었다. 1949년 중화인민공화국이 수립된 이후 레일 등 선로의 설비를 교체하여 열차는 시속 80킬로미터로 운행할 수 있게 되었으며, 견인력은 객차 700톤, 화물차는 상행 3,300톤, 하행 1,800톤으로 개량되었다.

참고문헌

楊文生, 「平綏鐵路與商人的遷移及其社會影響」, 『歷史敎學問題』 2006年 3期.

吳菊英, 「東北地區現存民國鐵路檔案簡介」, 『民國檔案』 1996年 2期.

王海晨, 「論民國時期東北地方政府自辦鐵路的意義」, 『遼寧大學學報』 2004年 32期.

孟曉光, 「民國初年官民自辦鐵路對滿鐵的抵制」, 『東北師大學學報』 2009年 1期.

19장

금성철로(金城鐵路)

조차지 관동주를 개발하기 위해 부설된 일본자본 철로

연　도	1926~1927(1927년 10월 1일 개통)
노 선 명	금성철로, 금복철로(金福鐵路), 금비철로(金貔鐵路)
구　간	금주(金州) - 성자탄(城子疃)
레일 궤간	1.435미터
총 연 장	102킬로미터
기　타	대련과 안동, 조선을 연계하기 위한 철로

　금성철로는 일본의 조차지인 요동반도 내 남만주철로의 금주역(金州驛)에서 비자와(貔子窩) 북면의 성자탄역(城子疃驛)에 이르는 총연장 102.3킬로미터의 노선으로서, 동북을 가로질러 대련과 성자탄(城子疃) 사이를 직통으로 연결하였다. 철로의 연선지역에는 광활한 옥토평야가 전개되어 있었지만 남만주철로와는 상당한 거리에 위치하여 교통이 불편하였다.

　원래 이 철로는 금주에서 시작하여 비자와를 종점으로 계획되었으며, 이러한 이유로 당초에는 금비철로(金貔鐵路)라 명명되었다. 이후 선로를 벽류하(碧流河)까지 연장하였으며, 그 서쪽 기슭이 바로 성자탄(城子疃)이었으므로 비로소 금성철로라 개명하였다. 1926년 5월 부설공사에 착수하였으며, 1927년 10월 1일에 열차를 개통하였다.

　금주역은 금성철로의 기점이자 남만주철로의 중요 역이 위치한 곳이다. 금주역을 출발하여 금주동문역(金州東門驛), 우각산역(牛角山驛), 광녕사역(廣寧寺驛), 잠척둔역(蠶戚屯驛), 양갑점역(亮甲店驛), 천수둔역(泉水屯驛), 등사하역(登沙河驛), 기간저역(棋杆底驛), 행수둔역(杏樹屯驛), 궁지숙역(宮之宿驛), 대류가역(大劉家驛), 청수하역(清水河驛), 이가둔역(李家屯驛), 비자와역, 협심자역(夾心子驛)을 지나 관동주의 경계인 성자탄역에 이르는 노선이었으며, 이들 역은 모두 관동주 내에 위치하였다.

금성철로(금복철로)는 일본이 러일전쟁에서 승리한 이후 관동주를 조차지로 삼아 지역 내에 부설한 철로이다. 이 철로가 부설되기까지는 관동청 장관인 고다마 히데오(兒玉秀雄)의 강력한 의지가 있었다. 그는 동경공업구락부에서 재계의 유력자들을 소집하여 금성철로의 지정학적 중요성과 부설 계획에 관하여 상세히 설명하였다. 이에 참가자들은 모두 철로의 필요성에 공감을 표시하였다. 1925년 11월에 창립총회가 개최되었으며, 자본은 일화(日貨) 400만 엔으로 정해졌다. 자금을 조달하기 위해 총 8만 주(株)[고(股)]의 주식을 발행하였다. 주주[고동(股東)] 가운데 중국인도 일부 있기는 하였지만 대부분이 일본인이었다.

금성철로의 부설은 아래와 같은 관동청의 강력한 의지와 남만주철도주식회사의 적극적인 지원하에 추진되었다.

① 관동청과 남만주철도주식회사는 모두 철로의 부설에 필요한 자재 및 설비를 아낌없이 지원하였다.

② 금주와 남만주철로 본선 사이를 연결하는 지선을 부설하기 위해 남만주철도주식회사는 필요한 노동력을 지원하였다.

③ 기타 철로 자재의 운반 등과 관련해서도 남만주철도주식회사는 특별히 비용을 경감해 주었다.

④ 매년 10퍼센트 정도의 홍리(紅利)*를 지출하는 비용으로 남만주철도주식회사는 수년간 약 55만 9,000원의 보조금을 지원하였다.

⑤ 금성철로를 통해 운송되는 화물이 대련에서 선착할 경우에는 대련 - 금주 사이의 운임에 대해 특별 할인 혜택을 부여하였다.

금성철로의 부설계획서는 다음과 같은 내용으로 구성되었다.

① 회사의 명칭은 금복철로공사로 정한다.

---

* 홍리(紅利)란, 합고경영(合股經營) 기업에서 기업이 거둔 이윤의 일부를 투자자(주주)에게 분배하거나, 직공에게 정기 급여 이외에 상여금으로 지급하는 것을 말한다.

② 본사의 소재지는 관동주 대련시로 한다.

③ 영업의 목적은 첫째, 금주 - 비자와 사이에서 각 지역의 철로 운수 및 창고업, 둘째, 이와 관련된 일체의 부대사업으로 정한다.

④ 자본금은 원금 375만 원, 주식 총수는 7만 5,000주이며, 1주당 금액은 50원으로 정한다. 금복철로공사는 예하에 운수, 회계, 서무, 공무 등의 부서를 두어 각 부서의 책임자와 요직에는 모두 일본인으로 충원하며, 중국인의 경우 하급 직원이나 노동자로 고용한다.

철로의 부설 공정과 관련해서는 다음과 같은 방침이 정해졌다.

① 본선은 금주에서 유가점(劉家店), 양갑점(亮甲店), 등사하(登沙河), 임가둔(林家屯), 비자와를 지나 벽류하(碧流河)에 도달한다.

② 부설비용은 주식의 절반으로 하고 수입이 발생한 이후 그 잉여로 차입금을 변제한다.

③ 레일은 일본철도성(日本鐵道省) 혹은 남만주철도주식회사로부터 60파운드 혹은 65파운드의 구(舊)레일을 차입한다.

④ 교량은 목조로 가설한다.

⑤ 운행 차량은 남만주철도주식회사로부터 실비를 지급하고 소형 기관차를 도입하며, 운전은 남만주철도주식회사에 위임한다.

⑥ 본 공사는 기공한 이후 2년 내에 준공해야 한다.

그런데 유의할 점은, 금성철로의 부설에는 당초부터 이미 관동주를 넘어 조차지 밖의 안동(安東)과 조선(朝鮮)을 상호 연결하려는 목적이 있었다는 사실이다. 부설계획서를 살펴보면 금성철로는 관동청과 남만주철도주식회사의 지지하에 장래 철로의 노선을 안동까지 연장하여 조선철로와 상호 연결하려는 계획을 수립해 두고 있었다. 계획에 따르면 금성철로가 안동으로 연장되어 조선철로와 연결될 경우 기존의 물류 유통 루트에 비해 운송거리가 약 221리나 단축되며, 이에 따라 운송시간도 약 18시간 정도 절감된다고 하였다. 이렇게 된

19-1 • 금성철로(금복철로) 휘장

다면 화물의 운송에서도 3등 화물의 경우 약 5원 50전이 절감되는 것이다.

이러한 사실은 1924년 11월 25일자 일본의 『요미우리신문(讀賣新聞)』에 보도된 금성철로와 관련 기사의 내용으로부터도 부설의 목적을 확인할 수 있다. 신문기사는 다음과 같이 보도하였다.

금주에서 시작하여 비자와까지 60여 리에 달하는 중일합관의 철로에 대한 부설공사를 신청한 상태이다. 이 철로는 요동반도 동남해안을 따라 부설될 예정이다. 그런데 이 지역은 유명한 천일염 생산지이며, 이 밖에도 해산물, 두류(豆類) 등이 풍부하게 생산되고 있다. 현재 이들 상품은 정크선에 실려 대련항이나 조선으로 운송된다. 그런데 이 지역은 수심이 얕아 동계에 결빙되는 곳이 많아 정크선으로 운송할 경우 많은 시간과 경비가 소요된다. 이 철로가 완공된다면 금주를 통해 대련항으로 바로 운송할 수 있게 된다. 가까운 시일 내에 철로회사의 주식을 공모할 예정인데, 동경과 대련, 봉천의 거두가 매입할 것으로 예상된다. 남만주철도주식회사가 주식의 10퍼센트 이윤을 보증하기로 하였으며, 이 밖에도 기관차, 화물차를 제공하기로 약속하였다. 이 철로는 장래 해안선을 따라 연장하여 안동과 대련을 직선으로 연결하기로 예정되어 있다. 이러한 계획이 완성되는 날에는 대련과 조선 간의 교통이 획기적으로 개선될 것이다.

금복철로공사는 1925년 11월에 가도노 이쿠노신(門野重九郞)이 책임자로 등록하면서 중일합관 형식의 공사(公司)를 창설하고 이를 통해 표준궤의 철로 부설에 착수하였다. 1927년 9월에 부설공사를 완료하고, 10월 1일 전 노선에 걸쳐 열차를 개통하여 영업을 시작하였다. 레일의 중량은 1미터당 32킬로그램이었다. 성자탄역은 종점역으로서 역사(驛舍) 내의 증기기관차에 공급하기 위한 용도로 급수탑(給水塔)을 건설하였다. 그러나 이후에 이 지역의 수질이 불량하여 금복철로에 물을 공급하기 위해 이가둔역에 별도의 급수탑을 건설하였다. 금복철로공사는 대련시 기이정(紀伊町)에 위치하였으며, 자본금은 400만 원, 불입자본은 200만 원에 달하였다.

부설 공정은 두 구간으로 나뉘어 진행되었다. 한 구간은 금주에서 양갑점(亮甲店)에 이르렀으며, 다른 한 구간은 양갑점에서 성자탄까지로 구분되었다. 1926 6월 23일 금주의 남금서원(南金書院)에서 기공식을 거행하였다. 중국 측에서는 봉천성의 전성장(前省長) 왕영강(王永江) 등 몇 사람만이 참석하였으며, 일본 측에서는 관동청장 고다마 히데오(兒玉秀雄), 남만주철도주식회사 사장 야스히로 반이치로(安廣伴一郎), 그리고 각 민정서장 등이 모두 참석하여 성대한 기공식을 거행하였다.

부설비용은 1마일당 6만 2,500엔이 지출되어 일화 총 375만 엔이 소요되었다. 비용의 주요한 항목은 레일 구매 비용 108만 엔, 토목 비용 1,02만 2500엔, 철교 가설 비용 26만 엔, 토지 구매 비용 18만 3,500엔 등이었다. 개통 직후 1년간의 수입과 지출을 살펴보면, 여객 수입이 26만 5,680엔, 화운 수입이 19만 240엔, 소금의 운수 수입이 9만 5,400엔, 남만주철도주식회사로부터의 수입 1만 6,380엔, 남만주철도주식회사 보조비 8만 5,000엔 등 총 65만 2,700엔에 달하였다. 한편 지출의 항목을 살펴보면, 가장 큰 항목은 이자 비용으로서 총 17만 6,000엔, 남만주철도주식회사 운수 실비 6만 3,000엔, 노임 등 8만 8,040엔, 수로비(修路費. 선로보수비) 5만 6,250엔, 여비 6,000엔, 응수비(應酬費, 접대비 및 교제비) 5,800엔, 세금 2만 2,000엔, 인쇄통신비 6,610엔, 예비비 6,610엔 등 총 42만 7,500엔에 달하였다.

금성철로에서 운행된 기관차, 열차는 모두 남만주철도주식회사로부터 임대 형식으로 차입한 것이며, 남만주철로와 연계운수를 시행하였다. 당초 금성철로는 객운의 기점을 금주역으로 해주도록 관동주당국에 신청하였으나 실제로 기점이 된 것은 대련역이었다. 금성철로는 주로 관동주 동북 연안의 물자를 수출입하는 경로로 이용되었다.

19-2 ● 남만주철로와 금복철로의 교차 및 연계운수

여순에서 출발하여 금주를 거쳐 장춘, 하얼빈으로 향하는 왼쪽의 남만주철로의 노선과 금주에서 출발하여 성자탄에 이르는 금성철로(금복철로)가 금주에서 교차하여 상호 연계운수가 가능하였다. 점선은 일본 조차지의 경계를 표시한다.

철로의 연선지역은 물산이 풍부하였으며, 동남부는 바다를 끼고 있어 해산물과 소금의 생산이 매우 많았다. 매년 해산물의 생산이 1,200만 근에 달하였으며, 소금의 생산은 무려 1억 2,000만 근에 달하였다.

농산물 가운데에서는 땅콩이 위주였으며, 콩이 그다음을 차지하였다. 기록에 따르면 금성철로는 요동반도 황해 연선의 중요한 화물의 운송루트로서, 주요 운송 물자는 땅콩, 콩, 깻묵, 가축, 쌀, 양식, 광석, 해염(海鹽), 석재(石材), 엄어(腌魚, 소금에 절인 생선) 및 어류 등이었다. 당초 하루에 두 차례 왕복하였으며, 편도행에 5시간 반이 소요되었다. 승객이 적어 객화를 겸영하였다.

금주역은 남만주철로의 정차역이자 금성철로의 역으로서 교통의 요충이 되었다. 금성철로는 남만주철로와의 연운(연계운수)을 통해 수익을 제고하려는

19-3 ● 금복철로 연선 풍경

출처: 「旅大租借地內貔子窩之盐田地在新築成之金福鐵路沿線正在建筑为金福路出入港口」,
『中東半月刊』 2卷 7期, 1931, p.1(上海圖書館《全國報刊索引》數据庫).

경영 방식을 채택하였다. 그럼에도 금복철로의 노선이 너무 짧아 경영이 어려
워졌으며, 마침내 1939년 5월 20일 남만주철도주식회사가 금성철로를 매입하
여 자사의 관리하에 편입하였다.

2차대전 종전 이후 1947년 1월 중국국민정부가 이 철로를 접수하여 복구하

19-4 • 여순항 전경

19-5 • 옛 모습을 간직한 여순역

19-6 ● 금성철로 노선도

였다. 중화인민공화국 수립 이후인 1965년에 성자탄(城子瞳)은 성자탄진(城子坦鎭)으로 명칭이 변경되었으며, 이에 따라 역명도 성자탄역으로 변경되었다. 1980년대 장하시(莊河市)가 성자탄(城子坦)으로부터 장하(庄河)에 이르는 구간의 부설공사를 시작하여 성자탄역으로부터 장하역에 이르는 노선을 신설하였다.

참고문헌

「旅大租借地內貔子窩之鹽田地在新築成之金福鐵路沿線正在建築爲金福路出入港口」,『中東半月刊』2卷 7期, 1931.

「金福鐵路通車以來營業狀況」,『中東半月刊』2卷 23, 24期合刊, 1932.

孔經緯, 「僞滿時期的東北經濟狀況」,『社會科學輯刊』1979年 4期.

「金福鐵路之營業豫算與經濟價値」,『東省經濟月刊』2卷 7期, 1926.

程維榮,『近代東北鐵路附屬地』, 上海社會科學院出版社, 2008.

董說平,『中日近代東北鐵路交涉硏究』, 遼寧大學出版社, 2011.

20장

길돈철로(吉敦鐵路)

길림에서 돈화에 이르는 길회철로의 구간 철로

연 도	1926~1928(1928년 10월 10일 개통)
노 선 명	길돈철로
구 간	길림(吉林) - 돈화(敦化)
레일 궤간	1.435미터
총 연 장	210.5킬로미터
기 타	길회철로(吉會鐵路)의 한 구간이 됨

길돈철로는 길림(吉林) 과 돈화(敦化)를 연결하는 210킬로미터의 철로로서, 액혁목(額赫穆), 문하(蚊河), 황송전(黃松甸), 황니하(黃泥河), 돈화 등 17개 역을 지난다. 이 노선은 탄광 등 광물자원이 풍부한 지역을 관통한다. 1924년 7월 조앙철로(洮昂鐵路) 부설에 대한 교섭을 진행할 당시에 장작림(張作霖)은 길돈철로의 신속한 부설에 협조한다는 성명을 발표하고, 다음 해인 1925년 10월에 '승포건설길돈철로합동(承包建設吉敦鐵路合同)'을 체결하였다.

길림 - 돈화 간을 연결하는 길돈철로는 이후 길회철로(吉會鐵路)의 한 구간을 구성하는 노선으로서, 일본에게 경제적으로나 군사적으로 중요한 의미를 가진 철로였다. 기존 장춘에서 대련을 거쳐 일본의 고베(神戶)에 도착하여 다시 오사카(大阪)에 도달할 경우 무려 92시간이나 소요되었다. 반면, 길돈철로가 완성되어 길장철로 등과 함께 길회철로 전선이 개통될 경우 장춘에서 나진항을 통해 일본 오사카에 도착할 경우 51시간으로 단축되었다. 길회철로가 물류 유통에서 갖는 의의를 생각할 때 그 구성 부분인 길돈철로의 부설은 매우 중요한 의미를 갖게 되는 것이다. 이와 함께 길림 남부지역은 금, 은과 석탄, 철 등 광물자원이 다량 매장되어 있는 지역으로서 경제적으로 가치가 매우 높았다.

이러한 이유에서 일찍이 1907년 중일 간에 체결된 '신봉·길장철로협약'의

제3조에서는 "이후 길장철로의 지선이나 연장선의 부설공사 시에 중국정부가 자판(自辦)으로 부설한다. 만일 자본이 부족할 경우 우선적으로 남만주철도주식회사로부터 차입한다"라고 규정하였다. 이것은 길장철로의 연장선인 길돈철로, 길회철로의 부설과 이에 대한 일본의 권리를 규정한 것으로 볼 수 있다.

1909년 9월 4일 중일 간에 체결된 '간도협약'의 제6조는 "길장철로의 연장선이 연길 남쪽에서 한국 회령지방의 한국철로와 연결하도록 하며, 모든 방법은 길장철로와 동일하게 처리한다. 언제 부설할 지에 대해서는 중국정부와 일본정부가 협의하여 결정한다"라고 규정하였다. 1917년 10월에 체결된 '개정길장철로차관합동'에서도 "길장철로의 지선이나 연장선을 부설할 때에 만일 외국자본이 필요할 경우 우선적으로 남만주철도주식회사와 상의하여 결정한다"라고 재차 확인하였다.

1922년 11월 길림성 재정청장 채운승(蔡運升)은 전성의 부원을 개발하여 길림성의 재정을 보충하기 위한 목적에서 주장춘 일본영사 야마사키 헤이키치(山崎平吉)에게 남만주철도주식회사와 길장철로를 돈화까지 연장하는 방안을 협의하였다. 남만주철도주식회사는 이를 호기라 여겨 먼저 길돈철로를 부설한 이후, 장래 이를 다시 조선의 회령으로 연장하려는 계획을 수립하였다. 일본내각은 1924년 8월 22일 각의에서 "만몽에서 철로의 부설과 투자에 관해서는 남만주철도주식회사가 동삼성 당국과 협의하여 처리한다"라는 방침을 결정하였다.

이에 근거하여 일본대장대신과 외무대신은 남만주철도주식회사가 조속히 길돈철로를 부설하기 위한 준비에 착수하도록 지시하였다. 일본정부는 남만주철도주식회사 이사 마쓰오카 요스케(松岡洋右)를 봉천으로 파견하여 장작림과 회담을 개최하고, 여기에서 길림에서 돈화에 이르는 길돈철로를 부설하기 위한 교섭에 착수하였다. 남만주철도주식회사는 길림성 지방당국과 예비회담을 추진하는 동시에, 다른 한편으로 길장철로국장 위영무(魏英武)에게 장작림 및 교통부총장 엽공작(葉恭綽)과 함께 이 문제를 협의하도록 지시하였다.

1925년 4월 마침 장작림은 제2차 직봉전쟁을 치른 직후로, 재정의 충실과 군비 강화를 위한 재정적 지원이 매우 절실한 상태였으며, 이러한 이유에서 일본의 요구를 대체로 받아들였다. 일본은 철로차관 가운데 먼저 600만 원을 준비비 명목으로 장작림에게 건네주었다. 4개월여의 교섭 끝에 1925년 10월 24일 남만주철도주식회사 이사 마쓰오카 요스케는 교통총장 엽공작, 길장철로국장 위영무와 함께 봉천에서 정식으로 '길돈철로승조합동(吉敦鐵路承造合同)'을 체결하였다.

이 가운데 "일체의 공정 및 부설비용을 1,800만 엔으로 결정한다. 연리 9리(厘)로 정하고 계약 후 1년 이내에 부설공사에 착수하여 2년 내에 부설공사를 완료한다. 교통부는 국장을 파견하여 공사를 감독하며, 공정기간 내에는 일본인을 총공정사로 초빙하며, 전 노선이 준공된 이후에는 사퇴한다. 또한 열차를 개통한 날부터 차관을 상환할 때까지 일본인을 총회계로 초빙한다. 차관의 원금 및 이자의 상환을 위해 이 철로의 자산 및 수입을 담보로 제공한다. 전 노선이 준공된 이후 바로 차관의 상환을 시작한다. 만일 1년이 넘어서도 전부 혹은 일부를 상환하지 못할 경우 상환 기한을 연장할 수 있다"라고 규정하였다.

1926년 2월 1일 장춘에 길돈철로공정국이 성립되어 총공정사 나베다 도시오(邊田利男)와 중국공정사 장붕(張鵬) 등이 두 차례에 걸쳐 측량을 진행하였다. 모두 4조(組)로 측량대를 구성하여 1조는 길림에서 액혁목(額赫穆)[천강(天崗)]까지 5월에 측량을 마치고 6월에 동쪽으로 부설공사를 개시하였다. 2조는 액혁목으로부터 문하현(蚊河縣) 납법(拉法)에 이르는 구간을 측량하였는데, 이 구간은 삼림이 밀집한 지역으로 8월 말에 측량을 마쳤다. 3조는 납법에서 황송전(黃松甸)에 이르는 구간으로 삼림지구이며 6월 말에 측량을 마쳤다. 4조는 황송전에서 위호령(威虎嶺)을 넘어 황니하(黃泥河)를 거쳐 돈화에 이르는 구간을 측량하였는데, 9월 말에 측량을 마쳤다.

길돈철로공정국은 6월 1일에 길림에서 기공식을 거행하고, 길림 방면으로부터 부설공사에 착수하였다. 1927년 10월 12일 길림 - 액혁목 간의 43.3킬로미터에서 먼저 영업을 개시하고, 1928년 1월 6일 노야령(老爺嶺)까지 부설을 완료하였다. 마침내 1928년 10월 10일에 이르러 공사 기간 2년 4개월 만에 길림 -

20-1 • 길돈철로 개통식(1926년 6월 1일 길림역)

출처: 「吉敦鐵路之開工禮」, 『圖畫時報』 310期, 1926, p.4(上海圖書館 《全國報刊索引》 數据庫).

20-2 • 길돈길장철로학교 졸업식

출처: 「吉長吉敦鐵路局之人才」, 『圖畫時報』 393期, 1927, p.3(上海圖書館 《全國報刊索引》 數据庫).

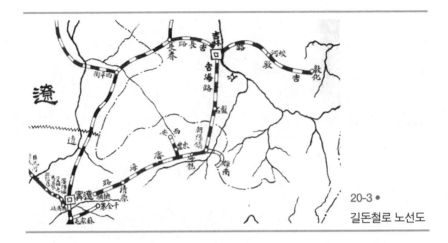

20-3 ●
길돈철로 노선도

돈화 사이 210킬로미터의 구간을 완성하였다. 길림, 용담산(龍潭山), 강밀봉(江密峰), 액혁목, 육도하(六道河), 노야령, 소고가(小姑家), 납법, 문하, 유수하(柳樹河), 이도하(二道河), 황송전, 위호령, 황니하, 이수구(梨樹溝), 대평령(太平嶺), 돈화 등 총 17개 역을 지났다.

　길회철로의 각 구간이 점차적으로 부설됨에 따라 당초 부설의 목적인 중동철로의 견제라는 효과도 점진적으로 나타나기 시작하였으며, 그 결과 중동철로의 경영에 적지 않은 타격을 주게 되었다. 길돈철로가 개통되면서 종래 중동철로가 독점해 왔던 북만주의 상품 운송 가운데 상당 부분을 분담하기 시작하였다. 더욱이 1933년에 이르러 마침내 길회철로의 전 구간이 개통됨으로써 중동철로를 견제한다는 본래의 목적을 충분히 달성할 수 있게 되었다. 만주사변 직후인 1931년 11월에 이르러 길장, 길돈 양 철로가 합병되어 남만주철도주식회사가 경영하게 되었다.

참고문헌

「吉敦鐵路之開工禮」, 『圖畫時報』 310期, 1926.

「吉長吉敦鐵路局之人才」, 『圖畫時報』 393期, 1927.

侯文强, 「張作霖,張學良與東北鐵路建設」, 『南京政治學院學報』 2003年 3期.

曲曉范, 「民國吉敦鐵路工程腐敗案形成和被查過程研究」, 『社會科學輯刊』 2009年 1期.

吳菊英, 「東北地區現存民國鐵路檔案簡介」, 『民國檔案』 1996年 2期.

王海晨, 「民國時期東北地方政府以路治邊政策研究」, 『遼寧大學學報』 2004年 3期.

程維榮, 『近代東北鐵路附屬地』, 上海社會科學院出版社, 2008.

董說平, 『中日近代東北鐵路交涉研究』, 遼寧大學出版社, 2011.

제2부

1 9 2 7 ~ 1 9 3 6 년

남경국민정부 철도부의 성립과 철로 발전

21장

길해철로(吉海鐵路)

남만주철로의 물류 운송을 분담하기 위한 병행선

연　　도	1927~1929(1929년 6월 30일 개통)
노 선 명	길해철로
구　　간	길림(吉林) - 조양진(朝陽鎭)
레일 궤간	1.435미터
총 연 장	183.9킬로미터
기　　타	

일찍이 일본은 중국 동북지역에 대한 철로 부설권의 획득에 전력을 기울여 마침내 길림에서 조선의 회령(會寧)에 이르는 길회철로(吉會鐵路)의 부설권을 획득하였으며, 길장철로(吉長鐵路)[길림 - 장춘] 부설에 대한 차관 제공의 권리를 획득하였다. 1922년 장작림은 동북보안사령으로서 동북의 자치를 선포하는 동시에 자력으로 봉해철로(奉海鐵路), 길해철로를 부설함으로써 일본이 장악하고 있던 남만주철로를 겨냥하여 그 세력을 약화시키고자 하였다.

봉해철로의 부설이 완료된 이후 길림성 당국은 바로 연이어 길해철로의 부설에 착수하여 이를 봉해철로와 서로 연결하려는 계획을 수립하였다. 1926년 길림성농회, 교육회, 공회, 상회 등은 봉해철로의 전선이 머지않아 준공됨에 따라 자성(自省)으로부터 해룡(海龍)에까지 연결되는 철로를 부설해야 할 필요성을 인식하였다. 이에 길림성독군 겸 성장인 장작상(張作相)도 국가와 성민의 복리를 위해 필요하다고 생각하여 이에 찬동하였다. 동삼성교통위원회는 길림성 서남부지역이 물산이 풍부하고 개발의 여지가 많아 만일 길림에서 해룡 사이에 철로가 부설되어 봉천과 해룡을 연결한다면 봉천에서 길림에 이르는 간선이 완공될 것이라 여겼다.

당시 길림성 성장 겸 독군(督軍)으로 임명된 장작상은 길림성의 성고(省庫)로부터 자금을 출연하여 자력으로 철로의 설계와 부설공사를 시행하기로 계획을 세우고 관상합판의 경영방식을 채택하였다. 구간별로 나누어 부설공사를 진행하기로 계획을 수립하고 황기둔(黃旗屯)을 종점역으로 설정하여 화물의 운송을 주요한 경영전략으로 채택하였다. 이 밖에 북산(北山) 흑우권(黑牛圈)에 역[현재의 북산역(北山驛)]을 설치하고 여객의 편의를 도모하였다. 1926년 11월 1일 길림성은 자력으로 길해철로를 부설하기로 결정하고 이를 위해 길해철로주판처(吉海鐵路籌辦處)를 설립하여 삼림국장 겸 채금국장(采金局長) 이명서(李銘書)를 독판(督辦)으로, 성의회 의장 제요당(齊耀瑭)을 방판(帮辦)으로 임명하였다.

길해철로주비처가 설립된 이후 측량대를 조직하여 1927년 2월 측량을 개시하여 5월에 완성하였다. 1927년 5월 8일 길해철로주비처는 공정국으로 개조되었으며, 이명서를 총판으로, 제요당, 애내방(艾乃芳)을 회판(會辦)으로 임명하였다. 총판하에 총무, 공무, 차무, 회계, 총공정의 5개 처(處)를 두고, 처 아래에 과(課)를 두어 직능에 근거하여 각각의 업무를 주관하도록 하였다. 6월 25일 길해철로공정국은 길림 북산에서 장작상이 참가한 가운데 기공식을 거행하였다.

봉해철로[심양 - 해룡]와 길해철로[길림 - 조양진(朝陽鎭)]는 중국이 스스로의 자본으로 부설한 노선이다. 일본은 1918년에 체결된 '만몽4철도(滿蒙四鐵道)'에 관한 교환공문(交換公文)'에 명시되어 있는 개원(開原) - 해룡 - 길림 간의 철로 부설은 일본으로부터 차관을 도입하여 부설해야 한다는 조항을 위반한 것이라는 이유로 길해철로의 부설을 반대하였을 뿐만 아니라, 길회철로와 봉해철로가 길림역에서 상호 연결되는 것에 반대하였다.

심해철로와 길해철로는 모두 일본의 철로 이권과 관련이 있는 개원, 해룡, 길림 간 철로의 일부 노선과 중복되어 일본철로의 부설 예정선과 충돌할 뿐만 아니라, 심해, 길해 양 철로는 서로 연결되어 남만주철로와 병행하게 되었다. 일본은 이것이 1905년 '청일만주선후조약'의 남만주철로 병행선 금지의 조항과 저촉된다고 중국정부에 엄중히 이의를 제기하였으나, 중국정부는 철로의 부설을 강행하였다. 이에 남만주철로는 길해철로를 부설하기 위한 자재를 운송하는 것조차 거부하였다.

21-1 ● 길해철로 철교

출처: 詹明廠, 「吉海鐵路橋」, 『東三省官銀號經濟月刊』 2卷 7期, 1930, p.1(上海圖書館《全國
報刊索引》數据庫).

이와 같은 어려운 상황하에서 장작상은 관상합판이라는 형식으로 길해철로
의 부설 방침을 천명하였으며 이는 곧 성민과 상회(商會), 은행의 열렬한 지지
를 획득할 수 있었다. 1928년 길해철로 총역의 역사(驛舍)가 건립되었고, 11월
20일에는 길해철로 조양진에서 반석(磐石)에 이르는 구간에서 영업을 개시하
였다. 1929년에는 길해철로 총역의 종탑을 건설하였으며, 6월 30일 조양진에
서 북산에 이르는 전 노선에 걸쳐 열차를 개통하였다.

길해철로는 길림 - 조양진 간의 연결철로로서, 심해철로의 부설에 자극되어
1926년부터 부설을 위한 준비에 착수하였다. 봉천, 길림 두 성의 당국과 일반
여론의 고무와 지지 속에서 같은 해 10월 길림성의회가 이 철로를 조속히 부설
하도록 건의하였다. 같은 해 11월 주비처가 설치되었고, 공사비용이 총 1,200
만 원으로 책정되었다. 1927년 3월 1일부터 측량을 개시하여 4월 7일에 완료
하였다. 6월 25일에 길림에서 기공식을 거행하고 공사에 착수하였으며, 1927
년 6월 30일 전 노선에서 열차를 개통하였다. 마침내 1929년 6월 30일 성대한

개통식을 거행하고 조양진(朝陽鎭)에서 황기둔에 이르는 총연장 183.9킬로미터의 전선 영업을 개시하였으며, 같은 해 8월에는 길장철로의 길림역 부근까지 연장선을 부설하여 길장철로와 길해철로가 서로 연결되었다.

길해철로의 부설비용은 당초 길대양(吉大洋) 1,200만 원으로 책정되었으나, 공정이 진행되면서 예산이 부족하여 추가로 성고로부터 모두 세 차례에 걸쳐 자금을 지원하였다. 철로의 부설비용은 제1차 600만 원, 제2차 200만 원, 제3차 300만 원 등 총 길대양 2,300만 원에 달하였다.

길해철로 연선의 반석현, 영길현 남부는 산악지대, 삼림지대가 많아 농업 생산을 위한 자연조건이 이상적이지 않았다. 이로 인해 개간이 지연되었고 인구가 많은 도시도 상대적으로 적을 수밖에 없었다. 자연히 연선에서 농산물의 출하량도 많지 않아 길해철로의 화물 수송량은 심해철로보다 적을 수밖에 없었다. 길해철로가 개통되면서 가장 큰 영향을 받았던 지역이 반석(盤石)이었다. 반석은 원래 공주령과 장춘 사이 지역을 마차 수송을 통해 교역했으며, 1912년에 길장철로가 개통된 이후에는 길림과의 교역도 증가하였다. 그러나 길해철로가 개통된 이후 철로운임 문제로 물자의 대부분은 봉천을 통해 거래되었다.

1929년 2월부터 봉천성은 길해철로를 통해 길림성으로부터 봉천성으로 유입되는 화물에 대해 세금을 절반으로 인하했으며, 같은 해 10월부터 심해철로와 길해철로의 연계운수도 시작되었다. 1931년에는 경봉철로, 심해철로, 길해철로의 세 철로 노선의 연계운수도 실시되었다. 더욱이 1929년 이후 은 가격이 하락하여 금본위의 남만주철로와 은본위의 심해철로, 길해철로 사이에 운임 차이가 발생하였고, 길해철로가 남만주철로에 대항하기 위해 할인 운임을 설정하자 심해철로와 길해철로를 통해 수송되는 화물이 대폭 증가하였다.

더욱이 중국정부는 철로를 운영하는 과정에서도 남만주철로 및 중동철로와의 경쟁을 의식하여, 운임 할인을 통해 기존 양 철로를 통한 화물 운송의 지분을 회수하는 데 힘을 쏟았다. 예를 들면 앞서 언급한 심해철로와 길해철로 양 철로는 1929년 11월 10일부터 상호 연운(연계운수)을 실시하면서, 화물의 운임을 일반 운임률보다 파격적으로 인하하기로 결정하였다. 곡류의 경우 4급품의

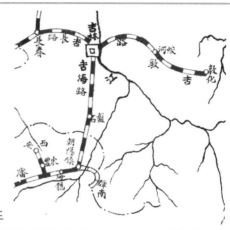

21-2 • 길해철로[길림 - 해룡] 노선도

한 차량분 운임을 보통 운임률의 43퍼센트로 인하하였다. 1930년부터 중국의 광신공사(廣信公司)가 제극철로(齊克鐵路) 연선의 곡류를 수출하기 위해 중국이 스스로의 역량으로 부설한 사조철로와 조앙철로의 양 철로와 각각 25퍼센트의 운임을 할인하는 내용의 이면계약을 체결하였으며, 1931년의 수확기에도 전자가 20퍼센트, 후자가 10퍼센트씩 각각 운임을 할인해 주었다.

길해철로가 개통되면서 종래 공주령으로 출하되던 농산물의 운송을 흡수하여, 공주령으로 반출되는 수량이 감소하였다. 심해철로, 길해철로는 남만주철로의 병행선으로서 화물 수송에 적지 않은 영향을 미쳤다. 이러한 이유는 동북 정권이 남만주철로와 대항하려는 정책적 의도와 더불어 세계적인 은가격의 하락으로 수송 능력에서 남만주철로에 대항하기 어려웠기 때문이다. 돈화의 교역은 1910년경까지는 길림과 깊은 관계를 유지하였다. 그러나 간도의 개발이 진전되면서 간도를 경유하는 교역이 점차 증가하였다.

만주사변 이후 1931년 11월 28일 일본은 남만주철도주식회사와 만주국 재정총장 희흡(熙洽) 사이에 길해철로를 50년간 남만주철도주식회사에서 대리 경영하기로 계약을 체결하였다. 이후 남만주철도주식회사는 길림에서 길해철로와 길장철로를 상호 연결하였다.

참고문헌

詹明廠,「吉海鐵路橋」,『東三省官銀號經濟月刊』2卷 7期, 1930.
李義彬,「1931—1935年吉海鐵路工人的抗日鬪爭」,『吉林大學人文科學學報』1958年 3期.
中寧,「東北人借吉海鐵路向日本抗爭」,『東北之窗』2012年 24期.
呂勛福,「南滿大地鎖蛟龍」,『世紀橋』2014年 7期.
陳鳳海,「吉海鐵路營築述略」,『長白學圃』1989年 5期.

22장

제극철로(齊克鐵路)

중동철로의 물류를 분담하여 견제한 흑룡강성 철로

연 도	1928~1932(1932년 7월 개통)
노 선 명	제극철로
구 간	삼간방(三間房) - 치치하얼(齊齊哈爾) - 극산(克山)
레일 궤간	1.435미터
총 연 장	205.7킬로미터
기 타	

제극철로는 흑룡강성의 주도하에 호해철로(呼海鐵路)에 이어 두 번째로 부설한 철로이다. 조앙철로의 종점인 삼간방(三間房)을 기점으로 하고 치치하얼(齊齊哈爾), 영년(寧年)[현재의 부유(富裕)], 태안(泰安)[현재의 의안(依安)]을 거쳐 극산(克山)에 이르는 총연장 205.7킬로미터의 노선이다. 흑룡강성의 극산, 태안은 오위르강(烏裕爾河)을 따라 형성되어 토지가 비옥하고 일찍부터 개발이 이루어져 인구가 많고 농업생산량이 풍부하였다.

그러나 중동철로로부터 상당한 거리가 떨어져 있어 운수가 불편하였다. 따라서 제극철로를 부설하여 남으로 조앙철로와 연결하면 교통 운수가 편리해질 것임에 틀림없었다. 흑룡강성 당국은 치치하얼에서 극산에 이르는 철로의 부설을 추진하는 한편, 이를 조앙철로와 상호 연결하기 위한 계획을 수립하였다. 1928년 북양정부는 장작림의 주도로 교통부 총장 겸 경봉철로국장 상음괴(常蔭槐)에게 제극철로공정국을 설립하도록 지시하였다.

1928년 동북교통위원회는 제극철로를 부설하기로 결정하고 치치하얼로부터 극산에 도달하는 노선을 부설하기로 결정하였다. 반드시 조앙철로와 접속해야 했기 때문에 먼저 조앙철로 종점으로부터 연장하여 중동철로를 경과하여 북으로 치치하얼과 접속한 이후 제극철로의 부설에 착수하기 위한 계획을 수립하였다. 이에 교통총장 겸 동북교통위원회 위원장 상음괴는 인원을 파견하여 러시아당국과 철로 노선이 중동철로를 넘어 통과하는 문제를 둘러싸고 교섭을 진행하였다. 동시에 군경을 파견하여 공정대를 보호하였으며, 앙앙계역 부근에서 중동철로를 넘어 통과하는 계획을 수립하였다.

결국 러시아는 중국 측의 요구를 수용할 수밖에 없었으며, 제극철로와 중동철로가 교차하는 것을 승인하였다. 1928년 7월 먼저 삼간방에서 부설공사에 착수하여 중동철로 독판의 동의를 구하여 중동철로를 가로질러 유수둔(楡樹屯)을 거쳐 치치하얼에 이르는 30.4킬로미터를 부설하였으며, 동시에 유수둔으로부터 중동철로의 앙앙계역(昻昻溪驛)에 이르는 6.4킬로미터의 연락선을 부설하였다.

제앙 구간은 같은 해 12월 준공하여 열차를 개통하고 부설비용으로 총 120만 원을 지출하였다. 앙앙계로부터 치치하얼에 이르는 구간은 22킬로미터로서 1928년 10월 기공하여 1929년 1월 완공하였으며, 치치하얼에서 극산에 이르는 구간은 182킬로미터로서, 1928년 11월에 기공하여, 1930년 3월에 완공하였다. 영년에서 납합(拉哈)에 이르는 구간은 48킬로미터로, 1930년 10월 기공하여 1930년 11월에 완공하였다. 교통부와 요녕성, 흑룡강성 양성이 각각 40만 원씩을 부담하였으며, 철로 자재는 다른 철로로부터 빌려 왔다. 철로 부설 자금은 정태철로의 이윤으로 마련되었다.

이 당시 흑룡강성정부는 이 철로의 영년역(寧年驛)으로부터 납합에 이르는 48킬로미터의 철로를 부설하였으며, 1930년 11월에 열차를 개통하였다. 만주국 수립 이후 제극철로는 태안에서 극산과 접속하여 1932년 7월 준공하여 열차를 개통하였다. 이후 계속 연장하여 북안(北安)을 거쳐 호해철로의 연장선과 서로 접속하였으며, 다시 북쪽으로 연장하여 아이훈(瑗琿)까지 연장되어 흑룡 강안의 흑하(黑河)에 도달하였다. 제극철로에서 필요로 하는 객화차량은 모두 경봉철로가 제공하였다. 제극철로는 경봉철로와 흑룡강성정부가 공동 투자한 것으로서, 부설 자금이 620만 원에 달하였다. 제앙철로는 1928년 12월 개축이 완료되었으며, 총연장 30.4킬로미터에 달하였다. 제극철로는 만주사변 폭발전에 의안(依安)까지 개통되었으며, 총연장 128.9킬로미터에 달하였다. 나머지 26킬로미터는 완성되지 못한 상태였다.

연선의 극산이나 태안에서 제극철로가 개통되기 전에는 농산물의 반출이 대부분 안달(安達)에서, 반입은 하얼빈과 안달에서 이루어졌다. 눌하(訥河)나 눈강(嫩江)은 치치하얼을 경유하여 하얼빈에 이르는 루트를 통해 교역이 이루어져 왔기 때문에 철로가 개통되기 이전에 제극철로의 연선지역은 하얼빈의 영향력이 강했다. 그러나 제극철로가 개통된 후 물자는 철로를 통해 운송되었고, 그 방향도 동청철로(東清鐵路) 경유가 아니라 조앙철로(洮昻鐵路)[조남 - 앙앙계 구간, 1926년 개통]로 운송되는 물류 유통량이 증가하였다. 또 잡화 등의 반입지역도 사조철로(四洮鐵路), 조앙철로 경유가 증가하고 하얼빈 경유는 감소되었다.

제극철로의 개통으로 과거 치치하얼의 창구였던 앙앙계는 쇠퇴해 갔다. 게다가 1935년 중동철로가 명의상 만주국에, 실질상 일본에 양도된 이후 앙앙계는 통과역으로 전락하여 상업적 발전의 근거를 상실하고 말았다. 제극철로는 1933년 북안까지 연장되고, 북안 - 해륜(海倫) 구간도 1933년에 완성되면서 호해철로와 연결되고, 결국 치치하얼에서부터 하얼빈까지 반원 모양의 철로 노선이 완성되었다.

제극철로는 열차를 개통한 즉시 조앙철로, 사조철로 양 철로와 연운협정을 체결하고 흑룡강관은호(黑龍江官銀號)가 탁송하는 콩, 깻묵, 잡곡 등에 대해 운임의 할인을 실시하여, 남으로 대련이나 영구를 통해 수출할 수 있도록 하였다. 중동철로 서선의 각 역으로 운송되던 콩 등도 역시 제극철로, 조앙철로, 사조철로 등을 통해 남쪽으로 운송되었다.

1930년에 제극철로가 개통되고 1933년에 납빈철로가 개통되면서 하얼빈을 거점으로 하는 중동철로의 운송 분담률이 더욱 저하되었다. 이에 따라 북만주에서 상품의 운송을 담당해 왔던 중동철로의 독점적 지위는 한층 동요되었다. 이러한 사실은 "제극철로가 완공된 이후 북만주의 상품 운송을 흡수하면서 중동철로의 가치가 옛날과 같지 않다"라고 지적한 사실로부터도 잘 알 수 있다.

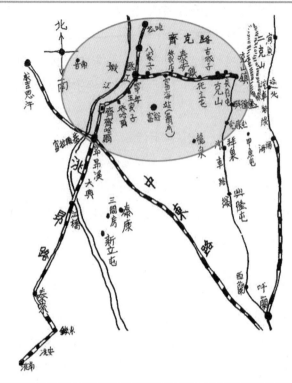

22-1 ●
제극철로 노선도

참고문헌

吳菊英, 「東北地區現存民國鐵路檔案簡介」, 『民國檔案』1996年 2期.

程維榮, 『近代東北鐵路附屬地』, 上海社會科學院出版社, 2008.

董說平, 『中日近代東北鐵路交涉研究』, 遼寧大學出版社, 2011.

孟曉光, 「民國初年東北官民自辦鐵路及對滿鐵鐵路的抵制」, 『東北師範大學學報』2009年 1期.

23장

농해철로(隴海鐵路)[농진철로(隴秦鐵路)]
서부지역과 연해지역을 잇는 동서 횡단철로

연 도	1928~1953
노 선 명	농해철로, 농진철로
구 간	영보(靈寶) - 서안(西安) - 보계(寶鷄)
레일 궤간	1.435미터
총 연 장	1,700킬로미터
기 타	

농해철로는 중국 간선철로 가운데 중요한 노선의 하나로서, 본래 명칭은 농진예해철도(隴秦豫海鐵道)이며, 이를 간략히 농해철로, 농진철로라 부른다. 서쪽으로는 감숙성(甘肅省)[농성(隴省)]의 난주(蘭州), 동쪽으로는 강소성(江蘇省)의 동해현(東海縣)[해주(海州)], 중간에 섬서(陝西)[진성(秦省)], 하남(河南)[예성(豫省)]의 두 성을 관통함으로써 동서교통의 대간선이라 할 수 있다. 농해철로는 감숙, 섬서, 하남, 강소의 4성을 거친다. 강소성 해안의 해주(海州), 해문(海門)을 출발하여 서주(徐州)로 나아가 이로부터 하남성으로 들어가서 개봉(開封), 낙양(洛陽)을 거쳐 관음당(觀音堂)에 이르고, 섬서성 동관(潼關), 서안을 거쳐 감숙성 난주에 이르는 총연장 약 1,700여 킬로미터의 대횡단철로라고 할 수 있다.

농해철로의 시초는 1905년에 착공하여 1909년에 개통된 낙양(하남) - 개봉[변량(汴梁)] 간의 변락철로(汴洛鐵路)이다. 변락철로는 원래 경한철로(京漢鐵路)의 배양선으로 부설되었으며, 1899년 철도독판 성선회의 상주로 부설된 노선이다. 이 노선은 1903년 벨기에철로공사로부터 2,500만 프랑의 차관을 도입하여 1905년에 에브레이(Ebray)의 감독하에 개봉에서부터 부설공사가 시작되었다. 그러나 곧 부설 자금의 부족으로 같은 회사로부터 재차 1,250만 프랑을 차입하였으며, 1907년에 다시 차관 1,600만 프랑을 차입하여 1909년에 비로소

隴 海 鐵 路 西 安 車 站

23-1 • 농해철로 서안역 전경

위: 농해철로 서안역 전경/ 아래: 농해철로 서안역 내부

출처: 「A BEAUTY SPOT IN THE NORTHWEST: 隴海鐵路西安車站」, 『竞樂華報』 10卷 47期, 1936, p.6(上海圖書館 《全國報刊索引》 數据庫).

개통되었다.

1915년에는 동단의 개봉 - 서주 구간과 서단의 낙양 - 관음당 구간이 개통되었으며, 1925년에 서주 - 해주 구간이 개통되었다. 투자액은 1931년 12월까지 1억 3,126만 5,169원에 달하였다. 농해철로 가운데 남경국민정부 성립 이전까지 완성된 노선은 동단인 개봉 - 해주 구간이 470킬로미터, 그리고 서단인 낙양 - 영보(靈寶) 구간이 170킬로미터였으며, 이를 바탕으로 국민정부 철도부 성립 이후 농해철로의 연장선 부설이 본격적으로 이루어졌다.

1932년 8월에는 영보 - 동관 사이의 72킬로미터가 개통되었으며, 동관 서쪽으로도 1931년 동관 쪽에서 착공하기 시작하여 1934년에 서안까지 개통되었다. 국민정부 철도부는 이 구간이 완성된 이후에 서안 서쪽의 보계(寶鷄)까지 연장하기로 결정하고, 서안 - 함양(咸陽), 함양 - 보계의 두 구간으로 나누어 공사를 진행하였다. 이를 위해 중국은행으로부터 500만 원을 차입하여 1935년 7월에는 서안 - 함양 구간을, 11월에는 함양 - 보계 구간의 노선을 준공하고, 12월 20일 전 구간의 개통을 눈앞에 두고 있었다.

그러나 서안사변으로 개통이 지체되어 1936년 11월에 이르러서야 보계까지 준공할 수 있었다. 한편 동쪽으로는 1921년 서주 - 해주 구간을 기공하여 1923년 2월에 운하(運河)[현재의 강소성 비주(邳州)]까지 약 72킬로미터를 준공하였다. 1925년 7월에는 운하 - 대포(大浦) 구간 114킬로미터를 준공하였다. 1932~1937년 동안에는 영동(靈潼), 동서(潼西), 서보(西寶)의 각 구간이 완성되었다.

① 변락철로(汴洛鐵路): 이 철로는 개봉[변양(汴梁)] - 하남[낙양(洛陽)] 간을 통하는 노선으로서 1903년, 1905년, 1907년의 세 차례에 걸쳐 철로독판 성선회와 벨기에전차철로공사와의 사이에 전후 4,100만 프랑(164만 파운드)의 차관계약이 체결되어 1908년에 이르러 개통되었다. 철로의 경영에서 얼마간의 이윤을 획득하기도 하였지만, 차관의 이자를 지불하기 급급하였고, 그 후 농해철로의 대차관이 성립되어 이전의 차관을 상환하고 농해철로의 한 구간이 되었다.

② 개서철로(開徐鐵路): 이 철로는 개봉 - 서주 간의 노선이다. 최초 1907년 하남성의 신상(紳商) 등이 발기하여 이른바 이권 회수의 견지에서 상판 하남철로공사를 조직하고 자본금 3,000만 원을 가지고 성내 여러 철로의 부설을 기획하였다. 이 철로도 그 가운데 하나였다. 일부 구간을 부설한 이후 국유로 편입되면서 농해철로의 구간으로 포함되었다. 1915년 개통되고 다음 해 1월 영업을 개시하였다. 서주에서 진포철로와 연결된다.

③ 낙동철로(洛潼鐵路): 이 철로도 처음에 하남철로공사가 1910년에 부설공사를 개시한 후에 농해철로의 일부가 되었다. 낙양 - 동관(潼關) 사이 연선에 위치한 의마(義馬)에는 탄광이 있어 하루에 약 400톤 정도의 석탄을 생

노선	철로	구간	총연장(리)
변락동선 (汴洛東線)	청해철로(淸海鐵路)	해문(海門) - 청강포(淸江浦) 해주(海州) - 청강포(淸江浦)	220 140
	서청철도(徐淸鐵道)	서주(徐州) - 청강포(淸江浦)	129
	개서철도(開徐鐵道)	서주(徐州) - 개봉(開封)	172
변락철로 (汴洛鐵路)	변락철도(汴洛鐵道)	개봉(開封) - 하남부(河南府)	115
변락서선 (汴洛西線)	낙동철로(洛潼鐵道)	하남부(河南府) - 동관(潼關)	134
	동서철로(潼西鐵路)	동관(潼關) - 서안(西安)	85
	서란철로(西蘭鐵路)	서안(西安) - 난주(蘭州)	북서로(北西路) 415 서로(西路) 440

산하여 이 철로를 통해 반출하였다.

④ 동서철로(潼西鐵路): 이 철로는 동관 - 서안 사이의 노선이다. 1905년 섬서철로공사가 부설권을 획득하여 당초 상판철로로 부설될 예정되었으나, 자금 모집이 원활하지 않아 공사에 미착수인 채로 국유로 귀속되어 마침내 농해철로의 일부가 되었다.

⑤ 서란철로(西蘭鐵路): 이 철로는 처음에는 섬서성, 감숙성 두 성의 합판사업으로 진행될 예정이었으나 이후 농해철로의 서단으로 편입되었다.

⑥ 서청철로(徐淸鐵路): 서주 - 청강포(淸江浦)[회음(淮陰)] 간의 노선이다. 1906년 이권 회수의 열기 속에서 강소성의 강소철로공사[소로공사(蘇路公司)]가 이 철로의 부설권을 획득하고 청간포 - 해주 간, 청강포 - 양자강 하안 사이의 각 노선과 더불어 부설이 계획된 노선이었다. 이후 국유화되면서 농해철로의 일부가 되었다.

농해철로와 차관관계

이 철로는 원래 각 구간마다 개별적으로 차관계약을 체결하였다. 1903년 이래 벨기에철로공사와 중국정부와의 사이에 3회에 걸쳐 성립된 변락철로차관 4,000만 프랑이 발단이었다. 이후 1912년 중국의 재정이 매우 어려운 상태에서 러시아가 프랑스와 함께 교묘하게 벨기에재단을 조종하여 제3국의 자본을 동원하였다. 같은 해 9월 농해철로 전 노선의 대차관 2억 5,000만 프랑(1,000만 파운드) 계약이 성립되었으며, 이후 1920년에 속차관이 성립되었다. 변락차관은 철로의 관리권과 함께 매년 순익 20퍼센트를 채권자 측에게 보장하는 등 중국 측에 불리한 조항이 다수 포함되어 있었다.

그러나 농해철로대차관 성립과 함께 변락철로차관을 상환하고, 철로 관리권도 중국으로 회수하였다. 기타 중국에 불리한 조항도 수정되었다. 차관은 10년 거치 후에 30년을 상환 기간으로 하였다. 중국은 독판을 임명하여 전권을 부여하고, 총공정사와 회계주임에는 프랑스인과 벨기에인을 임명하였다. 장래 지선을 부설할 경우에는 본 계약에 의거하여 벨기에전차철로공사에 우선권을 주기로 합의하였다.

1913년 이래 측량과 부설공사도 개시되었으나 1차대전이 발발하면서 자금 공급이 어려워지자 다시 중국은 임시로 2~3개의 임시차관을 도입하였다. 이후 1920년 5월에 농해속차관이 성립하고 이를 통해 1912년의 농해차관계약을 이행할 수 있었다. 1차대전 이후 프랑스, 벨기에 양국 이외에 네덜란드가 차관단에 참여하였고, 벨기에 측이 1억 5,000만 프랑, 네덜란드가 5,000만 프랑을 출자하기로 결정하였다. 벨기에 측은 관음당 서쪽지역의 부설공사와 관련하여 공사의 진척에 따라 여러 차례에 걸쳐 채권을 분할하여 발행하였다. 후자는 주로 서주의 동쪽지역의 철로 부설공사 및 해주 축항에 소요되는 자금을 제공하며, 3회에 걸쳐 공채를 발행하기로 합의하였다.

1928년 11월 중국국민당 제162차 정치회의는 철도부장 손과(孫科)가 제출한 '철로건설대강'을 통과시켜, 10년 내에 철로 3만 2,000킬로미터를 부설하고 이를 위해 매년 3,200킬로미터를 부설하는 대계획을 마련하였다. 그런데 이 계획을 실천하기 위한 관건은 역시 재원의 조달 문제였다. 1929년 1월 28일, 손과는 다시 국민당 중앙정치회의에 '경관양관축로계획'을 제출하였다. 이 계획의 골자는 영국, 러시아, 이탈리아 3국이 반환하는 의화단 배상금 가운데 3분의 2를 기금으로 하여 공채를 발행하여 철로를 부설하기 위한 경비로 충당한다는 것이었다. 여기서 손과는 관세 수입과 의화단 배상금을 가지고 우선적으로 농해철로의 동란 구간을 부설하는 데 할당하였다. 이와 함께 농해철로를 1934년까지, 월한철로(粤漢鐵路)를 1932년까지, 농수철로를 1937년까지 완공한다는 계획을 보고하였다. 더욱이 농해철로를 연장하여 섬서, 감숙, 신강, 청해(淸海)의 여러 성과 연결시키는 명실상부한 횡단철로의 부설 계획을 발표하였다.

1929년 3월 23일 국민당 3중전회는 중앙집행위원회가 제출한 '훈정시기경제건설실시강요방침안'을 통과시키고, 우선적으로 교통의 개발에 착수하기로 결정하였다. 동시에 이를 위해 5년 내 국가 총수입의 4분의 1을 철로 부설을 위해 투자하기로 의결하였다. 1931년 5월 2일, '국민당중앙 제3계 제1차 임시전체회의'는 장개석이 제출한 '실업건설정서안'을 통과시켰다. 여기에서도 철로 부설을 국민정부가 이후 6년 내에 완성해야 하는 우선적 과제로 설정하였다.

같은 해 11월 17일, 국민당 중앙정치회의는 '훈정시기 약법에 의거하여 국계민생규정으로 그 실시를 확정하는 방안'을 의결하였는데, 여기서 철로정책의 골자를 다음과 같이 확정하였다. 첫째, 현재의 철로를 정리하며, 둘째, 이미 절반의 공정이 진전된 농해철로, 월한철로 양 노선을 신속히 완공한다. 셋째, 광동에서 운남, 그리고 운남에서 사천, 그리고 사천에서 섬서에 이르는 노선을 농해철로와 연결시키는 철로를 조속히 부설한다.

1936년 이후 중국은행 총재 장가오가 새롭게 철도부장에 취임하여 5년 동안 8,000여 킬로미터의 노선을 신설하는 신철로계획을 수립하였다. 이것이 바로 1937년 3중전회에서 발표된 '경제건설5개년계획' 안에 포함되어 있는 '철로부설5개년계획'으로서, 장개석이 직접 제안한 것을 구체적으로 입안한 계획이다. 이는 당시까지 부설된 철로 노선의 약 2배에 이르는 방대한 규모였는데, 이

鐵 道 部 次 長 黎 照 寰 實 就 職

右爲鐵道部長孫科 左爲次長黎照寰

23-3 • 국민정부 철도부장 손과(孫科)와 철도부 차장 여조환(黎照寰)
출처: 『東方雜誌』 26卷 21號, 1929.11, p.1.

를 위해서는 대체로 8억 5,000만 원에서 9억 원에 이르는 부설비가 필요하였다. 주요한 노선은 주주(株州) - 귀양(貴陽), 보추(寶雛) - 성도(成都), 귀양 - 곤명(昆明), 성도(成都) - 중경(重慶), 남경(南京) - 귀원(貴湲), 광주(廣州) - 매현(梅縣), 형주(衡州) - 마평(馬平) 등이었다.

농해철로의 부설은 서북지역과 연해지역의 연계를 강화함으로써 감숙, 섬서, 청해 등 서북지역 각 성의 경제 발전에 기여할 뿐만 아니라 이 지역에 풍부하게 매장되어 있는 석유자원과 양모 등 축산제품의 운송에 크게 기여할 것으로 예측되었다. 경제적 효과뿐만 아니라 서북지역은 면적이 광활하고 민족과

23-4 • 철도부 직원 일동

출처: 『東方雜誌』 26卷 21號, 1929.11, p.1.

종교가 다종다양한 지역이기도 하였다. 또한 외몽골 및 티베트 등 지역과 인접
하여 유사시 농해철로는 서북교통의 중심으로서 국방의 수요에도 부응할 것으
로 예측되었다.

중화인민공화국이 수립된 직후인 1950년 4월에 천수(天水)에서 난주(蘭州)에
이르는 구간의 부설이 진행되어 1953년 7월에 완성되었다. 이로써 농해철로의
전 구간에서 열차의 개통이 가능하게 되었다. 1955년 이후 다시 정주(鄭州), 난
주, 서주, 상구(商丘), 서안, 보계 등에 대한 설비 복구공정이 계속 이루어졌다.
1956~1970년 정주에서 보계에 이르는 구간의 복선화 공정이 시작되었다.
1980년에는 정주에서 상구에 이르는 구간의 복선화 공사가 완료되었다.

▶ 23-5 • 농해철로 동관
    역(潼關驛)에서 열차를
    기다리는 승객들
    출처: 『東方雜誌』 34卷 1
        號, 1937.1, p.19.

▼ 23-6 •
농해철로 관리국인원
출처: 「隴海鐵路管理局」,
    『禮拜六』 656期, 1936,
    p.26(上海圖書館《全
    國報刊索引》數据庫).

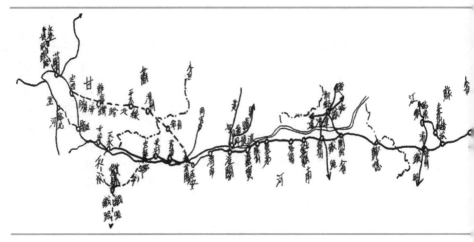

23-7 ● 농해철로 노선도

참고문헌

「A BEAUTY SPOT IN THE NORTHWEST: 隴海鐵路西安車站」, 『竞樂華報』 10卷 47期, 1936.

『東方雜誌』 26卷 21號, 1929.11.

『東方雜誌』 34卷 1號, 1937.1.

「隴海鐵路管理局」, 『禮拜六』 656期, 1936.

金志煥, 「中國國民政府 鐵道部의 成立과 隴海鐵道」, 『東亞研究』 49, 2005.8.

胡勇, 「隴海鐵路對西安城市發展的影響(1934-1949)」, 『史學月刊』 2013年 5期.

郭海成, 「隴海鐵路與近代關中經濟發展論析: 1931-1945」, 『蘭州學刊』 2008年 10期.

張忠廣, 「隴海鐵路中東段的修建和沿線地區社會經濟的變遷」, 『安徽大學學報』 2012年 1期.

王靜, 「民國時期隴海鐵路對咸陽城市化的影響」, 『洛陽師範學院學報』 2006年 1期.

譚剛, 「隴海鐵路與陝西城鎮的興衰」, 『中國經濟史研究』 2008年 1期.

24장

조색철로(洮索鐵路)

군운(軍運)과 황무지 개발을 위해 부설한 중·소 국경철로

연　　도	1929~1935
노 선 명	조색철로, 백두철로(白杜鐵路)
구　　간	조안(洮安)[백성자(白城子)] - 색륜(索倫)
레일 궤간	1.435미터
총 연 장	190.8킬로미터
기　　타	

조색철로는 조앙철로(洮昻鐵路)의 조안역(洮安驛)[백성자(白城子)]으로부터 시작하여 흑룡강의 색륜(索倫)에 도달하는 총연장 170킬로미터의 노선으로서, 일찍이 일본이 장작림에게 요구한 노선 가운데 하나이다.

일찍이 1912년에 원세개는 일본이 요구한 만몽5로에 대한 권리를 승인하였다. 만몽5로에는 사정철로(四鄭鐵路)[사평가(四平街) - 장가둔(鄭家屯)], 정조철로(鄭兆鐵路)[정가둔 - 조남(洮南)], 개해철로(開海鐵路)[개원(開原) - 해룡(海龍)], 길해철로(吉海鐵路)[길림(吉林) - 해룡], 조열철로(洮熱鐵路)[조남(洮南) - 열하(熱河)] 등이 포함된다.

북양정부는 '사정철로차관합동'을 체결하였으며, 뒤이어 '길장철로속차관합동', '길회철로차관예비합동', '만몽4철로차관예비합동' 등을 체결하였다. 일본은 총 3,600만 원에 달하는 차관계약을 체결함으로써 길장철로의 부설을 남만주철도주식회사에 위탁하여 관리하는 권한과 길회철로의 부설권, 해룡 - 길림, 장춘(長春) - 조남, 조남 - 열하의 한 지점에서 항구에 이르는 만몽4로의 부설권 등을 획득하였다. 그러나 이후 정세가 급변하자 일본과의 차관계약은 그대로 실행되기 어렵게 되었다. 이에 일본은 동북군벌인 장작림을 협상 파트너로 간주하여 그로부터 철로 부설권을 획득할 계획을 수립하였다.

이후 장작림이 동삼성의 자치를 선포하자 일본은 북경정부를 제쳐두고 장작림과 정조철로의 부설을 둘러싸고 협상을 진행하였다. 남만주철도주식회사 총재 야마모토 조타로(山本條太郎)는 장작림에게 일본의 차관을 도입하는 조건으로 돈화(敦化)에서 도문(圖們), 장춘에서 대뢰(大賚), 길림에서 오상(五常), 조남(洮南)에서 색륜(索倫), 연길(延吉)에서 해림(海琳)에 이르는 다섯 노선의 철로 부설권을 요구하였다. 쌍방은 남만주철도주식회사가 먼저 800만 원 상당의 공정비용을 지불하기로 합의하였으며, 1923년 정조철로의 전 노선이 개통되었다. 협상 결과에 고무된 일본은 1925년 9월 남만주철도주식회사가 '만몽철로망계획'을 수립하도록 하였으며, 이는 1925년부터 20년 내에 총 35개 노선의 총 8,828킬로미터에 달하는 만몽 철로 네트워크를 부설한다는 내용이었다.

그러나 이러한 사실이 알려지면서 동북 민중들의 강력한 저항이 나타났다. 동북지역에서는 이권회수운동이 전개되었으며, 여순과 대련 조차지의 회수, 불평등조약 폐지 등의 요구가 터져 나왔다. 여론은 연일 일본의 침략행위와 장작림의 친일행위를 폭로하였다.

이러한 분위기 속에서 장작림은 일본의 반대가 있더라도 자신이 설립한 동삼성교통위원회에게 동북철로망의 부설 계획을 수립하라고 지시하였다. 장작림은 외자의 도입 없이 자력으로 봉해철로(봉천 - 해룡), 길해철로(길림 - 해룡), 타통철로(打通鐵路)[타호산(打虎山) - 통요(通遼)] 등의 철로를 부설하였다. 이와 함께 동북지역의 양대 간선 철로의 부설에 착수하였다. 하나는 호로도(葫蘆島)에서 통요, 치치하얼(齊齊哈爾)을 거쳐 아이훈(瓊琿)에 이르는 서부간선이며, 다른 하나는 경봉철로와 연계하여 해룡과 길림을 거쳐 가목사(佳木斯)에 이르는 동부간선이었다. 일본은 여러 차례 이들 철로가 일본 소유의 남만주철로와 병행함으로써 일본의 이익을 침해한다고 항의하였으나 장작림은 이를 수용하지 않았으며, 결국 장작림과 일본의 관계는 날로 격화되었다.

장작림이 철로를 부설하려는 목적은 첫째가 군운(軍運)이고, 둘째가 황무지 개발이었으며, 셋째가 교통 운수의 편의 및 물류 유통의 확대, 그리고 이를 통한 지역경제의 발전에 있었다. 1928년 군벌전쟁이 일단락되면서 동북당국은 삼림과 광산이 풍부한 조남과 색륜 지방에서 둔병간전(屯兵墾田, 변경에 주둔하며 평상시에는 농사를 짓게 하는 제도)을 실시하기로 결정하였다. 더욱이 이 지역은 소련과 국경을 마주하고 있어 전략적으로도 철로 부설이 매우 중요하였다. 1929년 5월 철로의 부설 공정에 착수한 직후 동북교통위원회의 지시에 따라 조색철로공정국을 설립하였다. 이 철로는 원래 현지에서 관상합판으로 부설될 예정이었으나, 조남의 상민들 사이에서 자본의 모집이 순조롭지 못하여 결국 관영으로 변경되었다. 아울러 기점을 조남으로부터 조안(洮安)[백성자(白城子)]으로 변경하였다.

1928년 6월 4일 장작림과 흑룡강독군 오준성(吳俊聲)이 북경으로부터 봉천으로 돌아오는 길에 폭사한 이후 장학량은 산해관으로부터 봉천으로 귀임하여 동삼성총사령을 계임하였다. 1928년 10월 남만주철도주식회사가 동북 당국에 장대철로(長大鐵路), 길회철로의 부설권을 요구하자 10월 3일 장학량은 장작상(張作相) 등과 협의한 끝에 일본의 만몽5로 부설의 요구를 받아들이지 않기로 결정하였다. 이후 일본은 계속해서 장학량에게 만몽에서의 철로 부설과 관련된 권리를 요구하였으나, 장학량은 이 문제가 중앙정부와 협의해야 할 사안이라며 시종 받아들이지 않고 지연시켰다.

이러한 가운데 1928년 10월 26일 길림에서는 2만여 명의 학생, 시민이 집회를 개최하여 일본의 길회철로, 장대철로의 부설에 반대한다는 의사를 표명하였다. 이후 장학량은 적극적으로 철로를 바탕으로 신동북(新東北)의 건설에 전면적으로 착수하였다. 1928년 7월부터 1931년 9월에 이르기까지 동북교통위원회는 제앙철로, 제극철로, 조색철로 등 세 철로의 부설에 착수하였으며, 심해철로 연장선과 호해철로 북단, 길해철로의 선로 보수작업을 완료하였다. 이 가운데 조색철로는 흥안구(興安區) 둔간공서(屯墾公署)가 예산을 편성하고 경봉철로국이 자금을 지원하여 부설된 것이다.

조색철로의 연선지역은 황무지가 많아 개발의 여지가 많이 남아 있었다. 또한 남흥안령(南興安嶺)은 외몽골 및 소련과 근접해 있어 변경의 방비를 위해서라도 매우 중요하였다. 그리하여 11월에 '흥안구둔간공서(興安區屯墾公署)'를 설

24-1 • 조색철로의 부설 공정과 운행

위: 조색철로 부설 공정 모습/ 아래: 조색철로 노선을 운행하는 열차

출처: 「建築中之洮索鐵路」, 「屯墾」 2卷 1期, 1930, p.4(上海圖書館 《全國報刊索引》 數据庫).

립하고 군대를 파견하여 개간하도록 하였다. 1929년 9월 조색철로공정국을 설립하고 경봉철로국으로부터 매월 10만 원을 부설을 위한 공사비로 지원받았다. 철로의 부설 자재 역시 경봉철로국이 지원하였다. 1929년 8월 15일 조색철로는 조안에서 정식으로 기공식을 개시하고, 1930년 2월에 레일을 부설하기 시작하여 12월 말에 84킬로미터를 완공하였다. 부설비용은 60만 원이 편성되었다.

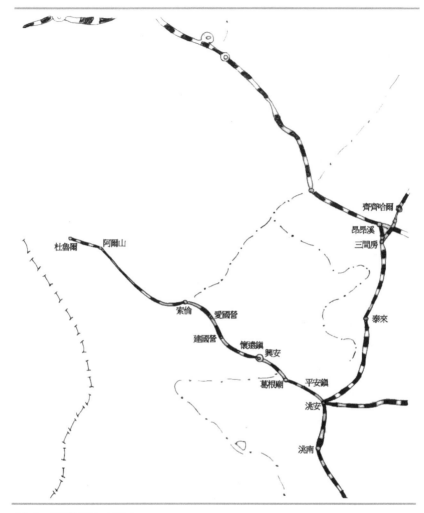

24-2 • 조색철로 노선도 1

조색철로는 조안(백성자)에서 색륜에 이르는 구간의 철로이다. 당초 조남이 출발역으로 지정
되었으나 이후 조안(백성자)로 변경되었다.

전선의 열차역은 조안(洮安), 평안진(平安鎭), 갈근묘(葛根廟), 회원진(懷遠鎭),
건국영(建國營), 애국영(愛國營), 색륜 등 7개로, 총연장 170킬로미터에 달하였
다. 필요한 객화차량은 동삼성병공창의 차량창 등에서 일부를 건조하고, 나머

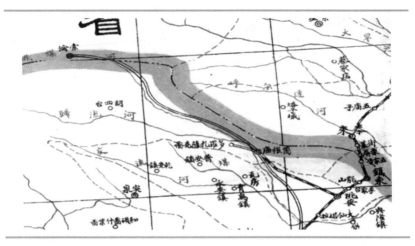

24-3 • 조색철로 노선도 2

지는 북녕철로로부터 임대하였다. 장학량은 연선에서 철로 부설의 안전을 보장하기 위해 특별히 조료진수사(洮遼鎭守使) 장해붕(張海鵬)을 조색경비사령(洮索警備司令)으로 임명하고, 8월 26일 정식으로 경비사령부를 설립하였다. 동북교통위원회는 1929년 9월 9일 조색철로공정국을 설립하였다. 전 제극철로총공정사인 장괴은(張魁恩)이 조색철로공정국 국장으로 취임하였다.

조색철로는 기공 이후 공정이 순조로웠다. 1930년 6월 조안에서 평안진 구간이 완공되었으며, 7월 20일 갈근묘까지 부설되었다. 만주사변 폭발 이전까지 남으로는 조안, 북으로는 회원진(내몽골 후허하오터) 구간에 정식으로 열차를 개통하였다. 1929년에 부설에 착수하여 조안(백성자) - 회원진 구간이 개통되었고, 색륜까지 부설된 것은 만주국 시기인 1935년이었다.

회원진 서쪽의 철로는 부설 도중에 만주사변이 발발하여 일본이 동북지역을 점령함에 따라 공사가 일시 중단되었다. 만주국 수립 이후 색륜을 거쳐 두로이(杜魯爾)로 이르는 노선이 계속 부설되었다. 조안에서 두로이까지 총연장 376킬로미터였으며, 백두철로(白杜鐵路)라고도 불렸다. 그 후 다시 연장되어 1937년에는 온천(溫泉)[아이산(阿爾山)]까지 부설되었다. 조색선 연선은 왕야묘

(王爺廟)까지는 농경지가 존재했지만 왕야묘의 서쪽은 대흥안령(大興安嶺)* 산지여서 농업보다는 임업, 목축업에 적당한 지역이었다. 또한 만주국시기인 1935년 조안(백성자)과 장춘을 연결하는 철로[경백선(京白線)]가 개통되어 장춘의 상권이 만주 서부지역으로 확장되었다.

참고문헌

「建築中之洮索鐵路」, 『屯墾』 2卷 1期, 1930.

程維榮, 『近代東北鐵路附屬地』, 上海社會科學院出版社, 2008.

董說平, 『中日近代東北鐵路交涉硏究』, 遼寧大學出版社, 2011.

吳菊英, 「東北地區現存民國鐵路檔案簡介」, 『民國檔案』 1996年 2期.

那仁滿都拉, 「四洮鐵路的修建及其影響初探」, 『內蒙古大學學報』 2011年 1期.

孟曉光, 「民國初年東北官民自辦鐵路及對滿鐵鐵路的抵制」, 『東北師範大學學報』 2009年 1期.

----

* 중국 동북지방의 홍안령(興安嶺)은, 서쪽을 북동방향으로 달리는 1,200킬로미터의 대흥안령과 북부에서 남동방향으로 흑룡강을 따라 달리는 400킬로미터의 소흥안령으로 나뉜다.

25장

절공철로(浙贛鐵路)

호항용철로와 월한철로를 잇는 동서의 간선철로

연 도	1930~1937(1937년 9월 개통)
노 선 명	절공철로
구 간	옥남단(玉南段): 옥산(玉山) - 남창(南昌) 남평단(南萍段): 향당(向塘) - 평향(萍鄕)
레일 궤간	1.435미터
총 연 장	1,008킬로미터
기 타	항강철로(杭江鐵路)[항주(杭州) - 강서옥산(江西玉山)]의 연장선

절공철로는 장강의 남쪽 호항용철로(滬杭甬鐵路)의 항주(杭州)와 월한철로(粤漢鐵路)의 주주(株洲)를 연결하는 동서의 간선철로이다. 이 노선은 항강철로(杭江鐵路), 옥남철로(玉南鐵路), 남평철로(南萍鐵路) 및 주평철로(株萍鐵路)의 4구간으로 구성되는 총연장 950킬로미터로서, 중일전쟁이 발발한 직후인 1937년 9월에 완공되었다. 절공철로는 절강(浙江), 강서(江西), 호남(湖南)의 3성 및 항주, 남창(南昌)의 두 성회(省會)를 관통하는 동서교통의 대간선이라고 할 수 있다.

절공철로[항주 - 평향(萍鄕)]는 항강철로[항주 - 강서옥산(江西玉山)]가 발전해 온 것이다. 일찍이 1928년 11월 장정강(張靜江)이 절강성정부 주석으로 부임한 이후 절강지역의 교통을 개선하기 위해 절강성을 횡단하는 철로를 부설하기로 결정하고, 항주에서 강서성 옥산(玉山)에 이르는 노선을 우선적으로 부설하기로 하였다. 항주에서 소산(蕭山), 제기(諸暨), 의오(義烏), 금화(金華)를 거쳐 난계(蘭溪)에 이르는 구간을 우선 부설하기 위해 성정부가 365만 원을 지원하였다. 완공 이후 종점인 강산(江山)의 이름을 따서 항강철로(杭江鐵路)라 명명하였다.

1931년 절강성정부는 월 1분(分)의 고(高)이율로 항주중국은행, 절강흥업은행, 절강농공은행, 절강지방은행 등 네 은행이 조직한 은행단으로부터 360만 원을 차입하였다. 이 구간의 철로는 1930년 9월에 착공하였으며 1932년 3월

25-1 • 절공철로 기공식과 운행

개통식 기념사진에서 앞에 앉아 있는 사람이 절공철로의 부설을 주창한 장정강이며, 그 왼쪽에 서 있는 사람이 절강성정부 주석이다.

출처:「交通網: 浙贛鐵路開工典禮」,『浙江省建設月刊』10卷 11期, 1937, p.1(上海圖書館《全國
　　報刊索引》數据庫).

준공하고 열차를 개통하였으며, 총연장 195킬로미터에 달하였다. 1932년 11월 다시 금화에서 옥산에 이르는 구간의 철로 부설에 착공하여 다음 해 12월에 준공하였으며 총연장 163킬로미터에 달하였다.

이 사이 절강성정부는 항주전창(杭州電廠)을 항주의 기신은단(企信銀團)에 양도하여 100만 원을 조달하고, 항주사은행으로부터 다시 220만 원을 차입하였으며, 이 밖에 중영경관동사회로부터 20만 파운드를 차입하여 해외로부터 부설 자재를 구입하는 용도로 지출하였다. 부설비용은 1킬로미터당 3만 9,000원에 지나지 않았다.

항강철로가 개통된 이후 철로가 강서성 성계(省界)에 위치한 옥산에까지 이르자 강서성에서도 사회경제적으로 큰 효과가 발생하였다. 강서성정부는 강서성이 절강성에 비해 빈곤하여 자체적인 재원으로 철로를 부설하기 어렵다고 판단하여 절강성 측에 공동으로 철로를 부설하자고 제안하였다. 이를 통해 항

25-2 • 절강성 주석 장정강

출처: 中国名人录 第四版, 上海密人氏 评
论报, 1931, p.8.

강철로를 연장하여 옥산에서 남창으로 나아가고 남창에서 다시 평향(萍鄕)으로 연장하여 장차 주평철로 및 월한철로와 상호 연결하자는 내용이었다. 마침내 국민정부 철도부의 승인을 얻어 강서성정부는 항강철로를 절공철로로 변경하려는 계획을 수립하였다. 남경국민정부로서는 강서성 변경은 공산당이 발호하는 지역으로서 철로가 완공될 경우 군사 운수에 편리하여 공산당 세력의 토벌에 유리하다고 판단하였다.

1934년 3월 항강철로국(杭江鐵路局)은 옥산에서 평향에 이르는 노선을 연장 부설하여 절강성, 강서성 양성을 연결하기 위한 목적에서 성정부의 동의를 얻고 철도부의 비준을 득하여 연합공사를 조직하였다. 철도부 및 중국농민은행이 자금을 분담하여 5월에 항강철로국을 절공철로국(浙贛鐵路局)으로 변경하였다.

1934년 5월 철도부는 1,200만 원 상당의 '1934년 제1기 철로건설공채'를 발행하고 6월 다시 재정부와 협의하여 1,200만 원 상당의 '1934년 옥평철로공채(玉萍鐵路公債)'를 발행하였다. 1936년 2월 철도부는 다시 2,700만 원 상당의 제2기 철로건설공채를 발행하여 세 공채는 도합 5,100만 원에 달하였다. 중앙은행, 중국은행, 교통은행의 세 은행으로 조직된 은행단이 원금과 이자를 지불하는 기관이 되었으며, 현금 1,800만 원을 담보로 설정하였다. 이들 은행단은 각각 1934년 3월과 1936년 2월 독일독점자본집단으로부터 차관 800만 원과 1,000만 원을 차입하여 국외로부터 자재를 구입하기 위한 자금으로 사용하였다.

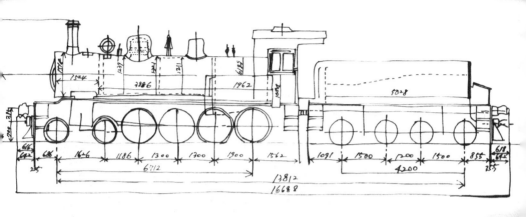

25-3 ● 절공철로 기관차[401호(號) 4-8-0식(式)] 설계도

절공철로 옥평구간은 옥남(玉南)과 남양(南萍)의 두 구간으로 나누어 부설하였다. 옥남 구간은 1934년 7월 기공하였다. 1936년 1월 옥남구간이 준공되고 남평구간이 동시에 기공하였다. 1937년 9월 옥평의 전 구간이 완공되었다. 옥평구간의 건축설계 표준이 비교적 높아 절공 전선의 연운을 편리하게 하기 위해 1937년에 항강(杭江) 구간의 레일을 중궤(重軌)로 교체하였다. 이에 이르러 호항용철로, 월한철로의 양 철로 간선과 연결되어 절강, 강서의 양성을 넘나드는 총연장 980킬로미터의 절공철로 전선에 걸쳐 열차가 개통되었다.

평향에서 주주에 이르는 구간은 원래 월한철로의 일부였는데, 철도부가 이 구간을 절공철로국의 관할로 이관하였다. 이 당시 전당강대교(錢塘江大橋)의 가설이 이미 완료되어 항주역에서 주주에 이르는 구간을 절공철로라 명명하였으며, 지선을 포함하여 총연장 1,008킬로미터에 달하였다.

옥산에서 평향에 이르는 구간은 총연장 550킬로미터로서 부설비용이 3,700만 원에 달하였다. 이 가운데 국외로부터 자재를 구매하는 비용으로 1,800만 원이 소요되었다. 그리하여 철도부, 절강성, 강서성정부 및 상해중국은행단의 4자(者)가 1934년 3월 절공철로연합공사(浙贛鐵路聯合公司)를 조직하여 두진원

25-4 • 절공철로국과 절공철로의 운행
위: 절공철로 강산역(江山驛)의 열차
아래: 절공철로 기기창 전경
출처: 瑞濤, 「浙贛鐵路剪影: (上右)發號施令之浙贛路局大門」, 『交通雜志』 3卷 3期, 1935, p. 1
　　 (上海圖書館 《全國報刊索引》 數据庫).

(杜鎭遠)을 국장 겸 총공정사로 임명하였다. 한편으로는 국내에서 내채를 발행하고 다른 한편으로는 투자 의향을 가지고 있던 독일재단으로부터 차관을 도입하여 철로의 부설 자금으로 충당하였다. 옥산에서 남창에 이르는 철로의 부설 계획을 수립한 이후 옥남 구간은 1936년 1월 준공되었으며, 다음 해 9월 다시 남창에서 평향에 이르는 구간을 부설하였다. 63파운드 중량의 레일로 부설되었으며, 1937년 9월 완공되어 열차가 개통되었다.

25-5 ● 절공철로 휘장

이와 별도로 철도부는 월한철로의 주주에서 평향에 이르는 지선을 이 철로의 관할로 귀속하였다. 그리하여 동으로는 항주의 건너편 기슭인 강변(江邊)과 호항용철로를 연결하고, 서로는 호남의 임주(株州) 및 월한철로와 연결하여, 자본이 집중된 동남지역을 관통하는 주요한 간선이 되었다. 더욱이 주평철로(株萍鐵路)가 이미 1905년에 열차를 개통된 상태였다. 이로써 절공철로와 월한철로가 서로 연결되어 장강 남쪽 기슭 최대의 교통 간선이 되었다. 절공철로는 동남지역 사회경제의 변화와 발전에 크게 기여하였다.

전 노선이 개통된 지 3개월도 안 되어 항주가 함락되자 국민정부는 일본군의 남침을 저지하기 위해, 전당강대교 및 항주에서 미지(眉池) 사이 구간의 레일을 파괴하도록 중국군대에 명령하였다. 이후 기타 구간도 전황이 불리해지면서 속속 파괴되었다. 비록 많은 구간이 파괴되기는 하였지만 일부 구간에서는 열차의 개통이 이루어져 중일전쟁 발발 이후 항전에 크게 기여하였다. 1938년 초 장강의 수로가 전쟁의 영향으로 운송로로서 역할을 수행하기 어렵게 되자 이후 5년 정도의 기간에 절공철로는 장강 수로를 대신하여 동서교통의 간선 역할을 수행하였다.

특히 절공철로의 화물 운수는 쌀과 소금이 대종이었다. 절강 지역은 소금 생

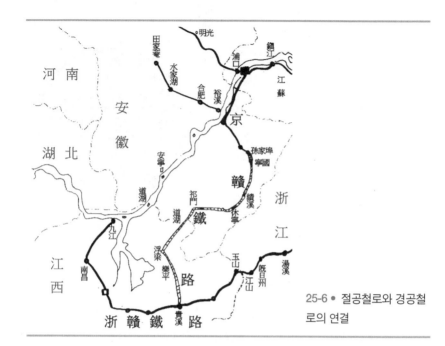

25-6 ● 절공철로와 경공철
로의 연결

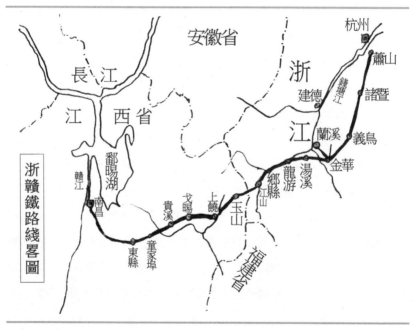

25-7 ● 절공철로 노선도 1

25-8 ● 절공철로 노선도 2

출처: 「浙贛鐵路路線位置圖(二十四年十月二十日)」, 『浙贛鐵路月刊』 2卷 8期, 1936, p.1(上海圖書館《全國報刊索引》數据庫).

산으로 유명하였으나 인구가 많은 반면 토지가 협소하여 식량이 늘 부족하였다. 반면 강서, 호남 등 후방의 경우 식량 생산은 충분하되 식염이 부족하였다. 따라서 절공철로는 이들 양 지역의 부족함을 철로 운송을 통해 상호 보충하는 중요한 역할을 하였다. 절공철로는 병력 및 군수품의 수송뿐만 아니라 강남 일대의 생산품을 운송함으로서 이 지역의 사회경제 발전에 크게 이바지하였다.

2차대전 종결 직후에는 항주에서 제기(諸暨) 강산(江山)에서 상요(上饒) 사이의 구간에서만 열차가 통행하는 정도였다. 이에 1946년 국민정부는 철로의 복구에 착수하여 1948년 12월 전선에 걸쳐 열차를 개통하였다. 중화인민공화국 수립 이후 상해철로국은 철로의 개조계획을 수립하고 먼저 구(舊)레일을 1미터당 중량 43킬로그램 및 50킬로그램으로 교체하였다. 일부 구간에서는 60킬로그램으로 교체하기도 하였다. 이와 함께 임시방편으로 가설해 둔 교량도 모두 새로 교체하여 선로의 주행 속도를 제고하는 데 힘썼다. 이러한 결과 대형 기관차의 주행도 가능하게 되었다.

참고문헌

「交通網: 浙贛鐵路開工典禮」,『浙江省建設月刊』10卷 11期, 1937.

瑞涛,「浙贛鐵路剪影: (上右)發號施令之浙贛路局大门」,『交通雜志』3卷 3期, 1935.

「浙贛鐵路路線位置圖(二十四年十月二十日)」,『浙贛鐵路月刊』2卷 8期, 1936.

尹承國,「修築浙贛鐵路始末」,『江西社會科學』1983年 4期.

簡笙簧,「抗戰時期東南交通幹線: 浙贛鐵路」,『抗戰建國史硏討會論文集 1937-1946』上, 1985.

丁賢勇,「浙贛鐵路與浙江中西部地區的發展: 以1930年代爲中心」,『近代史硏究』2009年 3期.

萩原充,「南京國民政府の華中,華南鐵道建設と日本: 浙贛,京粤各鐵道建設をめぐって」,『經濟學硏究』48卷 3號, 1999.

26장

돈도철로(敦圖鐵路)

길림에서 한·중 국경 두만강에 이르는 변경철로

연 도	1932~1933(1933년 9월 1일 개통)
노 선 명	돈도철로
구 간	돈화(敦化) - 도문(圖們)
레일 궤간	1.435미터
총 연 장	210킬로미터
기 타	길장철로(吉長鐵路)의 연장선

돈도철로는 길림성 돈화현 현성인 돈화에서 한국 북부의 국경인 도문강(두만강)에 이르는 총연장 210킬로미터의 노선으로 길장철로의 연장선이다. 길돈철로는 총 15개 역을 포함하며, 종점 돈화에서 노두구(老頭溝), 연길(延吉)을 거쳐 도문(圖們)에 도달하였다. 남만주철도주식회사에 의해 부설이 진행되었으며 1932년 5월에 기공하여 1933년 8월에 준공하였다. 돈도철로는 만주사변 이후 남만주철도주식회사가 가장 먼저 부설에 착수할 정도로 일본의 대륙 침략정책에서 중요한 위치를 차지하는 노선이라 할 수 있다. 돈도철로의 완공은 길회철로(京圖鐵路)[경도철로(京圖鐵路)] 전체 노선의 완공을 의미하였다.

돈도철로 부설을 위해서 남만주철도주식회사에서 길장, 길돈철로관리국으로 총공정사를 1명 파견하여 노선의 측량을 실시하였다. 돈도선을 부설하기 위한 답사가 시작된 것은 일찍이 1911년 8월이었다. 이후 1918년 3월부터 5월에 걸쳐 재차 대대적인 답사를 계획하였지만, 중국관민의 반대에 직면하여 순조롭게 진행되지는 못하였다. 만주사변 직후인 1931년 12월에 이르러서야 비로소 실측을 개시할 수 있었다.

1931년 12월 관동군은 돈화 - 도문 간의 철로를 조속히 부설하여 완공하도록 남만주철도주식회사에 지시하였다. 이에 따라 남만주철도주식회사는 측량

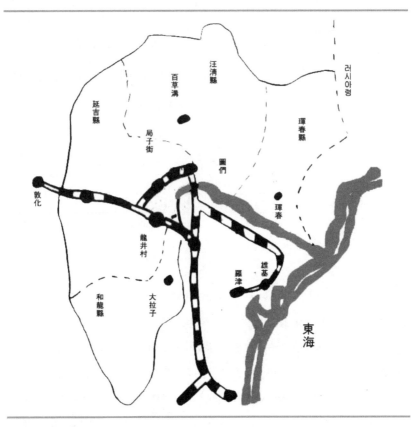

26-1 ● 돈도철로 노선도

및 부설 자재를 신속하게 수송하기 위해 3개 측량대를 구성하고, 제1대는 1931
년 12월 3일, 제2대와 제3대는 같은 달 6일에 장춘을 출발하여 각각 측량을 개
시하였으며, 1932년 3월 24일에 이르러 측량을 완료하였다.

　측량에 기초하여 1932년 4월 1일부터 약 3주간에 걸쳐 노선의 설계를 완성
하였다. 전 노선을 8개 공구로 나누어 1932년 5월 부설공사에 착수하였다. 토
목 공정을 위해 동원된 노동자 수는 일본인이 2만 3,400명, 조선인이 32만
2,600명, 중국인이 128만 9,900명이었다. 그러나 고된 작업으로 노동자들의 근
무지 이탈이 심해지자 어쩔 수 없이 점차 현지 촌민 중에서 노동자를 모집할

수밖에 없었다. 1932년 8월 돈화로부터 레일을 부설하기 시작하여 1933년 4월 20일 전 노선의 부설을 완료하였다. 1933년 8월 말 전선이 준공되어 9월 1일 영업을 개시하였다.

도문은 1931년 시점에서는 인구 1,700명의 작은 마을일 뿐이었지만, 길회철로가 개통된 이후 인구가 1935년에는 2만 8,000명으로 4년간 약 16배나 급증하였다. 돈도철로의 완성은 사실상 길회철로 전 노선의 완성을 의미하였으며, 기존 북만주에서 중동철로를 중심으로 하는 물류 루트를 대신하여 새로운 유통망이 형성되었음을 의미하기도 하였다.

참고문헌

「敦圖鐵路全通后之延邊: 昔日之"間島"陰謀今已完全實現」, 『行健月刊』 2卷 6期, 1933.
李之吉, 「中國東北近代敦圖鐵路站房建築研究」, 『四川建材』 2017年 3期.
李力, 「長圖鐵路建設始末」, 『社會科學戰線』 2011年 5期.
程維榮, 『近代東北鐵路附屬地』, 上海社會科學院出版社, 2008.
董說平, 『中日近代東北鐵路交涉研究』, 遼寧大學出版社, 2011.

27장

납빈철로(拉濱鐵路)

북만주와 남만주철로를 연결하여 중동철로를 견제하는 철로

연 도	1932~1934
노 선 명	납빈철로
구 간	납법(拉法) - 빈강(濱江)
레일 궤간	1.435미터
총 연 장	265킬로미터
기 타	

납빈철로는 납법(拉法)에서 하얼빈에 이르고, 중동철로를 가로질러 하얼빈 건너의 호란(呼蘭)에서 해륜으로 통하는 호해철로와 연결됨으로써 북만주 물류의 상당 부분을 분담하는 노선이다. 납빈철로는 만주의 핵심지역을 관통하여 전략적으로 매우 중요한 노선으로서, 총연장 265킬로미터에 달하였다. 납법을 출발하여 신참(新站), 육가자(六家子), 마안산(馬鞍山), 상영(上營), 소성(小城), 육도령(六道嶺), 사가방(四家房), 수곡류(水曲柳), 평안(平安), 산가둔(山家屯), 두가(杜家), 오상(五常), 안가(安家), 배음하(背蔭河), 납림(拉林), 우가(牛家), 주가(周家), 평방(平房), 손가(孫家)를 거쳐 삼과수(三課樹)에 도달하였다.

일본제국주의는 만주국 수립 직후 우선적으로 완공해야 할 주요 철로 노선을 공포하였는데, 이 계획에 포함된 노선 가운데 하나가 바로 납빈철로였다. 만주국은 1933년 3월 1일 우선적으로 부설해야 할 철로 노선으로서 ① 돈화 - 도문강 노선, ② 납법 - 하얼빈 노선(즉 납빈철로), ③ 태동 - 해륜 노선을 공포하였다.

하얼빈의 발전은 중동철로의 부설 및 발전과 불가분의 관계를 가지고 있었다. 하얼빈은 중동철로가 부설되기 시작한 1898년 이전에는 송화강 연안에 위치한 작은 촌락에 지나지 않았다. 그러나 중동철로가 부설된 이후 대련으로 향하는 지선의 분기점이 되었으며, 중동철로의 발전과 더불어 대규모 시가지가 건설된 후 인구가 급증하였다. 1903년에는 4만 명을 넘어섰으며, 1930년대에는 50만 명의 대도시로 성장하였다. 특히 하얼빈은 중동철로 및 송화강의 수운을 이용할 수 있는 동북지역의 거점이자 북만주의 상업 중심지였으며, 이에 힘입어 세계 각국의 무역업자가 다투어 사무소를 개설하는 국제적 도시로 성장할 수 있었다. 러시아는 중동철로를 부설한 이후 수차례의 운임 할인과 인하를 통해 북만주의 농산물을 적극 흡수하는 정책을 시행해 왔다. 중동철로의 화물 운송량은 1903년까지는 매년 약 40만 톤이었지만, 1929년에는 약 560만 톤에 달하여 약 13배의 증가를 보였다. 화물은 농산물, 특히 콩의 비율이 높아 발송량의 절반 정도를 차지하였다.

납빈철로의 부설은 중동철로의 견제에 주요한 목적이 있었으며, 이를 통해 중동철로의 물류 유통을 상당 부분 흡수함으로써 해당 철로의 세력을 약화시키는 효과를 기대한 것이다. 이러한 이유에서 당시 여론 역시 납빈철로의 부설로 인해 중동철로가 입을 타격이 상당할 것으로 예상하였다. 납빈철로는 중동철로의 최대 거점이라 할 수 있는 하얼빈역을 관통함으로써 이를 직접적으로 견제하는 효과를 기대할 수 있었다. 납빈철로는 중동철로의 남부선을 경유하지 않고도 하얼빈과 대련까지의 운송을 가능하게 한 것이다. 북만주의 3대 곡창지역 중 하나인 오상(五常)이 납빈철로의 영향권하에 들어가게 되고, 기타 쌍성(雙城), 아성(阿城), 유수(楡樹), 주하(珠河), 빈객현(賓客縣)의 특산물 운송도 대부분 이 철로로 흡수할 수 있었다. 또한 종래 하구태(下九台)와 신경(新京)[장춘]에서 마차로 운송되던 상품 역시 상당 부분 납빈철로로 흡수되었으며, 나아가 중동철로의 남부선, 동부선 및 하얼빈 지역의 운송 역시 크게 잠식되었다.

일본은 납빈철로의 역할을 확대하기 위해 본 노선을 연장하여 북만주 내지로 더욱 깊숙이 진입하고자 시도하였다. 그 대표적인 정책이 바로 납빈철로를 북만주 지역의 호해철로와 연계하는 정책이었다. 이를 위해 송화강에 부두를 설치하고 납빈철로 종단 삼과수로부터 부두까지 연결되는 지선을 부설하였다. 이를 통해 송화강 하류지역의 수출입 화물을 적극 납빈철로로 흡수함으로써 이 철로의 경제적 가치를 극대화하고자 하였다. 이와 같이 납빈철로의 경제적

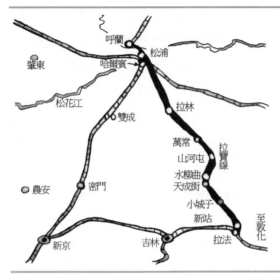

27-1 • 중동철로와 남만주
철로, 납빈철로의 상호관계
납빈철로는 중국 동북지역을
횡단하는 중동철로와 종단하
는 남만주철로 사이에서 길회
철로 선상의 납법역(拉法驛)
을 기점으로 중동철로를 가로
질러 하얼빈 건너의 호란에서
호해철로와 연결된다.

효용성은 호해철로와의 연계를 통해 한층 제고되었으며, 이를 통해 호해철로
연선지역의 농산물 운송뿐만 아니라 해당 지역에 대한 일본상품의 수출에도
중요한 역할을 수행하였다.

양 철로를 결합하기 위해서는 송화강을 건너는 철교를 가설할 필요가 있었
는데, 이 철로가 중국 동북지역 최장의 철교인 송화강철교였다. 이 철교는 만
주국이 수립된 이후 비로소 가설 공사에 착수할 수 있었으며, 모든 공사는 남
만주철도주식회사의 주관 아래 진행되었다. 송화강철교는 총연장 1,100미터
에 달하는 2층 구조의 철교로서, 아래는 철로, 위는 마차로의 2단식(二段式)으
로 구성되었으며, 공사비는 총 420만 엔이 소요되었다.

일본은 만주사변 직전 이미 만주철로망의 부설 계획을 수립하였으며, 그 일
환으로서 납빈철로의 부설을 위한 조사 및 측량에 착수하였다. 남만주철도주
식회사는 1931년 6월 2일 납빈철로가 지나는 남부 산악지대에 대한 측량을 개
시하였으며, 측량을 마친 이후 신속히 부설공사에 착수하였다. 공사 진척 상황
은 다음 해인 1932년 2월 1일 하얼빈의 일본영사관이 관동군 제14사단으로부

터 입수한 정보를 자국 외무성에 보고한 내용에서 살펴볼 수 있다.

① 철로 노선은 현재 납법 기점 17킬로미터까지 부설이 완료되었다.

② 노반(路盤) 공정은 태평령(太平嶺) 터널까지 모두 완료되었으며, 마안산의 북쪽은 본년도 해빙기를 기다려 공사에 착수할 예정이다.

③ 측량은 마안산, 빈강(濱江) 사이까지 순조롭게 진척되어 1934년 1월 25일 완료할 예정이다.

납빈철로의 노선은 중동철로를 횡단하여 하얼빈을 지나 북만주 지역으로 진행되도록 설계되어 있었다. 납빈철로는 만주에서 소련 세력권의 중동철로를 견제하기 위한 목적에서 부설되었으며, 이러한 사실은 "납빈철로의 부설은 종래 북만주의 화물을 독점하고 있던 중동철로에 대타격을 주기 위한 목적에서 계획되었다"라는 일본 외무성의 기록*으로부터도 잘 알 수 있다.

납빈철로가 중동철로를 견제하기 위한 목적에서 부설되는 까닭에 소련의 반발은 충분히 예상할 수 있었다. 그러나 중국의 법령은 자국 영토 내에서 철로를 부설하면서 다른 철로를 횡단할 경우 법률로 이를 허용하고 있었다. 1915년 11월 3일 중국교통부가 공포한 '민업철로법(民業鐵路法)'의 제49조는 "국유철로 혹은 기타공사의 민영철로가 다른 철로공사의 철로와 접속하거나 혹은 이를 횡단하여 철로를 부설할 경우, 혹은 철로공사의 철로와 근접하거나 이를 횡단하여 도로, 교량, 도랑 또는 운하를 부설할 경우에 철로공사는 이를 거부할 수 없다"라는 규정을 두고 있었다.

일본외무성은 납빈철로 노선의 중동철로 횡단공사를 1933년 5월 10일을 전후하여 착수하기로 결정하였다. 횡단의 방식은 소련의 반발을 고려하여 중동철로의 운행에 지장을 주지 않도록 가교를 놓는 방식을 채택하였으며, 횡단공사는 남만주철도주식회사가 진행하는 것으로 결정하였다. 이러한 원칙을 구체화시키기 위한 실무협의가 1933년 5월 1일 일본관동군, 만주국 측 관계자,

---

* 日本外務省, 『拉賓鉄道関係一件』, 1935.

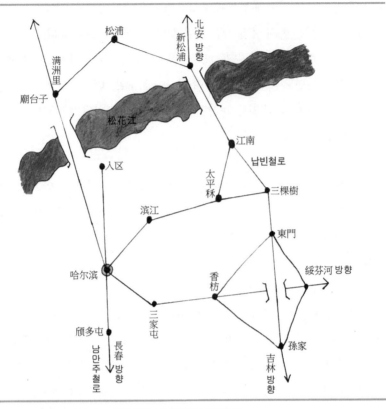

27-2 ● 북만주로 나아가는 중동철로의 병행선 납빈철로

이 노선도를 살펴보면, 납빈철로가 수분하(綏芬河)와 향방(香坊) 사이에서 중동철로를 관통하여 노선을 연장해 나가며, 송화강철교를 넘어 북만주로 세력을 확장함으로써 중동철로의 경쟁선으로서 성격을 명확히 하고 있음을 알 수 있다.

일본영사관 측 관계자가 참석한 가운데 개최되었으며, 여기에서 납빈철로의 중동철로 횡단문제를 협의하고 대책을 논의하였다. 회의는 만주국 교통부 총장의 명의로 중동철로이사회 이사장 앞으로 만주국 국유철로를 부설하기 위해 중동철로 횡단공사가 불가피하며, 따라서 이를 시행할 계획임을 통보하기로 결정하였다.

이 밖에 횡단 지점은 하얼빈시 소재 정거장 용지 내로 정하였는데, 이 지역은 중동철로 양측의 철로부지에 속하였다. 따라서 납빈철로가 중동철로를 횡단하기 위해서는 불가피하게 해당철로의 부지를 일부 수용하지 않으면 안 되었으며, 또한 공사 과정에서 중동철로 소유의 일부 전주를 이전해야 할 필요성도 제기되었다. 이와 관련하여 회의는 다음과 같은 제반 방침을 결정하였다.

① 납빈철로의 중동철로 횡단으로 인해 기존 중동철로의 전주 및 전선의 일부 이전 비용은 만주국 측이 부담한다.

② 납빈철로가 중동철로를 횡단하기 위해 필요한 중동철로의 부지에 대해서는 일반 사유지와 마찬가지로 매수하며, 매수에 응하지 않을 경우 토지수용법에 따라 수용을 통고한다.

③ 공사는 통고 이후 일정한 유예기간을 두고 대체로 5월 15일경부터 착수한다.

5월 10일 만주국 교통부 총장은 중동철로이사회 이사장 이소경(李紹庚)을 통해 소련 측 부이사장 쿠즈네초프에게 납빈철로의 중동철로 횡단과 관련된 통지문을 횡단 현장의 공사설계도를 첨부하여 전달하였다. 통지문의 주요한 내용은 다음과 같다.

① 납빈철로가 중동철로를 횡단하는 지점은 하얼빈 구시가 동측으로 정한다.

② 횡단의 시공 방법과 설계는 8미터 2련(連), 20미터 1련의 철항(鐵桁)[교량의 들보를 받치기 위해 세우는 기둥]을 가설한다. 시공은 중동철로의 열차 운행에 지장이 없는 방법을 채택한다.

③ 착수 및 준공기일은 5월 15일부터 6월 25일까지 약 40일이 소요된다.

④ 전선은 궤도면으로부터 10미터 높은 고도로 시공하며, 전주를 가설하거나 지하매립으로 변경한다. 비용은 만주국 교통부의 부담으로 한다.

1933년 5월 18일 중동철로공사는 서면으로 만주국 교통부에 다음과 같이 통고하였다.

① 납빈철로의 중동철로 횡단에 대해 원칙적으로 동의한다.

② 횡단의 기술적 문제는 중동철로관리국장이 신설 철로(납빈철로) 측의 대표자와 상의하여 결정하도록 한다.

납빈철로의 부설이 중동철로를 효과적으로 견제할 수 있었던 근거로는 무엇보다도 유통 거리의 단축을 통해 확보된 운임에서의 경쟁력을 들 수 있다. 납빈철로가 나진항으로부터 납법, 하얼빈, 호란, 해륜, 극산 등으로 세력권을 확대하면서 직통열차의 운행이 가능하게 됨에 따라 북만주와 일본 국내 사이의 운송 경로가 크게 단축되었다. 하얼빈으로부터 중동철로 남부선을 통해 대련으로 출하되는 경로에 비해, 납빈철로를 통해 나진으로 운송될 경우 유통 거리가 207킬로미터나 단축되게 되며, 높은 운임을 부과하고 있던 중동철로를 거치지 않아도 운송을 할 수 있게 되어 북만주 지역의 수출입에 큰 영향을 미쳤다.

1933년 남만주철도주식회사 하얼빈사무소는 납빈철로가 북만주 지역에서 초래할 경제적 효과에 대해 방대한 조사를 시행한 결과, 북만주의 유통망과 운임에 일대 변화를 가져올 것으로 예상하였다. 이 조사는 납빈철로의 경제적 효과가 다음과 같은 장점에 기인한다고 지적하였다.

① 만주국 수출항 및 일본 각 항구와의 운송 경로를 단축하며, 이를 통해 운임을 크게 경감할 수 있다.
② 납빈철로 연선지역 자체가 비옥한 평원에 해당된다.
③ 북만주 경제의 중심지인 하얼빈시와 남만주를 연계한다.
④ 호해철로와 연결한다.

납빈철로는 북만주의 상업 거점도시인 하얼빈과 일본을 최단거리로 연결하는 중요한 노선이었다. 하얼빈으로부터 동경까지의 거리는 대련 경유, 혹은 부산 경유에 비해 3분의 2에 상당하였다. 납빈철로는 중국 동북지역의 가장 비옥한 곡창지대를 관통하였다. 이 지역의 수출상품 가운데 절대 다수가 곡류, 특히 콩 및 콩 관련 상품(콩기름, 깻묵 등)인 점에 비추어 납빈철로의 경제적·전략적 가치는 매우 높다고 할 수 있다.

(단위: 킬로미터)

유통경로	구간별	거리	유통 총거리
하얼빈 - 나진항	빈강(濱江) - 납법(拉法)	261	738
	납법(拉法) - 돈화(敦化)	126	
	돈화(敦化) - 회막동(灰幕洞)	191	
	회막동(灰幕洞) - 나진(羅津)	160	
하얼빈 - 대련항	하얼빈(哈爾濱) - 신경(新京)[장춘(長春)]	240	945
	신경(新京)[장춘(長春)] - 대련(大連)	705	
하얼빈 - 블라디보스토크항	하얼빈(哈爾濱) - 보크라	550	785
	보크라 - 블라디보스토크	785	

출처: 「拉濱線の經濟價値」, 『滿鐵調査月報』 14卷 2號, 1934.2, p.75.

납빈철로의 연선지역은 종래 중동철로의 세력권이었으며, 따라서 양 철로 사이의 상호 경쟁은 피할 수 없었다. 납빈철로의 부설이 완료된 이후 이 철로의 순수한 세력범위는 오상(五常), 서란(舒蘭)의 두 현 및 유수(楡樹), 쌍성, 덕혜(德惠)의 동부지역이라 할 수 있다. 그리고 양 철로의 경쟁지역으로는 주하(珠河), 빈강(濱江), 아성현(阿城縣) 및 빈(賓), 동빈현(同賓縣)의 서남부지방 및 위하현(葦河縣)의 남부 유수, 덕혜현(德惠縣)의 서부 및 부여(夫餘)의 동부지방을 들 수 있다. 또한 종래 하구태(下九台)와 장춘에서 마차로 운송된 특산물은 상당 부분 납빈철로로 흡수될 것이며, 중동철로 남부선, 동부선 및 하얼빈관구의 상당 부분도 침식될 것으로 예상되었다.

위의 표(27-3)에서 알 수 있듯이 기존의 유통 경로와 비교하여 납빈철로는 운송 거리와 운임에 경쟁력을 갖추고 있었다. 납빈철로를 통해 하얼빈으로부터 나진항을 경유할 경우 기존의 중동철로 남부선을 경유하여 남만주철로를 통해 대련항으로 운송할 경우와 비교하여 207킬로미터나 단축되며, 블라디보스토크항을 경유할 경우와 비교해도 47킬로미터 단축되는 효과를 거둘 수 있었다. 더욱이 각각의 항구로부터 일본의 각 항구와 연결할 경우, 나진항 출발 돈하(敦

賀) 도착의 경우 총거리에서 중동철로 남부선을 경유하여 대련으로 나와 일본의 모지항(門司港)으로 연결되는 유통 루트와 비교하여 462킬로미터나 단축되며, 블라디보스토크항을 통한 루트와 비교해도 66킬로미터 단축되었다. 유통루트 단축은 당연히 운임 경감과 불가분의 관계에 있을 수밖에 없었다.

그렇다면 납빈철로는 완공 시 북만주에서의 물류 유통을 어느 정도 감당할 수 있을까? 이 문제와 관련하여 1933년 남만주철도주식회사 하얼빈사무소의 조사에 따르면 북만주로부터 일본으로 수출되는 상품은 대부분 곡류로서, 특히 콩 및 콩 관련 상품(콩기름, 깻묵 등)이 주류라 할 수 있었다. 1931년 10월부터 1932년 9월까지 북만주로부터 일본으로 수출된 콩 관련 상품의 수출량은 총 248만 7,000톤에 달하였으며, 물류의 유통 경로는 다음과 같다.

① 중동철로 남부선 경유: 96만 톤
② 중동철로 동부선 경유: 81만 3,000톤
③ 제극철로 경유: 25만 톤
④ 중동철로 남부선 연안지역에서 마차로 수송하여 남하한 수량: 15만 톤
⑤ 기타 육로 수송 및 수해 등으로 인한 소실: 31만 4,000톤

이 가운데 납빈철로가 부설된 이후 남하할 수 있는 가능성을 살펴보면 다음과 같다. 먼저 기존 유통 루트를 통해 수출되던 248만 7,000톤 가운데 제극철로를 통한 이출 25만 톤과 중동철로 동부선 위하역(葦河驛) 동쪽의 블라디보스토크로 이출되는 수량 총 30만 톤, 그리고 육로 수출 5만 톤 및 기타 수로, 육로를 통해 소련으로 수출되는 15만 톤을 제외할 경우 다음 표(27-4)의 수치를 납빈철로를 통해 흡수될 수 있는 가능 수량으로 집계할 수 있다.

이 밖에도 납빈철로가 송화강철교를 통해 호해철로와 연결됨에 따라 호해철로 연선지역에 대한 유통상의 영향도 적지 않을 것으로 예상되었다. 따라서 기존 호해철로를 통해 남하하던 화물 가운데 절반가량은 납빈철로를 통해 남하할 것으로 추정되었다. 송화강 부두의 완공 이후 납빈철로를 통해 운송될 것으로 예상되는 수량은 호해철로로부터 25만 톤, 송화강 부근으로부터 10만 톤,

27-4 • 납빈철로 부설 이후 물류(콩 및 콩 관련 상품)의 운송 수량(1931.10~1932.9)

(단위: 톤)

납빈철로 부설 이전 북만주 곡물의 유통 수량		납빈철로 부설 이후 기존 경로 통한 유통 수량	납빈철로 부설 이후 흡수 가능한 유통수량
중동철로 남부선 경유	960,000		960,000
중동철로 동부선 경유	813,000	300,000	513,000
제극철로	250,000	250,000	
남부선 연선지역 마차 수송 남하	150,000		150,000
기타 육로 수송 및 수해 소실	314,000	200,000	114,000
총계	2,487,000	750,000	1,737,000

출처: 「拉濱線の經濟價値」, 『滿鐵調査月報』 14卷 2號, 1934.2, p.78.

중동철로 서부선 부근으로부터 6만 2,000톤으로 총 41만 2,000톤의 운송이 가능할 것으로 예상되었다. 북만주 상품의 수출뿐만 아니라 납빈철로의 출현으로 말미암아 일본상품이 저렴한 운임을 바탕으로 이 지역에서 상당 부분 유통될 수 있는 기반을 마련함으로써 일본산업의 수출시장으로서의 역할도 기대할 수 있었다.

1935년도 『만주일보(滿洲日報)』의 보도에 따르면, 중동철로관리국의 1934년도 화물 운송량은 전년도보다 18만 3,000톤이 감소한 277만 7,000톤으로서, 이 가운데 지방수송 64.2퍼센트, 동부선 경유 수출입 화물 7.4퍼센트, 남부선 경유 28.4퍼센트였으며, 서부선은 거의 전무한 상태였다. 전년도와 비교하여 운송량이 이처럼 감소한 이유는 납빈철로로 운송한 수량이 의외로 많았기 때문이며, 따라서 중동철로에 대한 납빈철로의 영향이 매우 심각하다고 지적하였다.

앞서 지적한 바와 같이 납빈철로는 중동철로의 거점인 하얼빈을 관통하여 북만주로 노선을 전개함으로써 기존 북만주의 물류 유통을 독점하던 중동철로의 세력을 견제하기 위해 부설된 것이다. 납빈철로는 만주에서 가장 비옥한 지역인 중동철로 동부선과 남부선 사이를 관통하여 해당 지역의 물류 유통을 독

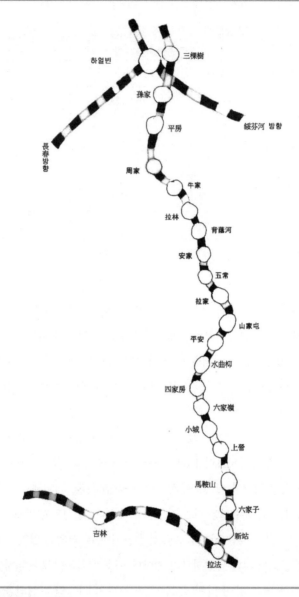

27-5 ● 납빈철로 노선도

점할 뿐만 아니라, 더욱이 북만주 지역으로부터 해외로 수출되던 유통 거리를 크게 단축함으로써 블라디보스토크를 경유하던 중동철로에 비해 운임에서 높은 경쟁력을 확보할 수 있었다. 이러한 결과 기존의 노선 독점으로 말미암아 높은 운임을 부과하던 중동철로를 경유하지 않고도 북만주와 하얼빈 이북의 물류가 납빈철로를 경유하여 수출할 수 있게 됨으로써 결과적으로 중동철로의 세력을 크게 약화시키는 효과가 기대되었다.

중화인민공화국 수립 이후 하얼빈철로국과 철로분국은 납빈철로의 전 노선에 대해 새로운 설비로 교체하는 공사를 단행하였다. 1957년 2,336킬로미터에 달하는 레일을 교체하였으며, 1972년에는 66,892킬로미터의 선로에 대한 교체작업을 시행하였다. 1973년에는 5만 4,955킬로미터의 선로를 교체하였으며, 1979년에는 1,550킬로미터에 대한 선로의 개조작업을 단행하였다. 1982년부터 1984년에 걸쳐 교체한 선로는 총 1만 8,914킬로미터였다. 강철 레일은 중량 40킬로그램을 43킬로그램으로 변경하였다. 설비의 교환 및 개선에 힘입어 납빈철로의 운수 능력도 날로 향상되었다. 1990년 말 견인력을 살펴보면, 화차의 경우 상행 2,200톤, 하행 1,700톤이었으며, 객차는 상하행선 모두 750톤에 달하였다.

참고문헌

「拉浜線の使命」,『滿州日報』, 1933.12.17.

「拉賓、東支鉄のクロス問題」,『東京朝日新聞』, 1933.5.12.

「拉濱線の經濟價値」,『滿鐵調查月報』14卷 2號, 1934.2,

日本外務省,『拉賓鉄道關係一件』, 1935.

金志煥,「拉濱鐵路及其對中東鐵路的影響」,『安徽史學』2015年 5期.

金志煥,「拉濱鐵道 부설과 중국 동북지역 물류유통의 변화」,『中國近現代史硏究』63輯, 2014.9.

程維榮,『近代東北鐵路附屬地』, 上海社會科學院出版社, 2008.

董說平,『中日近代東北鐵路交涉硏究』, 遼寧大學出版社, 2011.

28장

항강철로(杭江鐵路)

절동 지역의 경제 발전을 위해 부설된 절강성 철로

연 도	1932~1934(1934년 1월 1일 개통)
노 선 명	항강철로
구 간	금란지선(金蘭支線): 금화(金華) - 난계(蘭溪) / 금옥단(金玉段): 금화(金華) - 옥산(玉山)
레일 궤간	1.435미터
총 연 장	163킬로미터
기 타	1934년 5월 절공철로의 한 구간이 됨

절강성의 절동(浙東) 지역은 인구는 조밀하나 교통이 불편하여, 철로 부설이 절강인들의 오랜 숙원이기도 하였다. 1927년 국민정부 북벌군이 장강 유역으로 진입하여 절강성을 점령하였고, 1928년 장정강(張靜江)이 절강성정부 주석에 취임하였다. 장정강이 통치하는 절강성정부는 불편한 교통 상황을 개선하기 위해 항주에서 강산(江山)에 이르는 철로를 부설할 것을 계획하였으며, 이를 항강철로라 칭하였다.

이 철로는 이후 절공철로(浙贛鐵路)의 한 구간이 되었다. 부설 자금은 성고(省庫)에서 지원하기로 결정하였다. 재정을 절감하기 위한 목적에서 경궤로 레일을 부설하기로 하고, 공정기술대를 조직하여 노선에 대한 초보적인 측량을 실시하였다. 경비가 많이 소요되는 전당강(錢塘江) 서쪽 기슭으로 향하던 당초의 노선을 포기하고 공정이 비교적 수월한 전당강 동쪽으로 노선을 변경하였다.

그러나 공정이 진행되면서 거액의 부설 자금이 필요하게 되자 장정강은 성 재정만으로는 방대한 부설 공정을 감당하기 어렵다고 판단하였다. 이에 항주에서 금화(金華)까지 약 170킬로미터의 간선과 금화에서 난계(蘭溪)에 이르는 22킬로미터의 지선을 먼저 부설하기로 결정하였다. 1929년 절강성의 재정 수입으로부터 700만 원을 지출하기로 결정하여 경비를 조달하였다. 이 밖에 장정강은 성(省)의회에 제안하여 1929년 7월 전에 200만 원을 조달하기로 결정하고, 이를 부설 자재를 구매하기 위한 용도로 예산을 편성하였다. 8월 부설공사에 착수한 이후 매달 50만 원을 부설 경상비로 지출하였다. 전 노선에 걸쳐 부설을 위한 예산 총액은 2,000만 원으로 책정되었다.

항강철로는 항주를 출발하여 초산(肖山), 제기(諸暨), 의오(義烏), 금화를 거쳐 난계로 들어가는 노선으로서, 1929년 9월 항강철로의 부설공사가 개시되었다. 공사에 착공한 지 얼마 되지 않아 장정강이 사직하였지만 철로 부설 공정은 계속 진행되었다. 1932년 3월에 항주로부터 소산(蕭山), 제기, 의오를 거쳐 금화에 도달하고, 금화로부터 난계에 이르는 노선이 준공되었다. 표준궤로 설계되었으며, 총비용이 725만 원에 달하여 성고에서 절반인 365만 원을 지출하고 나머지 360만 원은 은행으로부터 차입하였다.

마침 항주의 은행들은 자본 과잉으로 출로를 찾고 있던 참이었다. 1931년 절강성정부는 항주중국은행, 절강흥업은행, 절강농공은행, 절강지방은행 등 4개 은행으로 은행단을 구성하고 매월 1분(分)의 높은 이자로 360만 원을 차입하였다. 절강성건설공채 388만 원과 항강철로 강변(江邊) - 난계 사이의 전 구간에 걸친 철로 자산을 담보로 제공하였다. 1930년 9월 기공하여 1932년 3월에 열차를 개통하였다. 1킬로미터당 철로의 부설비용이 3만 7,000원에 지나지 않았다. 이 밖에 금화에서 난계에 이르는 지선 24킬로미터가 있었다. 개통 당시 항강철로의 열차는 시속 28.6킬로미터로 운행되었다.

1932년 11월부터 다음 해 11월까지 겨우 13개월 만에 금화로부터 탕계(湯溪), 용유(龍游), 구현(衢縣), 강산을 거쳐 절공(浙贛) 성계(省界)의 옥산에 이르는 총연장 약 163킬로미터의 노선이 완공되었으며, 다음 해 1월 정식으로 개통되었다. 금옥단(金玉段) 구간의 완성은 절강성 항강철로 계획의 실현이며, 아울러 옥산까지 노선이 진전되었다. 항옥철로(杭玉鐵路)의 전 노선이 개통되어 절강성 내의 일대 교통동맥이 되자 절강성의 경제가 크게 도약할 수 있는 기회를 맞이하였다.

철로의 명칭은 일반적으로 출발역과 종착역을 따서 붙이는 것이 통례이므

28-1 • 항강철로 개통식(1934년 1월 1일)

위: 항강철로 개통식 연단

가운데: 절강성 건설청장 증양보(曾養甫)와 정부 관계자들

아래: 개통식 후 운행된 항강철로 첫 열차

출처: 「杭江鐵路」, 『東方雜誌』 31卷 3號, 1934.2, p.11.

로 항강철로의 종점이 옥산현이라고 한다면 항옥철로가 적절할 것이다. 그러나 앞서 설명한 바와 같이 이 철로는 절강성에서 자본을 조달하여 부설한 철로로서, 항주에서 시작하여 비록 흥수로(興水路)와의 연계운수를 위해 강서성의 옥산까지 연장 부설하였지만 그대로 항강철로라 명명한 것이다. 또한 항강철로는 '중국철로의 아버지'라 부르는 첨천우가 서릉철로, 경장철로에 이어 세 번째로 부설한 철로이기도 하다. 항강철로는 개통 이후 절강성, 강서성 양 성정부와 철도부, 그리고 은행으로 구성된 '절공철로연합공사(浙贛鐵路聯合公司)'를 조직하고, 그 아래 절공철로국을 둔 이후 계속해서 서쪽으로 노선을 연장한 끝에 마침내 1934년 5월에 이르러 항강철로는 절공철로라 명칭을 변경하였다.

호항용철로의 영파(寧波)에서 조아강(曹娥江)에 이르는 구간은 1914년에 준공되었으나 항주에서 조아강에 이르는 구간과 전당강(錢塘江), 조아강의 두 교량은 아직 가설되지 못하였다. 1933년 7월 절강성정부는 항강철로의 전 노선에 걸쳐 열차가 개통된 사실에 비추어 호항철로(滬杭鐵路)와 상호 연계하도록 하기 위해 전당강대교의 가설에 착수하였으며, 이를 위해 '전당강교공위원회(錢塘江橋工委員會)'[1934년 5월에 전당강교공정처로 개칭]를 설립하였으며, 전 당산교통대학 총장인 모이승(茅以升)을 주임위원[이후 처장으로 개칭], 나영(羅英)을 총공정사로 임명하여 교량의 측량과 설계, 가설을 주관하도록 하였다. 9월 8일 철도부와 절강성정부가 협의한 끝에 '합판전당강교협회(合辦錢塘江橋協會)'를 발족하기로 합의하고, 교량의 가설 경비는 쌍방이 절반씩 분담하도록 합의하였다.

11월 29일 철도부는 다시 중국건설은공사(中國建設銀公司) 및 중영은공사와 1,600만 원(1936년 5월에 110만 파운드로 개정)에 달하는 차관협정을 체결하였다. 이를 통해 호항용철로의 소산으로부터 조아강에 이르는 구간의 공정 및 전당강, 조아강대교를 부설하는 데 차관을 투입하였다. 전당강대교는 철로와 공로(公路, 도로)가 모두 지나는 2층의 교량으로서 총연장 1,390미터에 달하였다. 1935년 4월 6일 가설 공사에 착수하여 1937년 9월 26일 열차를 개통하였다. 이때 소산으로부터 조아강에 이르는 구간의 공정 및 조아강대교 역시 이미 준공

28-2 • 중일전쟁 시기 항일위문공연단을 실어 나르는 항강철로

중일전쟁 발발 이후 항강철로는 전선의 병사를 위문하고 일반의 항일의식을 고취하기 위해 음악회를 적극 후원하였다. 이 삽화는 '적개심을 고취하기 위한 후원음악회'를 개최하기 위해 상해국립음악학교 학생들을 태우고 항주로 향하는 항강철로의 모습을 묘사하고 있다.

출처: 如絲, 「爲杭江鐵路開馳"採風車"」, 『越國春秋』 49期, 1933, p.43(上海圖書館《全國報刊索引》 數据庫).

된 상태였다. 이로부터 호항용철로의 전선이 관통되어 절공철로, 월한철로와 상호 연계될 수 있게 되었다.

항강철로의 개통이 연선지역의 경제 발전 및 지역의 성쇠에 미친 영향은 대단히 컸다. 예를 들어 난계는 원래 전당강 상류에 위치하여 상업활동이 가장 왕성한 지역에 속하였다. 그러나 항강철로의 금옥 구간이 개통되자 난계는 항강철로의 지선에 위치하여 상업과 금융의 중심지가 점차 금화로 옮겨지고 말았다. 이에 따라 금화지역이 전 성에서 교통의 중심지로 발전하자 절동 지역 전체의 교통, 경제의 중심지가 난계에서 점차 금화로 이전되고 말았다.

28-3 • 항강철로 노선을
운행하는 열차

출처: 「杭江鐵路試車留影」,
『浙贛路訊』52期, 1947,
p.1(上海圖書館 《全國
報刊索引》 數据庫).

28-4 • 항강철로의 전선 개통

출처: 「最近全線通車之杭江鐵路: 杭江鐵路之旅客列車」, 『交通雜誌』2卷 2/3期, 1934, p.1
(上海圖書館《全國報刊索引》數據庫).

28-5 • 항강철로 역사(驛舍)

위: 항강철로 서홍강변역(西興江邊驛)/ 아래: 항강철로 제기역(諸曁驛)

출처: 「杭江鐵路之西興江邊車站」, 『交通雜誌』1卷 8期, 1933, p.1(上海圖書館《全國報刊索引》數据庫).

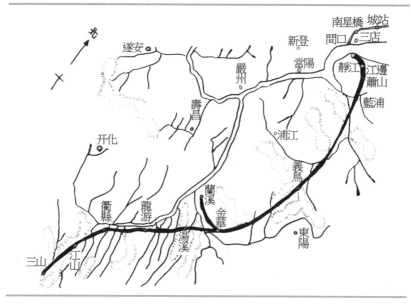

28-5 • 항강철로 노선도

이 밖에 항강철로의 개통으로 강산 지역은 복건(福建), 절강, 강서 3성의 교계지에 위치하여 3성 변계지역으로부터 화물 운수의 중심지역으로 변모하였다. 그러나 이전까지 3성의 연락의 요충이었던 상산현(常山縣)은 철로의 개통으로 말미암아 객화의 물류가 종래의 수운으로부터 철로 운수로 전환되면서 점차 경제적 우세를 상실하였다.

참고문헌

如絲,「爲杭江鐵路開馳"採風車"」,『越國春秋』49期, 1933.
「杭江鐵路」,『東方雜誌』31卷 3號, 1934. 2.
「杭江鐵路試車留影」,『浙贛路訊』第52期, 1947.
『東方雜誌』31卷 1號, 1934. 1.
「最近全線通車之杭江鐵路: 杭江鐵路之旅客列車」,『交通雜誌』2卷 2/3期, 1934.

「杭江鐵路之西興江邊車站」,『交通雜誌』1卷 8期, 1933.

簡笙簧,「浙江省築杭江鐵路的歷史意義」,『中國近現代史論集』25, 1986.

譚備戰,「南京國民政府時期省辦鐵路的先導 ─ 張静江與杭江鐵路」,『杭州師範學院學報』 2008
　　年 1期.

藤井正夫,「清末江浙における鐵道問題とブラシヨアュ勢力の一面」,『歴史學研究』183, 1955.

29장

북흑철로(北黑鐵路)

러시아를 견제하기 위한 일본자본의 흑룡강성 군사철로

연 도	1932~1935(1935년 11월 1일 개통)
노 선 명	북흑철로
구 간	북안(北安) - 흑하(黑河)
레일 궤간	1.435미터
총 연 장	302.9킬로미터
기 타	

러시아혁명 이전에 흑룡강(아무르강)의 수운은 송화강과 마찬가지로 러시아 선박이 독점적인 세력을 형성하고 있었다. 러시아의 흑룡강 하운(河運)은 일찍이 19세기 후반부터 시작되었으며, 이 지역을 운행하던 기선회사 가운데 아무르기선회사의 규모가 가장 컸다. 아무르기선회사는 1893년에 창립되어 블라고베시첸스크 - 하바롭스크 - 니콜라옙스크 구간의 항로를 운항하며 전성기에는 약 200여 척의 선박을 보유할 정도로 위세를 떨쳤다. 동북지역 내 중국선박은 1919년에 처음으로 무통공사의 선박이 흑하까지 운항하였으며, 그 후에 러시아, 측 수운의 혼란을 틈타 중국 측 선박의 왕래가 증가하였다. 이에 힘입어 흑하를 운행하는 중국 측 선박이 1928년에는 약 10만 톤에 달하여 러시아 선박에 의존하는 정도가 대폭 감소되었다.

흑룡강 연안지역은 물산이 풍부하였으며 예전부터 러시아와의 교통이 빈번하였으나, 소흥안령(小興安嶺) 등의 장벽으로 가로막혀 교통이 매우 불편하였다. 그렇다 하더라도 육로를 통한 운송이 전혀 없었던 것도 아니고, 겨울에는 치치하얼(齊齊哈爾), 눈강(嫩江)을 경유하는 마차 운송도 이루어졌다. 흑하 - 치치하얼 간의 도로교통은 1920년 이래 번성하였으며, 이틀 정도의 시간으로 왕래가 가능하였다. 그러나 주로 여객용이었으며, 선박에 필적할 정도의 운송량은 결코 아니었다.

1916년 3월 27일 중국은 러시아자본의 아업은행(俄業銀行)과 연리 5분(分) 이자의 '빈흑철로대관합동(濱黑鐵路貸款合同)'을 체결하였다. 그러나 머지않아 러시아혁명이 발발하면서 이 조약은 실행에 이르지 못하였다. 북만주 지역에서 이와 같이 몇 차례에 걸쳐 교통을 개선하기 위한 철로 부설 움직임이 있었지만 사실상 실현되지는 못하였다.

만주국이 수립된 이후 교통부는 해륜(海倫)에서 태동(泰東)에 이르는 철로의 부설 계획을 수립하였다. 즉 치치하얼과 하얼빈을 상호 연결하려는 계획을 수립하고 남만주철도주식회사와 계약을 체결하였다. 일본으로서는 흑하(黑河) 일대의 풍부한 삼림자원과 광물자원의 개발이 경제적·군사적으로 매우 중요하다는 사실을 간파하고 있었다. 더욱이 흑룡강성을 일본이 소련으로 나아가기 위해 군사적으로 매우 중요한 전진기지로 간주하였으며, 흑하 유역의 풍부한 자원을 전쟁의 물자 공급원으로 염두에 두고 있었다. 이러한 인식하에서 일본은 북흑철로(북안 - 흑하)의 부설에 착수하여 흑하에서 하얼빈, 치치하얼에 이르는 노선을 개통하였으며, 흑하에서 눈강, 치치하얼 등에 이르는 군사도로를 부설하였던 것이다.

북흑철로는 북안(北安), 이정(二井), 이룡산(二龍山), 눌막이(訥漠爾), 용진(龍鎮), 남두(南頭), 용문(龍門), 예정(禮井), 진정(辰淸), 요령(腰嶺), 청계(淸溪), 손오(孫吳), 북손오(北孫吳), 액우(額雨), 조수(潮水), 아이훈(璦琿)[즉 서강자(西崗子)], 녹신(綠神), 신무둔(神武屯), 흑하, 흑하부두(黑河埠頭) 등의 역(驛)을 설치하였다. 전체 노선에 걸쳐 교량 29량, 터널 1군데, 급수소(給水所) 11군데 및 흑하, 북안 2군데에 기관구(機關區)를 설치하였다.

1932년 12월 만주국 교통부와 남만주철도주식회사 사이에 '북흑철로건설승포합동(北黑鐵路建設承包合同)'을 체결하여 항공측량을 실시하였다. 1933년 8월 6일 일본은 흑하성(黑河省)을 군사작전의 요지로 간주하여 '북흑선건설기요(北黑線建設紀要)'를 입안한 이후 정식으로 북흑철로의 부설에 착수하였다. 북흑철로는 북신선(北辰線)과 신흑선(辰黑線)의 양단으로 나뉜다.

북신선은 북안에서 신청(辰淸)에 이르는 총 136.8킬로미터의 노선으로서, 모두 4개 구간으로 나누어 부설하였다. 1933년 6월 부설에 착수하여 1934년 10월 15일부터 임시영업을 개시하였으며, 같은 해 12월 1일 정식으로 영업을 개시하였다.

북흑철로의 신흑선은 신청에서 흑하까지로 총연장 166킬로미터에 달하였으며, 모두 4개 구간으로 나누어 부설하였다. 1934년 5월에 약 166.1킬로미터의 부설공사에 착수하여 1935년 2월 20일 비공식 영업을 개시하였으며, 같은 해 11월 1일 북흑철로는 흑하 부두에 이르는 철로를 부설함으로써 수운과 연계하여 철로를 경영할 수 있게 되었다. 이로써 총연장 302.9킬로미터의 북흑철로 전 노선이 개통되게 된 것이다.

북흑철로가 개통된 이후 철로를 운행하면서 승객은 비교적 적은 편이었다. 따라서 단순한 여객열차로서의 성격은 희박하였으며, 주로 객차와 화차의 조합으로 이루어진 객화 혼합열차를 운영하였다. 매일 오전 11시 흑하역(黑河驛)을 출발하여 다음 날 오전 7시에 하얼빈에 도달하였다. 이 가운데 흑하에서 북안 사이의 운행은 약 11시간이 소요되었다. 북안에서 하얼빈 사이는 약 9시간이 소요되었다. 흑하에서 하얼빈까지의 표는 1등석·2등석·3등석으로 구분하여 판매되었으며, 1등석 표의 경우 일반에게는 판매되지 않았다.

북안 - 흑하의 북흑철로가 개통됨으로써 이전에 흑룡강 동결로 수운이 단절된 동절기에도 물자의 운송이 가능하게 되었다. 북흑철로 이외에 눈강, 치치하얼로 통하는 과룡문(霍竜門) - 흑하 구간의 철로가 1942년에 완성되기는 하였지만 1945년 봄 다른 철로의 자재(資材)로 전용하기 위해 철거되었다. 수운에 의한 수송비가 철로에 비해 저렴하였기 때문에 북흑철로 개통 후에도 수운은 소멸되지 않았고 양자는 분업적 관계를 형성하였다. 북흑철로의 개통으로 흑하는 하얼빈과의 연계를 더욱 강화하였지만 러시아와의 무역 없이는 흑하의 상업이 발전할 가능성은 적었으며, 따라서 이전과 같은 번영은 없었다.

1935년 북흑철로(북안 - 흑하 구간)가 개통된 이후 북안이 급격하게 발달하는 등 철로 부설로 인해 상업이 비약적으로 발전하였다. 새로운 구간이 부설된 결과 콩의 수송경로가 늘어났기 때문에 본고장에서의 매매를 주로 했던 기존의 거래 방식에서 대련으로 콩을 수송하여 해외로 수출을 시도하는 등 새로운 상황에 대처하여 상거래를 다변화하려는 상인들도 속속 등장하였다.

북흑철로의 부설은 지역경제의 활성화뿐만 아니라 이 지역에 대한 대대적인 벌목정책과 불가분의 관계를 가지고 있었다. 일본은 북흑철로의 부설에 그치지 않고 흑하 유역을 교통 및 물류의 중심지로 변모시키기 위한 개발 정책을 적극 추진하였다. 일찍이 1933년 만주국의 만주항공주식회사 흑하출장소가 흑하비행장을 조성하기 시작하여 다음 해 3월에 준공하였다. 준공 직후 흑하에서 하얼빈에 이르는 노선을 개통하고 매주 두 차례 운행하였다. 1935년에 기극(奇克), 손하(遜河) 두 현(縣)에 간이 비행장을 조성하여 각각 흑하까지 부정기적으로 항공기를 운행하였다. 1937년에 일본이 손오(孫吳) 서산(西山)에 군용비행장을 건설하였다.

1933년 3월 만주국정부는 하얼빈철도국 흑하자동차사무소를 설립하고 그 아래 흑하영업소를 두어 객차 10대, 화물차 9대를 배치하고 흑하에서 눌하(訥河), 흑하에서 한달기금광(罕達汽金鑛)으로 향하는 승객과 화물의 운수에 종사하였다. 같은 해 6월 흑하에서 시작하여 산신부(山神府), 홍안금창(興安金廠)을 거쳐 눈강에 도달하는 도로가 준공되었다.

1934년 11월 1일 흑하강부두가 준공되었으며, 이 부두가 북흑철로와 상호 연결되면서 목재가 수운과 육운의 연결을 통해 보다 원활하게 운송될 수 있게 되었다. 같은 해 눈강현공서(嫩江縣公署)는 '빈민생활의 해결'을 명분으로 성공서에 이들을 동원하여 삼림의 벌목을 진행할 계획을 제출하여 승인을 받았다. 이후 벌목을 담당하는 노동자들에게는 '입산경영허가증'이 발급되었으며, 같은 해 입산을 허락받은 자가 900여 명에 달하였다. 눈강을 따라 치치하얼과 대뢰(大賚) 등 지역으로 운송되어 판매되었다.

더욱이 1933년 만주전기주식회사가 북안에 발전소를 건설하여 130킬로와트와 200킬로와트 두 대의 중유 발전기를 배치하였다. 1936년 10월 만주전기주식회사 신경(新京)[장춘(長春)] 총부(總部)는 흑하항요전등전력고분유한공사

(黑河恒曜電燈電力股份有限公司)를 매입하여 눈강발전창(嫩江發電廠)을 설립하였다. 1937년 4월 일본은 중국인 노동자를 동원하여 손오발전창(孫吳發電廠(南電廠)을 설립하였다. 같은 해 5월 일본은 재차 중국인 노동자를 동원하여 북안화력발전창(北安火力發電廠)의 설립에 착수하여 1940년 완성하였다. 이와 함께 흑하항요전등전력고분유한공사를 만주전업주식회사(滿洲電業株式會社) 북안지점(北安支店) 흑하영업소(黑河營業所)로 명칭을 변경하였다.

1932년 가을 일본군이 손오(孫吳)를 점령한 이후 일본 자본의 가마모토상회(川本商會)가 가마모토목재창(川本木材廠)을 설립하여 손오 서부산구에서 벌목을 시작하였다. 매년 겨울에 1,000여 명의 인원이 동원되어 산에 올라 벌목에 종사하였다. 1934년 일본은 흑룡강 수운의 편리함을 이용하여 대대적으로 흑하 유역의 삼림을 수탈하였다. 이를 위해 흑하성은 임무서(林務署)를 설립하여 전문적으로 목재의 판매를 담당하도록 하였다. 1937년부터 1938년에 걸쳐 흑하에 414헥타르에 달하는 당시 만주국 최대의 흑하동목단강목재창(黑河東牡丹江木材廠)을 설립하였다. 1933년부터 1945년까지 일본군은 흑하로부터 목재 약 532만 입방미터를 약탈하였으며, 이들 목재는 철로 운수를 통해 각 전장으로 가거나 일본 국내로 운송되었다. 이로 인해 흑하 유역의 삼림자원은 크게 훼손되었다.

만주국 붕괴 당시 눈강 와도하(卧都河) 남쪽의 소나무는 거의 모두 벌목되었으며, 현 내에는 원리삼림이 더는 존재하지 않았다. 1935년 일본은 신경[길림성 장춘]에 설립한 동맹무역고분유한공사(東盟貿易股份有限公司)의 경리가 60만 원을 출자하여 흑하출장소를 설립하였다. 8월 일본인 고개타(侯圭田), 야스마루 아이지로(安丸愛次郎)가 합자로 대북목재공사(大北木材公司)를 설립하고 호마하(呼瑪河) 유역 및 의고니하(依古泥河) 유역에서 벌목에 착수하였다. 그리하여 매년 흑하로 보내는 목재가 무려 4만 입방미터에 달하였다. 1936년 일본은 흑하성에 영림서(營林署)를 설립하여 목재의 자유 매매를 금지하고 모든 목재를 영림서와 임산공사(林山公司)에서 일괄적으로 판매하도록 하였다. 이후 흑하 영림서는 불산현(佛山縣)[현재의 가음현(嘉蔭縣)]과 손오현(孫吳縣)에 출장소를 설립하였다. 1937년에는 다시 흑하출장소 아래 막하출장소(漠河出張所)를 설립하여 마찰이하(馬札爾河)에서 연부하(連釜河)에 이르는 지역의 목재를 전적으로 벌목하도록 하였다. 이를 위해 목재창 30여 곳을 설립하였으며, 매년 흑하로 운반되는 원목이 10만 입방미터에 달하였다.

같은 해 눈강 영림서는 눈강, 눌하, 막기(莫旗), 파언기(巴彦旗), 다보고이(多普庫爾) 등 지역의 영림(營林)과 벌목, 임정관리(林政管理) 등의 업무를 주관하였으며, 매년 목재 2만 입방미터를 벌목하여 일본군에게 제공하였다. 1938년 일본인 아옥(兒玉)과 구동(九東)이 반고하채목공사(盤古河采木公司)를 설립하고 매년 막하(漠河)와 반고하(盤古河) 유역에서 원목 약 6만 4,000입방미터를 벌목하여 모두 수운을 통해 흑하로 운송하였다. 1941년부터 1943년까지 흑하영림서는 일본인을 파견하여 벌채조를 편성하여 손하(遜河)의 삼림구에서 목재를 벌목하여 일본군에 제공하였으며, 벌목한 소나무가 무려 18만 입방미터에 달하였다.

1945년 8월 중국 국경 내로 진입한 소련군은 북흑철로에 대해 군사통제를 실시하였다. 아울러 같은 해 겨울 흑룡강이 동결되자 수면 위에 임시철로를 부설하여 북흑철로와 흑룡강 건너편의 소련철로를 상호 연결하여 전리품을 자국으로 실어 날랐다. 1946년 4월 소련군이 중국을 떠나기 전에 다시 흑룡강 위에 부설된 철로 레일과 함께 북흑철로 전 노선의 레일을 해체한 후, 레일과 기관차, 차량, 강철 교량 및 기차역, 그리고 철로 연선에서 해체하여 운반할 수 있는 것은 모두 해체하여 소련으로 실어 날랐다.

1949년 봄 북흑철로에 대한 임시복구가 진행되어 가까스로 통행이 가능하였다. 그리하여 중국에 남아 있던 일본인 포로들을 동원하여 흑하의 동쪽 목단강(牡丹江) 목재공장의 원목을 침목으로 가공하여 운반한 이후 같은 해 가을에 다시 철로를 해체하였다. 1962년 중국정부는 첨하(沾河) 유역의 삼림자원을 개발하기 위해 북안에서 용진(龍鎭) 사이의 구간 선로를 복구하기로 결정하였다. 이에 1963년 5월 북흑철로의 전 노선에 대한 재부설 공정이 시작되었다. 같은 해 9월 북안에서 용진 사이의 63.5킬로미터의 레일을 부설하여 열차를 개통하

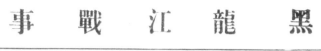

29-1 • 중일전쟁 시기 흑룡강철교를 복구하여 건너는 일본군
출처: 「黑龍江戰事」, 『東方雜志』 29卷 1號, 1932.1, p.51.

였다. 10월에는 용진으로부터 취성(聚盛) 방향으로 철로의 부설을 연장해 나갔으며, 부설된 연장선로는 총 7.8킬로미터에 달하였다.

다음 해 8월 북안에서 용진 사이에 임시로 철로의 운행업무를 개시하였다. 1965년 11월 북안에서 취성 사이의 총연장 71.3킬로미터의 전 선로에 걸쳐 열차가 개통되었으며, 다음 해인 1966년 1월부터 정식으로 운행 업무를 개시하였다. 그러나 머지않아 중·소 관계가 악화되자 용진에서 취성 사이의 7.8킬로미터의 선로가 재차 해체되어 철거되었다. 중국과 소련 사이의 관계가 부단히 긴장되고 악화되면서 북흑철로의 용진에서 흑하에 이르는 구간의 복구 공정은 한없이 늦추어졌다.

개혁개방 이후 흑하 유역의 개발 및 북흑철로의 복구가 국가의 기본건설계획에 포함되게 되었다. 1986년 7월 15일 북흑철로의 용진에서 흑하에 이르는 구간의 철로 부설 공정이 정식으로 시작되었으며, 뒤이어 북흑철로 전 노선에 대한 복구작업이 이루어져 마침내 1989년 9월 19일 전 노선에 걸쳐 레일의 부설을 마치고 12월 14일 운행을 개시하였다. 북흑철로는 총연장 261킬로미터에

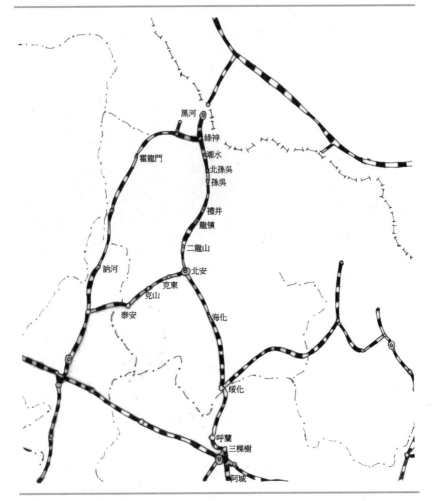

29-2 • 북흑철로 노선도

달하였다.

　1990년 10월 1일 용진에서 흑하에 이르는 여객열차가 개통되었으며, 1991년 9월 1일에는 북안에서 흑하에 이르는 직통 여객열차가 개통되었다. 그리하여 "아침에 흑하에서 기상하여 밤에 하얼빈에서 자며, 아침에 하얼빈에서 기상하여 밤에 흑하에서 잔다"라는 꿈을 마침내 실현하게 된 것이다.

참고문헌

程維榮, 『近代東北鐵路附屬地』, 上海社會科學院出版社, 2008.

董說平, 『中日近代東北鐵路交涉硏究』, 遼寧大學出版社, 2011.

趙冬暉, 「北黑鐵路」, 『黑河學刊』 1986年 3期.

「黑龍江戰事」, 『東方雜志』 29卷 1號, 1932.1.

張潔, 「九一八事變后日本攝取中國東北鐵路權探析」, 『遼寧大學學報』 2009年 6期.

李東志, 「前進中的黑河地方鐵路」, 『綜合運輸』 1999年 12期.

30장

강남철로(江南鐵路)

수도 남경과 안휘, 강소, 절강을 연결하는 노선

연 도	1933~1935(1935년 5월 개통)
노 선 명	강남철로, 영무철로(寧蕪鐵路)
구 간	남경(南京) - 무호(蕪湖) - 가손부(家孫埠) / 남경[중화문(中華門)] - 요화문(堯化門) 연락선(聯絡線)
레일 궤간	1.435미터
총 연 장	197킬로미터
기 타	

　1905년 6월 안휘성 성민들은 한림원(翰林院) 편수(編修) 여패분(呂佩芬)을 통해 청조 상부(商部)에 안휘철로의 부설을 청원하는 동시에, 상판(商辦, 민영) 안휘성철로공사를 설립하여 이홍장의 아들인 이경방(李經方)을 독판(督辦)으로 추대하였다. 7월에 무호(蕪湖)에서 무호철로판사처가 설립되어 북쪽의 무호에서 시작하여 선성(宣城), 영국(寧國), 적계(績溪), 흡현(歙縣), 둔계(屯溪), 무원(婺源)을 거쳐 남으로 강서성 경덕진(景德鎭)에 도달하는 철로의 부설계획을 수립하였다. 10월에 무호, 선성, 광덕(廣德), 호주(湖州) 노선의 객화가 비교적 많은 이유로 먼저 무광(무호 - 광덕) 구간을 부설하기로 하고 이를 통해 절강성과 연결할 계획을 수립하였다. 그러나 여러 이유로 인해 이 철로의 부설은 경장철로의 부설보다 난이도가 훨씬 높았다.

　1906년 4월 안휘성철로공사는 3명의 외국인 공정사를 초빙하여 이들의 지도하에 12월에 이르러 무광철로(蕪廣鐵路)의 부설에 착수하였다. 1911년 5월 200만 량을 투입하여 무호에서 만지(灣沚) 사이의 32킬로미터의 노반과 교량을 완성하였는데, 더는 자본을 마련할 수 없어 중도에 그치고 말았다. 이러한 가운데 1911년 3월 북양정부가 영상철로국(寧湘鐵路局)을 설립하여 강소성, 안휘성, 강서성, 호남성을 횡관하는 영상철로(寧湘鐵路)의 부설을 위해 영국중앙은

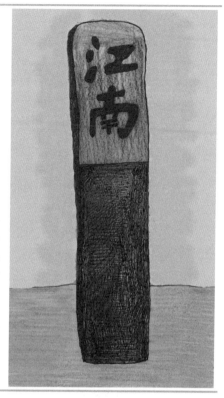

30-1 • 강남철로 경계석

2003년 9월 25일자 《무호일보(蕪湖日報)》 기사는 무호철로공무단(蕪湖鐵路工務段)에서 강남철로 경계석이 발견되었다고 보도하였다. 비석의 높이는 100센티미터, 폭은 25센티미터이며, 위쪽에 '강동(江南)'이라는 두 글자가 해서체로 새겨져 있었다. 이 비석은 1933년 5월 21일 무호의 이화부두(怡和埠頭)에서 강남철로의 기공식을 거행할 당시 세워진 것으로서, 현재는 상해철로박물관으로 옮겨져 보관되고 있다.

행과 1,800만 파운드의 차관계약을 체결하였다. 그러나 1차대전이 발발하면서 차관을 도입하기 어렵게 되자 영상철로국은 철폐되고 철로의 부설계획도 미루어지고 말았다.

강남철로는 안휘성 남부와 강절(江浙), 상해(上海) 지역을 연결하는 중요한 교통로이자 강남지역의 각 성으로부터 수도 남경으로 들어가는 문호였다. 1932년 7월 국민정부 건설위원회 위원장 강정강(張靜江)과 이석증(李石曾) 등은 '강남철로고분유한공사'를 조직하고 안휘(安徽) 무호(蕪湖)에서 절강(浙江) 사포(乍浦)에 이르는 철로를 부설하기 위한 계획을 수립하였다. 7월 4일 국민정부 철도부에 철로의 부설계획을 제출하였으며, 철도부는 민영철로법에 근거하여 이를 비준하였다.

30-2 ● 강남철로 경무 구간[남경 - 무호(蕪湖)] 개통식

위: 강남철로의 경무(京撫) 구간 개통식과 꽃으로 장식된 열차/ 아래: 승객으로 붐비는 강남철로,
출처: 「最近完成之江南鐵路京撫段」, 『交通雜志』 3卷 7/8期, 1935, p.1(上海圖書館 《全國報
　　　刊索引》 數据庫).

30-3 ● 총연장 450피트(약 137미터)의 강남철로 만지대교(灣沚大橋)
출처: 「最近完成之江南鐵路京撫段」, 『交通雜志』 3卷 7/8期, 1935, p.1(上海圖書館 《全國報刊
索引》 數据庫).

국민정부 철도부는 이미 남경(南京)을 출발하여 무호, 남창을 거쳐 광주(廣州)
에 이르는 경월철로(京粤鐵路)의 부설 계획을 수립해 두고 있었다. 그러나 국민
정부 철도부는 장정강의 요구를 받아들여 이미 완공한 무호 - 만지(灣沚) 구간을
겨우 36만 원의 저렴한 가격에 양도하였다. 1933년 4월 강남철로공사가 정식으
로 설립되어 상해에 총사무소를 설립하고 장정강을 상무이사(常務理事)에 임명
하였다. 장정강 이외에도 이석증(李石曾), 장공권(張公權), 두월생(杜月笙), 장소
임(張嘯林), 엽탁당(葉琢堂), 전신지(錢新之) 등이 상무이사로 임명되었다.

1933년 5월 21일 강남철로공사는 무호의 이화부두(怡和埠頭)에서 기공식을
거행하고 7월 10일 정식으로 철로의 부설공사에 착수하여, 1934년 11월 손가
부(孫家埠)까지 총 171.5킬로미터의 노선을 완공하였다. 강남철로공사는 총공
정사 홍신(洪紳)을 공정처장으로 임명하고, 주송현(周頌賢)을 운수처장으로, 주
연정(周延鼎)을 총무처장으로 임명하였다. 부설비용으로는 총 700만 원 전후가
소요되었는데, 이 가운데 민간자본이 200만 원, 철도부의 비준을 얻어 발행한
공채가 300만 원으로서 중국은행, 교통은행, 상해은행이 판매를 담당하였다.
은행은 철로공사의 자산 600만 원을 담보로 설정하였으며, 철도부가 원금, 이
자를 담보로 제공하였다. 1935년 5월 남경 중화문(中華門)에서 무호를 거쳐 손

30-4 • 강남철로 휘장

가부에 이르는 175킬로미터의 간선에서 열차가 통행하였다.

1935년 10월 강남철로와 경호철로(京滬鐵路)[호녕철로(滬寧鐵路)] 및 진포철로(津浦鐵路)의 연운(연계운수)을 위해 강남철로공사와 경호철로국이 공동으로 경호철로 요화문(堯化門)과 강남철로 중화문(中華門) 사이를 연결하는 22킬로미터의 노선을 부설하기로 합의하였다. 1936년 2월에 준공하여 4월에 강남철로와 경호철로가 남경 중화문에서 연결되어 무호와 상해 사이를 직통으로 연결하는 열차를 운행하여 객운을 개시하였다.

1935년 개통된 이후 남경에서 손가부까지 매일 직통열차가 네 차례 왕복하였다. 열차의 주행 속도는 무호에서 손가부에 이르는 구간에서 시속 40킬로미터로 운행하였으며, 남경에서 무호 사이의 구간은 시속 30킬로미터로 운행되었다. 남경에서 무호까지는 약 3시간 반이 소요되었으며 남경에서 손가부까지는 7시간 반이 소요되었다. 강남철로는 운수 가운데 객운이 다수를 차지하였는데, 1935년 기준 매일 평균 객운량이 약 2,200명이었다.

남경에서 무호까지의 표는 가격이 3등석 1원 3각(角) 5분(分)으로서, 평균 1킬로미터당 1분 5리(厘)에 해당되었다. 4등석은 7각이었다. 여객은 대부분 3·4등석 표를 구매하여 승차하였으며, 소량의 화물을 휴대하고 승차할 수 있었다. 1935년 6월부터 1936년 12월까지의 통계를 살펴보면, 19개월간 여객 총수는 255만 명이었고, 이 가운데 4등석 여객이 168만 명, 3등석 여객이 73만 명으로서, 양자가 전체 여객수의 95퍼센트를 차지하였다. 강남철로공사는 농민과 소상인의 탑승을 유도하기 위해 4등석의 여객이 상당량의 화물을 휴대하고 탑승할 수 있도록 허가하였다. 이는 여타 철로국에서 엄격히 금지하는 상태였다. 심지어 쌀을 운반하는 화물주가 기차역에서 마대를 빌릴 수 있을 정도였다.

30-5 ● 강남철로가 지나는 안휘성 당도현(當塗縣)의 당도대교(當塗大橋)
출처: 安徽師範大學 馬陵合 教授 提供.

이러한 정책에 힘입어 강남철로가 개통된 이후 안휘성 남부지역에서 산출된 농산물의 외운(外運)이 크게 활성화되었다. 이 지역은 농산물, 특히 쌀과 차의 주산지였으며, 무호는 전국 4대 쌀 생산지 중 하나였다. 1936년 강남철로 각역에서 남경, 상해, 항주 등으로 운반해 간 쌀이 무려 24만여 톤에 달하였다.

강남철로는 화물의 운송에서 거리가 멀수록 누진적으로 운임을 인하해 주는 방법을 채택하였으며, 별도로 특정 운임 할인 및 우대할인 등을 시행하였다. 강남철로의 화물 운임은 상품을 4개 등급(특등, 1등, 2등, 3등)으로 나누어 3등 화물 운임을 기준으로 3등이 100퍼센트, 2등이 121퍼센트, 1등이 210퍼센트, 특등이 340퍼센트로 부과되었다. 이정표는 24킬로미터를 기본단위로 하여 화물등급과 이정에 따라 운임을 계산하였다. 1930년 남경국민정부 철도부가 연운의 운임을 통일시키기 위해 각 철로에서 일률적으로 정차(整車)와 불만정차(不滿整車)[영차(零車)]의 양급 운임제를 채용하도록 지시하였다.

강남철로는 수운 및 공로[도로]와의 연운(연계운수)을 시행하였다. 예를 들면 강남철로공사는 안휘성공로국과 '시판여객연운합동(試辦旅客聯運合同)'을 체결하고 여객의 연운을 시행하였다. 1936년 4월 쌍방은 홍차의 연운협정에 서명하고, 기문(祁門)으로부터 선성(宣城) 사이에서는 공로국이 홍차를 운반한 이후 선성에서 상해까지는 강남철로의 열차로 운송하도록 하였다. 강남철로는 인원을 파견하여 기문의 차장(茶場)에서 직접 연운화물표를 발급하였다. 당해년도 연운으로 운송된 홍차는 총 4만 215상자에 달하였는데, 이는 기문에서 1년간 생산된 홍차 총 6만 5,000상자의 60퍼센트에 상당하는 수량이었다.

더욱이 장강 상하류 지역과의 소통을 위해 1935년 2월 5일 강남철로는 국영초상국(招商局)과 '수로화물연운합동(水路貨物聯運合同)'을 체결하였다. 이로써 안휘성 남북의 화물이 육로교통으로 장강 연안까지 도달한 이후에 초상국의 기선으로 장강의 남·북쪽 각 기슭, 예를 들면 한구(漢口), 구강(九江), 대통(大通), 안경(安慶), 진강(鎭江), 연태(烟台), 위해위(威海衛), 천진(天津), 영파(寧波), 산두(汕頭), 광주(廣州), 상해(上海) 등지로 운반되었다. 수륙연운은 운임을 절감하여 영업을 촉진하고 이윤을 증진하며 시간을 절약하는 한편, 국가의 교통사업 발전에 이바지하였다.

중일전쟁이 발발한 이후 형세가 급박해지면서 일본군이 상해에 상륙하자 호녕철로의 운행을 보장할 수 없게 되었다. 이에 국민정부는 남경으로부터 철수할 경우를 대비하여 별도의 철로 노선을 부설해야 할 필요가 발생하였다. 이에 국민정부는 절공철로와 상호 연결할 수 있는 철로를 부설하기로 결정하고 이를 경공철로(京贛鐵路)라 명명하였다. 1936년 5월 경공철로공정국이 설립되어 손가부에서 귀계(貴溪)에 이르는 구간의 철로 부설을 서둘렀다.

안휘성까지는 1937년 7월에 연결되어 열차를 개통하였으며, 강서성으로는 1937년 10월에 열차를 개통하였다. 총 308킬로미터에 달하였다. 그러나 일본 군대의 침공으로 1937년 12월 선성, 무호, 남경 등이 속속 함락되면서 부설공정은 중단되고 말았다. 1938년 여름에 국민정부는 현지 주둔 군대가 이 철로를 해체하도록 하여 일본군대가 철로를 이용할 가능성을 차단하였다.

중화인민공화국 수립 이후 1955년부터 1958년까지 철도병과 철도부 제5공정국, 철도부 제2설계원 등의 인원을 파견하여 철로의 상태를 점검하였다. 이후 1970년 8월 철도부 제3설계원이 재차 철로 노선에 대한 설계와 측량을 실시하였다. 11월에 이르러 안휘성 환공철로지휘부(皖贛鐵路指揮部)와 상해철로국(上海鐵路局)이 20만 명의 공병대를 조직하여 시공에 착수하였다. 그러나 이후

京蕪鐵路復軌工程

江南鐵路京蕪段（南京至蕪湖），自
勝利接收於三十五年二月，爲交通部搶修
通路移用全線枕木及鋼軌，以致停頓
迄今，已逾二載。茲該公司經交通部代
向國行貸款，購置加拿大枕木及美國鋼
軌，已於七月十二日起復軌，工程進行
迅速，截至八月二十七日下午七時三十
分已全部竣工，接通蕪湖，萬方多難，
民生憔悴，這一個建設的喜訊，應該給
國人以很大的興奮。　中央社攝

←工程師王駿深(右)，主持
復軌工作，左爲工頭陳明亮。

↑工程材料車

↑整　道

↑敷設臨時電話線

↑釘　道

↑丈量已敷竣鐵軌

↑搬運鋼軌

↑鋪設枕木

30-6 • 2차대전 종전 이후 강남철로 경무(京蕪) 구간의 복구

출처: 「江南鐵路京蕪鐵路復軌工程」, 『東方雜誌』 44卷 10號, 1948.10, p.10.

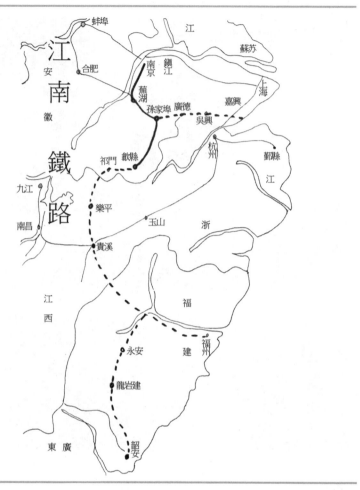

30-7 • 강남철로 노선도 1

문화대혁명의 발생과 3재(材)[강재, 목재, 시멘트]의 부족으로 공정이 진척되지 못하였다. 이후 1981년 12월에 이르러 비로소 전 노선이 개통되어, 이후 1985년 6월 1일부터 정식으로 운영되었다.

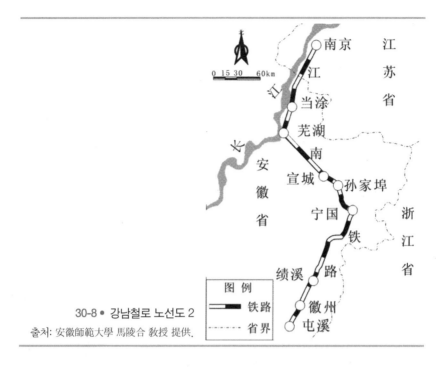

30-8 ● 강남철로 노선도 2

출처: 安徽師範大學 馬陵合 敎授 提供.

참고문헌

「最近完成之江南鐵路京芜段」, 『交通雜志』第3卷 第7/8期, 1935.

「江南鐵路京蕪鐵路復軌工程」, 『東方雜誌』44號 10號, 1948.10.

馬陵合, 「民營江南鐵路的修築及運營評述」, 『安徽史學』2009年 3期.

李占才, 「張靜江修築鐵路」, 『民國春秋』1996年 4期.

馬陵合, 「江南鐵路與近代長三角地區商貿格局的变动」, 『近代中國』2009年 3期.

31장

도가철로(圖佳鐵路)

소련을 견제하기 위해 일본이 부설한 제2의 남만주철로

연 도	1933~1937(1937년 7월 1일 개통)
노 선 명	도가철로
구 간	도문(圖們) - 가목사(佳木斯)
레일 궤간	1.435미터
총 연 장	580킬로미터
기 타	

도가철로는 중한 변경의 도문(圖們)으로부터 목단강(牡丹江)을 거쳐 송화강 (松花江) 하류의 가목사(佳木斯)에 이르며 동북 변경을 종관(縱貫)하는 철로로서, 총연장 580킬로미터의 대간선이다. 조선 북부의 웅기(雄基), 나진(羅津), 청진 (淸津)의 3항과 상호 통하는 도문에서 시작하여 중동철로의 목단강역을 거쳐 중국 동북부 송화강 하류의 가목사에 직통하는 남북 간선이었다.

이 철로는 만주에서 일본과 러시아(소련)가 세력권을 두고 경쟁하던 상황에 서 일본이 소련을 견제하기 위해 부설한 철로로서, 당시 제2의 남만주철로라 불렀다. 경제적으로 본다면, 이 철로는 송화강 상류의 자원이 중동철로를 통해 수출입되는 것을 저지하는 역할을 수행하였다. 군사적으로는 북만주 수륙 교 통의 요충지에 위치하여 전반적인 교통을 통제한다는 점에서도 매우 중요한 철로라 할 수 있다.

1927년 10월 남만주철도주식회사 총재 야마모토 조타로(山本條太郞)는 장작 림과 '만몽5로' 및 부설 협정을 체결하고, 연길에서 해림(海林)에 이르는 철로의 부설권을 획득하였다. 이 연해선(延海線)이 바로 도가철로의 시초라 할 수 있으 며, 도가철로는 연해선의 연장선상에서 부설된 철로라 할 수 있다. 1928년 5월 야마모토 조타로는 장작림과 이 철로를 부설하기 위한 계약을 체결하였다. 그러나 장작림이 폭살을 당하면서 철로 부설은 당분간 중단되었다. 만주사변 이후 만주국은 도가철로의 부설을 중점 건설 항목으로 결정하고, 1928년에 체결된 도가철로 부설계약에 의거하여 우선적으로 부설하도록 남만주철도주식회사에 권한을 부여하였다.

남만주철도주식회사는 도가철로를 부설하기 위해 도녕(圖寧)[도문 - 목단강], 영림(寧林)[목단강 - 임구(林口)], 임가(林佳)[임구 - 가목새의 세 구간[단(段)]으로 구분하여 실지조사와 측량을 진행하였다. 조사는 이미 1926년부터 시작되어 1935년 2월까지 지속되었다. 주의할 점은 남만주철도주식회사의 요구로 조선총독부가 실지조사에 참여하였다는 사실이다. 이러한 목적은 조선 북부의 항구를 도가철로와 연결하기 위한 의도였다. 따라서 실지조사와 측량의 범위는 원산, 청진, 웅기, 나진, 회령, 용정, 연길, 훈춘 등 여러 지역을 포괄하였다. 1933년 12월 부설을 결정하여 1937년 7월 1일 완공하였으며, 총연장 580.2킬로미터의 노선이다.

도가철로는 세 구간으로 나누어 부설공사가 진행되었다. 첫 번째 구간은 목도선(牧圖線)으로서 도문에서 목단강에 이르는 노선이다. 1932년 기공하여 1935년 7월 1일 공사를 완료하였다. 두 번째 구간은 목림선(牧林線)으로서 목단강에서 임구(林口)에 이르는 구간인데, 1934년 3월에 기공하여 1936년 7월 1일 정식으로 영업을 개시하였다. 세 번째 구간은 임가선(林佳線)으로서 임구에서 가목사에 이르는 노선인데, 1935년 5월 기공하여 1937년 7월 1일 정식으로 철로 영업을 개시하였다.

이 가운데 도문 - 목단강 구간의 총연장은 248.2킬로미터로서 1935년 7월 1일 개통되었다. 목단강 - 임구 구간은 총연장 110킬로미터이며, 1936년 7월 1일 개통되어 영업을 시작하였다. 임구 - 가목사 구간의 총연장은 221.5킬로미터이며 1937년 7월 1일 개통되었다. 가목사역에서 가목사 부두까지의 노선은 총연장 4.1킬로미터에 달하였으며 1936년 12월 완공되었다. 이와 함께 연변 도문시에서 조선 함경북도 남양시의 두만강 사이에 1932년 8월 6일 도문국제철교를 가설하기 위한 계획에 착수하였다. 이 교각은 1933년 6월 2일 준공되었는데, 총연장 43만 2.96미터, 높이 11미터, 교각 기둥은 20개였다.

빈흑철로(濱黑鐵路), 도가철로 양 노선을 연결하고 소흥안령(小興安嶺) 삼림을 개발하기 위하여 일본은 수화(綏化)에서 신수(神樹), 신수에서 가목사의 건너편인 연강구(蓮江口)에 이르는 양 노선을 부설하였다. 수신선(綏神線)은 빈흑선(濱黑線)의 수화역(綏化驛)에서 동북쪽으로 경성(慶城)[현재의 경안(慶安)], 철력(鐵力), 도산(桃山)을 거쳐 신수에 이르는 총연장 135.8킬로미터이며, 1937년 3월 기공하여 1938년 12월 15일 완공되었다. 연선지역은 토지가 비옥하고 농산물이 풍부하며, 신수의 동쪽은 소흥안령의 삼림지대로 포함된다. 신수에서 가목사 구간은 낭향(郎鄉), 대령(帶嶺), 남차(南岔), 연탕왕하(沿湯旺河) 오른쪽 기슭을 지나, 위령(威嶺), 호량하(浩良河), 탕원(湯原)을 거쳐 다시 송화강을 따라 달련강구(達蓮江口)와 서가목사(西佳木斯)에 도달하고 마침내 가목사에 도달하였다. 이 철로는 1937년 기공하여 1941년 완공되었으며, 수화에서 가목사까지 총연장 381.8킬로미터에 달하였다.

당시 일본에서는 남만주철로와 도가철로, 그리고 조양철로(洮昻鐵路)를 동삼성의 3대 종관철로라 불렀다. 동북의 동부 및 북부지방은 임업, 농업 및 광산물이 매우 풍부하였다. 도가철로는 의란(依蘭), 삼성(三姓) 지방의 삼림 및 목릉(穆棱), 밀산(密山), 영안(寧安), 발리(勃利), 삼성 등에서 생산되는 곡류를 일본으로 수출하는 통로이기도 하였다. 1934년 도가철로가 운송한 임산물은 5,795톤에 달하였으며, 1935년에는 5만 8,860톤에 달하여 무려 10배나 증가하였다. 1936년에 임산물 운송량은 15만 8,815톤으로 2년 전의 27배에 달하였다.

도가철로가 부설된 이후 농산물의 운수도 크게 증가하였다. 1934년 도가철로가 운송한 농산물 수출량은 3만 751톤이었으며, 1936년에는 6만 1,128톤에 달하였다. 도가철로가 막 부설된 1935년에 나진항의 수출입품은 2.6만 톤이었는데, 철로를 운영한 지 1년 이후인 1938년에는 무려 84만여 톤으로 증가하였다. 이 가운데 콩의 수출이 64만 톤으로 당해년도 나진항 수출 총량의 91퍼센트를 차지하였다. 도가철로는 농산품 운송에서 매우 중요한 역할을 수행하였다.

1938년 도가철로의 객운량은 369만 8,000명이며 1940년에는 608만 8,000명이었다. 1942년에는 741만 5,000명으로 증가하였다. 1938~1942년 사이의 5년간 중국 동북 및 조선 북부의 48개 철로 노선 가운데 여객 운수의 통계를 살펴보면, 도가철로가 1938년 2위, 1940년 4위, 1942년에 4위를 차지하였다.

도가철로는 중국 동북지방과 조선을 연결하는 주요 물류 유통루트라 할 수 있다. 1935년 5월 22일 일본과 만주국은 수도 '신경(新京)'[장춘]에서 두만강을 통과하는 열차의 운행 및 관세 간략 수속협정에 서명하였다. 이후 만주국철로는 조선북부철로와 직통으로 운수가 가능하게 되었다. 이 철로를 통해 수많은 식량과 군운(軍運)이 운송되었다. 일본은 이 철로를 통해 콩, 식량, 식용유, 석탄 등의 주요 물자를 두만강을 경유하여 자국으로 수송해 갔다.

1948년 9월-12월 사이에 두만강 연안역을 통해 수출되는 화물이 2만 1,703톤에 이르렀으며, 수입 화물은 4만 9,684톤에 이르렀다. 1950~1953년 사이의 한국전쟁 기간 동안에는 중국이 이 철로를 통해 한국 전장으로 군량을 운송하였다. 1954년 4월 1일 중국과 북한 양국의 철로는 단동, 도문, 집안(集安) 등 지역에서 정식으로 철로화물의 연운(聯運)을 정식으로 개시하였다. 이로부터 중국의 열차역이나 북한이 공포한 연운역 사이의 어떠한 역에서도 표 한 장만 구입하면 연운의 화물 운송이 가능하게 되었다.

1954~1985년 도문 - 남양 사이에 매일 밤낮으로 운행되는 화물열차가 총 6회에 이르렀으며, 1985년부터는 매일 7회에 걸쳐 열차가 운행되었다. 도문을 거쳐 수출되는 화물은 1966년 195.2만 톤으로서 1960년 이전의 5년간의 평균 131.2만 톤을 크게 상회하였다. 이로부터 1985년까지의 32년 동안 수출 화물은 총 3,484.3만 톤에 달하였다. 수입 화물은 1959년 81만 톤으로서 1960년 이전 5년 평균의 59.7만 톤을 크게 상회하였으며, 1985년까지의 32년 동안 수입화물은 총 1,563.3만 톤에 달하였다.

1984년 이후 중국은 두만강 연안을 이용하여 북한의 청진항을 통해 중국과 일본 사이의 수출입 화물 운수를 중계무역 기지로서 이용하였다. 중국이 일본에 수출한 주요 상품은 옥수수와 콩이었다. 1992년 1월 21일 중국심양철로국

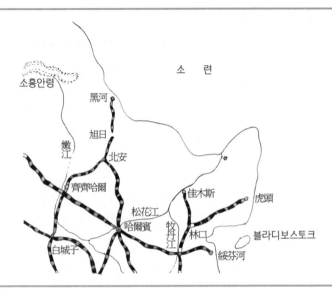

31-1 • 도가철로 노선도 1

과 북한북부철도총국 및 러시아의 원동철로국은 하바롭스크에서 '도문, 남양, 두만강, 하산스크(러시아)를 거쳐 운송되는 중러변경무역화물협정'을 체결하고, 1992년 3월 1일부터 이들 수출입 화물의 통관업무를 개시하였다. 1992년 말까지 러시아로부터 연변지역으로 수입된 화물은 총 10만 톤에 달하였다.

2008년 1월 21일 중국철도부장 유지군(劉志軍)과 조선철도성 철도상 김용삼(金勇三)은 북경에서 양국 간 철로운수의 발전과 협력을 위한 회담을 개최하고 중국이 북한에 1,300량의 무개화물차(無蓋貨物車)와 100량의 유개화물차, 그리고 20량의 내연기관차를 기증하였다.

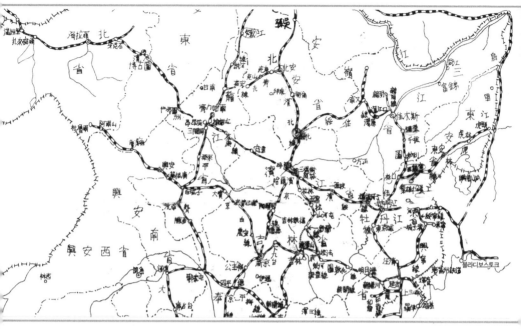

31-2 ● 도가철로 노선도 2

참고문헌

張景泉, 「"第二個滿鐵線"—圖佳鐵路的建築影響」, 『吉林師範學院學報』 1996年 11期.

方美花, 「日帝强征朝鮮勞工與東北軍事工程」, 『沿邊大學學報』 2007年 1期.

程維榮, 『近代東北鐵路附屬地』, 上海社會科學院出版社, 2008.

董說平, 『中日近代東北鐵路交涉研究』, 遼寧大學出版社, 2011.

32장

동포철로(同蒲鐵路)

산서성을 남북으로 관통하는 간선철로

연　도	1933~1939
노　선　명	동포철로
구　간	남동포선(南同蒲線): 태원(太源) - 풍릉도(風陵渡) / 북동포선(北同蒲線): 태원(太源) - 대동(大同)
레일 궤간	1미터, 1938년에 1.435미터의 표준궤로 개축
총 연 장	510.6킬로미터 / 343.3킬로미터
기　타	

　동포철로는 북으로 산서성 대동시로부터 남으로 황하 북안의 풍릉도에 이르는 산서성의 대표적인 철로이다. 선로는 경수철로의 대동역으로부터 남으로 나아가 상간하(桑干河), 호타하(滹沱河) 및 분하(汾河)를 건너 운중산(雲中山)과 계주산(係舟山) 등의 분수령을 넘어 삭주(朔州), 양방구(陽方口), 영무(寧武), 원평(原平), 흔주(忻州)를 거쳐 태원(太原)에 도달하였다. 풍릉도(風陵渡)의 건너편 기슭은 동관(潼關)으로서 황하를 건너면 바로 농해철로(隴海鐵路)와 연결되며, 평수철로(平綏鐵路), 정태철로(正太鐵路)와 연결된다. 태원을 경계로 북동포선과 남동포선으로 나뉜다.

　산서성은 북으로 평수철로가 국경을 지나고 남으로는 정태철로와 경한철로(京漢鐵路)가 연접한다. 그러나 동포철로가 부설되기 전에는 남북 양 철로를 서로 이어주는 철로가 없었다. 만일 북으로는 평수철로의 대동(大同)에서 시작하여 성회(省會)인 태원(太原)을 거쳐 남으로 포주(蒲州)[현재의 영제(永濟)]에 이르고, 다시 황하 연안의 풍릉도에 도달하는 철로를 부설한다면 매우 이상적인 교통로가 아닐 수 없었다. 풍릉의 건너편은 바로 농해철로와 연결되니 평수철로, 정태철로, 농해철로와 서로 통해 산서성 전체를 종관함으로써 산서성의 교통을 대대적으로 개선할 수 있다. 이러한 이유에서 동포철로를 부설하는 것이 산서성민들의 오랜 숙원이었으나, 실현되지 못한 채 계속 미루어지고 있었다.

1908년 삼진원(三晉源)[*] 등 산서표호^{**}가 60만 량을 투자하여 1911년 8월 유차(楡次) 부근에서 철로 7.5킬로미터의 노선을 부설하였다. 이것이 산서에서 철로를 부설한 기점이 되었다. 그러나 결국 경비 문제로 인해 개통에는 이르지 못하였다. 1913년 북양정부는 벨기에프랑스철로공사와 동성(同成)[대동 - 성도(成都)]철로차관합동을 통해 동포철로 부설과 관련된 계약을 체결하였으나, 실제 부설공사에는 착수하지 못하였다. 1924년 1월 28일 손과(孫科)는 중앙정치회의에서 전국의 철로 부설 계획을 총 4조로 나누어 발표하였는데, 동포철로는 이 가운데 3조에 속하였다.

1928년 10월 23일 남경국민정부는 철도부(鐵道部)를 설립하고 손과를 철도부장으로 임명하여 철로의 부설 및 제반 철로업무의 관리를 강화하였다. 1932년 7월 정태철로가 프랑스차관의 상환을 완료한 이후 이를 국영으로 회수하였다. 이후 국민정부는 정태철로의 수입을 담보로 프랑스로부터 차관을 도입하여 대동철로(大潼鐵路)[대동 - 동관(潼關)]와 태고철로(太沽鐵路)[태원 - 대고(大沽)]의 양 철로를 부설하기 위한 계획을 수립하였다.

국민정부가 산서성에서 철로 부설을 위한 계획을 수립하자, 산서왕이라 부르던 염석산(閻錫山)은 산서성을 자신의 세력권으로 간주하여 중앙정부가 이 지역에서 세력을 확대하는 것을 마땅치 않게 생각하였다. 이에 염석산은 '산서성 10년건설계획'의 일환인 동포철로의 부설에 착수하기로 결심하였다. 1932년 10월 20일 염석산은 태원수정공서에서 '진수병공축로 지휘부(晉綏兵工築路指揮部)'를 설립하고 스스로 총지휘를 겸하고 공병(工兵)을 동원하여 동포철로의 부설에 착수하기로 결정하였다. 염석산의 계획이 신문에서 공고된 이후 국민

_*   3대 산서표호 중 하나로서, 1862년에 창업하여 1924년에 은호(銀號)로 개조되었으며, 1935년 영업을 중단하기까지 73년간 금융활동을 지속하였다.

_{**}   명·청 시대 최대의 상인집단인 산서상인[晉商]은 송금과 태환(兌換)을 비롯하여 저축, 결산, 환어음 등을 처리하기 위한 표호(票號)라는 전통 금융기관을 설립하였다. 산서표호는 중국의 전통 금융업 가운데 대표적인 기구로서, 1900년경이 되면 상해(上海), 천진(天津), 장가구(長家口) 등 400여 도시에 지점을 보유한 거대 송금 네트워크를 보유하였다.

정부는 부득불 대동철로를 부설하려는
계획을 포기하고 이미 부설공사에 착수
한 정태철로 유차역(楡次驛)으로부터 태
곡(太谷)에 이르는 구간을 부설하기 시작
하였으며, 이는 총연장 36킬로미터에 달
하였다.

부설 경비의 내원을 살펴보면, 염석산
은 프랑스에서 거액의 자본을 융통하고
독일로부터 강궤와 기차 차량, 기타 철로

32-1 • 동포철로 휘장

부설 자재를 구입하고 전문적으로 철로은호(鐵路銀號)를 설립하여 부설비용을
조달하였다. 동포철로 간선공정의 비용은 약 1,600여만 원으로서, 전 노선을
850킬로미터로 계산하면 평균 1킬로미터당 2만 원도 소요되지 않았다. 즉 당
시 기타 철로와 비교하여 부설비용이 매우 낮은 편이었다. 염석산은 동포철로
의 궤간을 정태철로와 같게 하여 궤간 1미터, 레일 중량은 1마일당 32파운드의
경궤를 채택하였다. 그러나 정태철로의 레일 중량은 1마일당 55파운드였다.
즉 동포철로에서 달리는 기차 차량은 정태철로에서 주행할 수 있지만 정태철
로의 차량은 동포철로의 노선에서 주행할 수 없었다.

1933년 5월 동포철로의 부설이 개시되었으며, 부설 구간은 대동에서 풍릉도
까지 총연장 865.7킬로미터에 달하였다. 남단의 태원에서 개휴(介休)에 이르는
구간은 1934년 7월에 열차의 운행을 시작하였으며, 총연장 141.9킬로미터에
달하였다. 11월에는 북단인 태원에서 원평(原平)에 이르는 구간의 부설에 착수
하였으며, 이 구간의 총연장은 120.3킬로미터에 달하였다. 1934년 4월 동포철
로의 남단 개휴 - 임분(臨汾) 구간의 부설을 시작하여 다음 해 5월 완공되었으
며, 총연장 134.6킬로미터에 달하였다.

1934년 10월 동포철로 남단 임분 - 풍릉도 구간의 부설이 시작되어 다음 해
12월 완공되었으며, 총연장 237.4킬로미터에 달하였다. 1935년 5월 개휴에서
임분까지의 구간에서 열차 운행을 개시하였다. 1935년 12월 임분에서 풍릉도

32-2 • 동포철로의 기공식

출처: 「同蒲鐵路開工典禮」, 『晋綏兵工築路年報』 401期, 1934.9, p.27(上海圖書館《全國報刊 索引》數据庫).

32-3 • 동포철로 전경

출처: 「同蒲鐵路」, 『東方雜志』 34卷 13期, 1930.8, p.32.

구(風陵渡口) 구간이 완공되어 1936년 원단에 동포철로 남단의 전선이 개통되어 총연장 약 237킬로미터에 달하였다.

　1934년에는 원평 - 양방구(陽方口) 구간이 부설을 시작하였으며 총연장 79.2

킬로미터에 달하였다. 1935년 8월 동포철로 북단 태원에서 원평 구간이 완공되었다. 1935년 동포철로 북단 양방구에서 대동에 이르는 152.3킬로미터의 철로가 부설을 시작하였으나, 중일전쟁 발발로 완공되지 못하였다.

동포철로의 북단공정도 진행되어 태원에서 원평(原平)에 이르는 구간은 123킬로미터, 지세가 평탄하여 공정이 용이하여 1936년 8월 완공하여 개통하였다. 원평의 이북은 산이 높고 지형이 험준하여 공정이 힘들었다. 선로를 우회하여 길이 약 257킬로미터 1936년에 이르러 원평에서 양방구(陽方口)에 이르는 약 79킬로미터의 구간이 완공되었으며 양방구에서 삭현(朔縣)에 이르는 구간은 기본적으로 완성되었다. 오로지 터널공정이 미완으로 열차를 통행하지 못하였다. 삭현에서 대동에 이르는 구간은 시공 중에 1937년 7 · 7 사변이 발발하고 공정이 중단되어 이후 일본이 북단을 완성하고 표준궤로 변경하였다.

1936년 동포철로 북단 원평에서 양방구 구간이 완공되었다. 1938년 10월 동포철로 원평 이북의 선로를 변경[원평에서 삭현 - 평왕(平旺)에 이르는 223킬로미터]하였으며, 동시에 표준궤로 변경하였다. 일본제국주의 점령하에서 기공하여 다음 해 4월에 완공되었다. 동포철로의 총연장은 853.9킬로미터에 달하였다. 일본이 점령한 이후 선로를 개축하여 평수철로와 상호 연결하였다.

1943년부터 항일유격대는 일본이 장악하여 전쟁물자를 수송하고 있던 동포철로에 대해 끊임없이 공격을 가하여 철로의 파괴가 적지 않았다. 당시 태원에서 원평까지 7시간이 소요되었으며, 시속은 25~35킬로미터에 달하였다. 기관차의 견인중량은 300톤 정도였다.

1945년 일본의 항복 이후 염석산이 재차 산서성의 대권을 장악하고 북동포철로를 접관하였다. 1946년 7월 중국공산군과 민병들은 북동포철로를 기습하여 대동에서 흔현(忻縣) 사이의 교량, 기차역, 강궤, 침목, 전신주, 전선 등을 파괴하고 해체하였다. 흔현에서 고촌(高村) 사이의 침목은 모두 소각하였으며, 강철레일은 싣고 갔다. 노반은 구간마다 파헤쳐지고 훼손되었다. 전신주, 전선, 교량, 기차역사 등도 파괴되었다. 이러한 결과 북동포선은 파괴가 심하여 중화인민공화국 수립까지 열차가 통행할 수 없었다.

32-4 • 동포철로 기관차와 태원역
위: 동포철로의 기차
아래: 동포철로 태원역
출처: 「同蒲鐵路太原總站」, 『中華實業月
刊』 2卷 4期, 1935, p.1(上海圖書館
《全國報刊索引》數据庫).

32-5 • 동포철로 선상에서 협궤 레일을 부설하고 있는 공병(工兵)들

동포철로는 북쪽의 대동에서 남의 영제현(永濟縣)[즉 포주(蒲州)]의 풍릉도(風陵渡)에 이르며,
산서성 전역을 관통한다. 이전의 동성철로(同成鐵路)의 한 구간에 해당된다. 북으로는 평수철
로(경수철로), 남으로는 농해철로와 연결되며, 중도에 정태철로와 연결된다.

출처: 韓白羅, 「同蒲鐵路進行概況」, 『良友』 104期, 1935, p.33(上海圖書館 《全國報刊索引》
數据庫).

32-6 • 동포철로의 부설 공정과 동포철로 터널 굴착 공사

위: 동포철로의 부설 공정/ 아래: 동포철로 터널 굴착 공사

출처: 韓白羅, 「同蒲鐵路進行槪況」, 『良友』 104期, 1935, p.33(上海圖書館 《全國報刊索引》 數据庫).

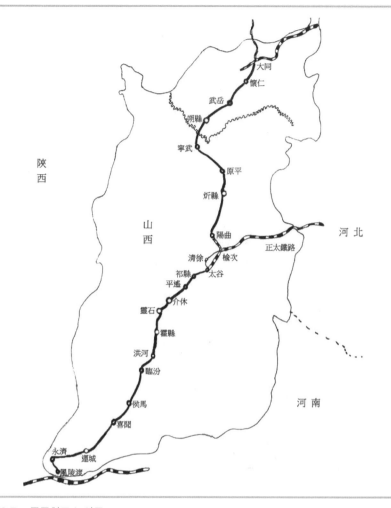

32-7 • 동포철로 노선도

　1949년 4월 24일 중국공산당이 태원을 접수하고 5월 1일에는 대동을 접수
하였다. 6월 7일에는 태원철로관리국을 발족하였으며, 11월 6일에는 산서철로
수복지휘부를 설립하였다. 태원철로관리국은 북동포공정대를 발족하여 철로
의 보수작업에 착수하였다. 11월부터 철도병은 황후원(皇后園)에서 흔현(忻縣)
에 이르는 80킬로미터의 구간과 흔현에서 사가강(史家崗)에 이르는 38킬로미

터의 지선[현재의 흔하지선(忻河支線)]의 총연장 118킬로미터의 구간에 대한 보수공사에 돌입하였다.

1950년 3월에서 6월에 걸쳐 철도공병대대는 평왕(平旺)에서 삭현(朔縣)에 이르는 선로 및 교량의 보수 및 열차의 개통을 위한 공사에 착수하였다. 이 구간은 곡선구간이 많고 교량의 파괴가 심하여 보수작업의 난이도가 높았다. 따라서 태원철로관리국 공정대대, 형양철로관리국(衡陽鐵路管理局) 교공대(橋工隊)와 천진철로관리국 삭현공정처(朔縣工程處)가 공동으로 복구작업에 투입되어 마침내 1951년 8월 2일 전 노선에 걸쳐 열차의 개통식을 거행할 수 있었다. 개통식에는 철도부장 등대원(滕代遠)이 친히 참석하여 개통을 축하하였다.

1957년 1월 25일 북동포철로의 기술 개조 공정이 시작되었다. 태원철로관리국은 영무(寧武)에서 간강단(幹崗段) 가령(家嶺) 사이의 선로 가운데 90퍼센트를 철거하여 신선으로 교체하였다. 신축 구간의 가령터널은 총길이 3,345미터에 달하여 당시 천검철로(川黔鐵路)의 양풍오대(涼風埡大) 터널에 뒤이어 전국에서 두 번째로 긴 터널이 되었으며 1959년 10월 30일 준공되었다.

1980년대 이후 북동포철로는 대규모의 전기화 개조작업에 착수하여 중간기차역이 증설되고 레일도 중형(重型)의 강궤로 교체되었다. 이에 따라 선로의 운송능력도 크게 향상되었으며 열차의 운행설비도 크게 개선되었다. 1988년 6월 개조작업에 착수하여 1989년 7월 31일 개통되었다. 1992년 4월 1일 북동포철로의 모든 증기기관차가 폐기되고 내연기관차, 전력기관차로 교체되었다. 이러한 결과 이 철로는 산서성의 석탄을 외부로 반출하는 가장 주요한 노선이 되었다.

참고문헌

「同蒲鐵路開工典禮」, 『晋綏兵工築路年報』 401期, 1934.9.

「同蒲铁路」, 『東方雜志』 34卷 13號, 1930.8.

「同蒲鐵路太原總站」, 『中華實業月刊』 2卷 4期, 1935.

韓白羅,「同蒲鐵路進行概況」,『良友』104期, 1935.

江沛,「鐵路與山西城鎮的變動: 1907-1937」,『民國檔案』2007年 2期.

袁文科,「淸末民初商辦同蒲鐵路硏究」,『山西大同大學學報』2017年 31期.

劉蘭君,「晉冀魯豫抗日根据地政權建設的經驗及啓示」,『黨史博采』2004年 9期.

景占魁,『閻錫山與同蒲鐵路』, 山西人民出版社, 2003.

33장

회남철로(淮南鐵路)

회남 석탄을 남경 등으로 운반하는 전용철로

연　도	1934~1936(1936년 6월 25일 개통)
노 선 명	회남철로
구　간	전가암(田家庵) - 합비(合肥) - 유계구(裕溪口)
레일 궤간	1.435미터
총 연 장	240 킬로미터
기　타	

1928년 2월 1일에 개최된 국민당 중앙정치위원회 제127차회의는 국민정부 건설위원회의 설립을 의결하고, 장정강(張靜江)을 건설위원회 위원장으로 임명하였다. 회남철로는 1930년 건설위원회 회남매광국(淮南煤礦局)이 석탄을 운반하기 위해 부설한 노선이다. 북으로 회하(淮河) 남쪽 기슭의 회원현(懷遠縣)에 속한 전가암(田家庵)에서 남으로 양자강 북쪽 기슭의 화현(和縣)에 속하는 유계구(裕溪口)에 이르는 총연장 240킬로미터의 노선으로서, 1934년 3월 기공하여 1935년 6월 완공하고 열차를 개통하였다.

남경국민정부가 수립되고 남경이 수도로 정해진 이후, 철로 부설의 중점은 주로 강남지역에 두어졌다. 장정강이 회남철로의 부설을 주장한 이유는 회남지역에서 생산된 석탄을 외부로 운송하는 문제를 해결하기 위한 것이다. 당시 중국 석탄자원의 주요 산지는 동북과 화북 등 북부지방이었다. 그러나 만주사변 이후 일본이 동북을 점령하면서 이 지역으로부터 공급되는 석탄이 차단되고 말았다.

안휘성(安徽省) 회하(淮河) 남쪽 기슭의 순경산(舜耕山)[현재의 대통(大通)]에 위치한 대통매광공사(大通煤鑛公司)는 매년 약 23만 톤의 석탄을 생산하였다. 1930년에는 대통매광(大通煤鑛) 부근의 구룡강(九龍崗)에서도 연간 54만 톤의 석탄이 생산되었다. 이 두 탄광에서 생산된 석탄이 전가암(田家庵)으로부터 회하를 거쳐 진포철로(津浦鐵路) 방부역(蚌埠驛)으로 반출되어 장강 각 부두와 복건, 광동의 두 성으로 운송되었다. 그러나 수륙 간의 연계운수가 매우 번거로웠다. 이에 국민정부 건설위원회 위원장 장정강은 회남 지역의 석탄을 장강 유역으로 운송하여 남경, 상해 등 강남 지역의 에너지 공급원을 확보하기 위해 회남철로의 부설을 계획하였다.

1929년 7월부터 철로의 측량을 개시하여 1931년 5월 측량을 완료하였다. 1933년 건설위원회는 광산자산을 담보로 상해의 교통은행과 중국은행 등의 금융기관을 통해 300만 원의 자금을 차입하였다. 1933년 12월 건설위원회는 회남철로공정처를 발족하고 정사범(程士范)을 총공정사로 임명하여 철로 노선의 설계와 부설 공정을 위임하였다.

정사범은 북양대학(北洋大學)[현재의 천진대학(天津大學)] 토목공정과를 졸업하고 일찍이 안휘항(安徽港)으로부터 석탄광산에까지 연결되는 석탄 운반용 경편철로를 부설한 경험이 있었으며, 이 밖에도 상해 보산(寶山)의 방파제공사와 항주(杭州)의 수도공정 등을 완공한 치적이 있었다. 당시 교통부 우정저금회업총국(郵政儲金匯業總局) 부국장이었던 정사범은 사직서를 제출하고 회남철로의 부설에 뛰어들었다. 1934년 초 정사범은 절강대학 교수 유인량(鈕因梁), 지질측량전문가 호위중(胡衛中), 기계제조전문가 진복해(陳福海) 등으로 전문가집단을 조직하여 회남철로의 부설을 위한 준비업무에 착수하였다.

그런데 회남철로의 부설에는 기술 외적인 문제가 있었다. 당시 철로 부설권의 규정에 따르면 이미 부설되어 있는 철로의 200킬로미터 이내에서는 나란히 철로를 부설할 수 없도록 하는 조항이 있었다. 이에 회남철로를 합법적으로 부설하기 위한 방법을 찾던 끝에, 장정강은 회남철로가 철도부의 관할이 아니라 건설위원회 관할의 공정임을 강조하였다. 이러한 이유에서 장정강은 철도부에 회남철로가 단지 광석을 운반하기 위해 부설되는 전용선으로서 광업의 발전을 추구할 뿐 다른 용도로 전용하지 않을 것임을 설득하였다. 따라서 철로의 이름도 회남매광전용선(淮南煤鑛專用線)이라고 명명하였다. 레일도 석탄 운반

33-1 • 회남철로 머릿돌

회남철로의 정초석(定礎石, 기공 날짜를 기준으로 세운 비석, 머릿돌이라 한다)은 1934년 6월에 건설위원회 위원장 장정강의 이름으로 세워졌다. 장정강은 자(字)이며, 본명은 장인걸이다.

33-2 • 회남철로 휘장

용의 경궤(輕軌)를 채택하여 객화 운수용의 중궤(重軌)를 피하였다. 이러한 방식을 통해 회남철로는 법률적으로 온전한 절차를 갖출 수 있게 되었다.

1934년 6월 마침내 회남철로의 부설공사에 착수하였다. 부설 계획에 따르면 회남철로는 총연장 215 킬로미터로서 3구간으로 나누어 공사를 진행하도록 하였다. 제1구간은 구합단(九合段)[구간]으로서 전가암(田家庵)으로부터 구룡강(九龍崗)을 거쳐 합비(合肥)에 이르는 97 킬로미터의 노선이었다. 제2구간은 합소단(合巢段)[구간]으로서 합비에서 소현(巢縣)에 이르는 70킬로미터의 노선이었다. 제3구간은 소강단(巢江段)[구간]으로서 소현에서 장강 북쪽 기슭에 위치한 유계구(裕溪口)에 이르는 약 48킬로미터의 노선이었다. 노선상에는 교량과 배수로가 59개, 급수탑이 9개, 기차역이 20개, 그리고 수리공장이 설치되었다. 매 구간은 1년을 기한으로 공정을 진행하여 3년 안에 완공하여 열차를 개통하는 것으로 계획하였다. 예산은 총 850만 원으로

33-3 ● 회남철로 개통식
(1936년 6월 25일)

출처: 「淮南鐵路通車典禮情
　　形」, 『復興月刊』 4卷
　　12期, 1936, p.6(上海
　　圖書館 《全國報刊索
　　引》 數据庫).

서, 평균 1킬로미터당 4만 원이 책정되었다.

1936년 6월 25일 구룡강에서 회남철로 개통식이 거행되었으며, 국민정부 건설위원회 장정강, 국민당 중앙감찰위원 오치휘(吳雉暉)를 비롯하여 정부요 인, 공상업계 영수, 지방의 토호, 외국사절 등이 참석하였다. 회남철로는 부설을 위한 자금이 850만 원으로 책정되었으나 실제로 투자된 것은 650만 원에 지나지 않았다. 이 가운데 259만 원은 건설위원회가 마련한 것이며, 213만 원은 구료위원회가 자재 구매비로 지불한 것이며, 이 밖에 34만 원은 건설위원회가 지급한 것이다. 건설위원회는 국가기관으로서, 실제적으로 모든 자금은 국민 정부가 지불한 것이다.

1킬로미터당 부설비용을 살펴보면 2만 8,000원밖에 되지 않아, 당초 예산과 비교하면 12,000원이나 절감된 셈이다. 당시 중국철로의 1킬로미터당 평균 부 설비용이 10만 원이었던 것에 비하면 매우 저렴한 편이었다. 철로의 부설 이후 총공정사 정사범은 중국 최초의 공정사이자 중국철로의 아버지라 부르는 첨천 우(詹天佑)에 이어 중국철로사에서 잊히지 않는 공정사로 남게 되었다.

회남철로는 완공 이후 매일 11차례 열차를 운행하여 석탄을 유계구까지 운

33-4 • 회남철로 차량 내부

출처: 「淮南鐵路三等客車內容」, 『交通雜誌』 4卷 9期, 1936, p. 1(上海圖書館 ≪全國報刊索引≫ 數据庫).

송하였다. 유계구에 도달한 이후 다시 기타 교통수단을 통해 3~5일 이내에 안경, 구강, 한구나 남경, 진강, 남통, 상해 등에 도달하였다. 1936년의 통계를 살펴보면, 회남철로가 개통된 이후 전년도에 비해 포구, 무석, 상해 3곳의 운임 비용이 20.4퍼센트, 23퍼센트, 31퍼센트 인하되었다. 운임의 인하는 다시 판매 가격의 인하로 이어졌다. 1935년 1톤당 11원에서 1936년에는 9원으로 인하되었다. 포구의 판매 가격은 8.9원에서 8원으로 인하되었다.

1936년도 회남의 구룡강과 대통의 두 탄광에서 생산된 석탄은 66만 톤에 달하여 1935년의 36만 톤에 비해 2배 증가하였다. 회남탄광의 총생산량은 열차가 개통하기 이전인 1935년의 29만 톤으로부터 열차가 개통된 이후인 1936년에는 일약 58만 톤으로 2배 증가하였다. 1937년에 이르러 회남 구룡강(九龍崗)과 대통의 두 광산에서 생산되는 1년 생산량이 100만 톤을 돌파하여 당시 중국 5대 탄광의 하나로 성장하였다.

회남의 석탄은 시장에서 경쟁력이 높았으며, 자연히 시장 점유율도 제고될 수밖에 없었다. 회남철로가 개통된 이후인 1936년과 1년 전을 비교하면 회남 석탄이 포구(浦口), 무석(無錫), 상해(上海) 세 곳에 도달하는 운임이 각각 20.4퍼센트, 23퍼센트, 31퍼센트 절감되었다. 상해에서 석탄의 판매가는 톤당 11원에서 9원으로 하락하였으며, 무석에서의 판매가도 9원에서 8.2원으로 인하되었다. 포구에서도 8.9원에서 8원으로 인하되었다. 당시 정태철로(正太鐵路)가 대량의 석탄을 운반하여 전국 철로 가운데 수위를 차지하였는데, 회남철로가 그다음으로 많은 석탄을 운반하였다.

이로 인해 합비가 일약 상업도시로 크게 성장하였고, 무호항(蕪湖港)의 무역이 번성하였으며, 철로 연선에 위치한 도시들에서도 경제가 크게 발전하였다. 1936년과 1937년의 회남철로의 객운 수입은 96만 원과 91만 8,000원이었던 데비해 1936년의 화운 수입은 12만 원에서 1937년에는 130만 원에 달하였다. 그리하여 회남철로의 객화 수입은 1937년 무려 277만 원에 달하였다.

회남철로의 부설비용은 모두 남경국민정부가 출연한 것이었다. 1937년 10월 26일 남경정부 건설위원회는 회남철로와 회남탄광을 모두 송자문(宋子文)이

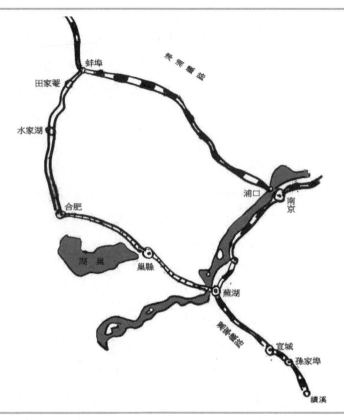

33-5 • 회남철로 노선도 1

주관하는 중국건설은공사(中國建設銀公司)의 관할로 이관하였다. 이후 회남철로공사는 사영기업으로 회남로광공사라 개칭되었으며, 석탄공사와 철로를 함께 경영하였다. 회남로광공사의 동사회는 송자문, 장정강, 정사범(程士范)과 두월생(杜月笙) 등 12명으로 구성되었다. 이후 회남철로는 16대의 기관차와 석탄 수송용 차량 300대, 그리고 1량의 객차를 수입하고, 차량과 인원의 배치, 열차의 관리, 보수와 관련된 조직을 모두 구룡강에 설치하였다.

1938년 봄 일본군대가 남경으로 진격하자 국민정부는 회남철로의 전 노선을 파괴하도록 지시하였다. 1938년 6월 4일 일본군이 회남광구와 철로를 점령

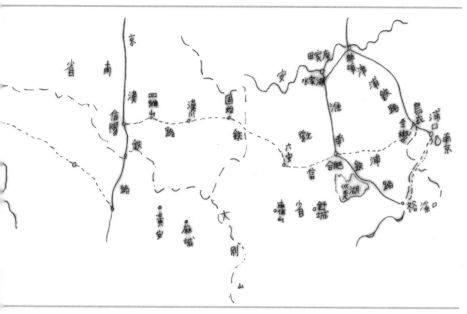

33-6 • 회남철로 노선도 2

하였고, 1939년 4월 21일 일본의 흥아재화연락부(興亞在華聯絡部)는 대통탄광
(大通炭鑛)과 구룡탄광(九龍炭鑛)을 합병하여 왕정위정부와 함께 회남매광고분
유한공사(淮南煤礦股份有限公司)를 조직하였다. 이 공사는 본사를 상해에 두고
실제로 일본군의 통제를 받았다. 이 당시 철로는 이미 파손이 심해 인력이나
우마 등을 동원하여 탄광에서 생산된 석탄을 차량에 적재한 이후 전가암(田家
庵)까지 견인하였다.

　1940년 일본군 화동철로주식회사는 구룡강에서 유계구(裕溪口)에 이르는 철
로의 복구작업에 착수하였다. 아울러 32대의 기관차를 동원하여 구룡강에서
전가엄(田家奄), 구룡강에서 유계구에 이르는 철로 운수를 복원하였다. 1941년
일본은 수가호(水家湖)에서 유계구에 이르는 노선을 해체하여 석탄을 남경과
상해로 신속히 실어 나르기 위해 수가호에서 방부(蚌埠)에 이르는 철로 지선을
부설하여 진포철로(津浦鐵路)와 상호 연결하였다.

1945년 8월 일본이 투항한 이후 회남철로의 상태를 보자면, 방지선(蚌支線)이 상당 부분 파괴되었으며 교량도 소실되었고 역사(驛舍)도 불에 타 남아 있지 않았다. 단지 전가암(田家庵)에서 수가호에 이르는 27킬로미터의 선로가 남아 있을 뿐이었다. 1945년 10월 접수위원회는 27킬로미터의 선로 이외에 기관차 6대, 객차 10량, 화물차 253량을 접수하였다. 11월 접수를 완료한 이후 회남철로국이 설립되어 오경청(吳竞清)이 국장에, 호위중(胡衛中), 영수번(寧樹藩)이 부국장에 임명되었다.

수가호에서 방부(蚌埠)에 이르는 약 61킬로미터의 구간은 적 점령기간 동안에 일본군이 수가호에서 유계에 이르는 노선을 철거하여 새로 만든 노선인데, 이후 역시 파괴되어 흔적도 남아 있지 않다. 이 선로의 복구 작업은 화중철도관리위원회의 협조하에 1946년 봄부터 시작되었으며 5월 하순에 완료하고 마침내 6월 1일부터 정식으로 열차를 운행하였다. 1949년 1월 중국공산당이 회남(淮南), 방부(蚌埠)의 두 도시를 점령한 이후 회남철로는 국유로 전환되었다. 1949년 11월 철도부 명령에 근거하여 회남철로국이 해산되고 방부철로분국(蚌埠鐵路分局)으로 귀속되었다.

참고문헌

「淮南鐵路通車典禮情形」, 『復興月刊』 4卷 12期, 1936.

「淮南鐵路三等客車內容」, 『交通雜志』 4卷 9期, 1936.

「淮南鐵路於六月一日舉行通車典禮情形」, 『復興月刊』 4卷 11期, 1936.

馬陵合, 「張靜江與淮南鐵路」, 『安徽師範大學學報』 33卷 1期, 2005.1.

李强, 「鐵路與近代淮南城市發展(1912─1952)」, 『安徽理工大學學報』 2015年 6期.

34장

소가철로(蘇嘉鐵路)

중일전쟁 시기에 전방과 후방을 잇는 군수철로

연 도	1935~1936(1936년 7월 15일 개통)
노 선 명	소가철로
구 간	소주(蘇州) - 가흥(嘉興)
레일 궤간	1.435미터
총 연 장	74.4킬로미터
기 타	

국민정부가 수도를 남경으로 이전한 이후 호녕철로(滬寧鐵路)는 경호철로(京滬鐵路)로 개명되었다. 소가철로는 바로 호녕철로의 소주역(蘇州驛)에서 출발하여 호항용철로(滬杭甬鐵路)의 가흥역(嘉興驛)에 이르러 양 노선을 이어주는 74.4킬로미터의 연결 노선이었다. 1934년 10월 남경국민정부 철도부는 경호철로와 호항용철로의 양 노선을 서로 연결시키려는 목적에서 경호철로의 소주를 기점으로 호항용철로의 가흥역에 이르는 노선을 부설하기로 결정하였다. 1935년 2월에 공사를 시작하여 1936년 7월에 공정을 완료하였으며, 7월 15일 정식으로 영업을 시작하였다. 경비를 절약하기 위한 목적으로 호항용철로가 관리를 대행하였다.

1931년 9월 18일 만주사변이 발발한 다음 해인 1932년 1월 28일 일본해군육전대가 상해에 상륙하여 상해사변을 일으켰다. 이에 영국, 미국, 프랑스 3국은 전쟁 상태를 종식시키기 위해 양국 사이에 중재를 주선하여 결국 5월 5일 중일 간에 '송호정전협정(淞滬停戰協定)'이 체결되었다. 그런데 협정 가운데 경호철로 안정역(安亭驛)의 안정진(安亭鎮) 동쪽에서 장강변의 호포(滸浦)까지 중국군대의 주둔을 제한하는 조항이 있었다. 이 규정으로 인해 국민정부는 상해, 남경과 항주 사이에서 군대를 이동, 운용하기가 어렵게 되었다. 이에 국민정부 철

34-1 • 소가철로 개통식(1936년 7월 15일)

출처: 「蘇嘉鐵路通車典禮情形」, 『復興月刊』 4卷 12期, 1936, p.6(上海圖書館 《全國報刊索引》 數据庫).

도부로서는 남경과 항주 사이에서 병력 수송의 편의를 도모하고 국방력을 강화하는 일이 시급한 현안이 되었다.

이러한 배경하에서 식자들 사이에서는 경호철로 선상의 소주역에서 상해를 피해 직접 호항철로(滬杭鐵路) 노선상의 가흥역에 도달하는 철로를 부설해야 한다는 주장이 제기되었다. 이러한 여론을 반영하여 1934년 10월 국민정부는 호녕철로 소주역에서 호항철로 가흥역 사이에 연락선을 부설하기로 결정하였다. 국민정부 철도부는 호녕철로국과 호항용철로국에서 소가철로의 부설공사를 맡아 처리하게 하였다. 같은 해 12월 소가철로 공정처(工程處)를 발족하여 진사성(陳思誠)을 건축정공정사(建築正工程師)로 임명하였다.

1934년 11월 13일에 측량대를 3개로 나누어 전 노선에 대한 측량에 착수하였다. 12월 13일 호녕철로국과 호항용철로국은 측량 결과에 근거하여 '소가선 건축계획서'를 작성하였다. 호녕철로국과 호항용철로국은 공무처 아래 공정처를 두고, 그 아래 제1단(段), 제2단, 제3단을 설치하였다. 이와 함께 전 노선에 걸쳐 소주역, 상문역(相門驛), 오강역(吳江驛), 필탁역(八坼驛), 평망역(平望驛), 왕

34-2 • 소주 - 가흥 간의 노선을 주행하는 소가철로 열차

출처: 『東方雜誌』 33卷 16號, 1936.8, p.12.

강역(王江驛), 가흥역을 설치하기로 결정하였다.

호녕철로의 간선은 상해북역으로부터 남경 하관(下關)에 이르기까지 총 311 킬로미터이며, 지선으로는 상해북역으로부터 오송(吳淞)까지에 이르는 16킬로미터의 송호철로(淞滬鐵路)가 있었다. 철로의 업무는 대부분 객운 위주였다. 객차는 1·2·3·4등석으로 나누었으며, 이후 4등석은 취소되었다.

소가철로는 1935년 2월 22일 부설공사에 착수하여 다음 해 7월 15일 정식으로 열차를 개통하였다. 철로 레일은 1미터당 중량 37킬로그램을 채택하였으며, 부설비용으로 280만 원이 편성되었는데, 대부분 국민정부 철도부가 지출하였다. 그러나 이후 자재비용이 상승하면서 절강흥업은행으로부터 재차 50만 원 상당의 차관을 도입하였다.

소가철로의 개통으로 소주와 가흥 사이의 철로 운행 거리와 시간이 크게 단축되었다. 소주의 서쪽, 가흥의 남쪽 사이를 왕래하는 객화운수가 더는 상해를 들러 올 필요가 없게 되어 약 110킬로미터의 여정을 단축할 수 있었으며, 3시간 정도가 단축되었다. 이러한 결과 기존 호녕철로와 호항용철로의 양 철로를 통해 운반되던 거의 포화에 가까웠던 물류 압력이 상당 부분 완화될 수 있었다. 이는 동시에 연선지역의 경제 발전을 크게 자극하였다.

이 노선은 강남의 가장 부유한 지역이라 할 수 있는 태호(太湖) 동쪽 기슭을 지나며 남북운하와 평행으로서 원래 이미 공로[도로]와 윤선에 의한 운송이 이루어지고 있었는데, 여기에 철로까지 부설되어 3종의 물류 루트가 평행선을 이루게 되었다. 철로와 도로, 수로의 연계 운수가 시작되면서 주변 지역인 호주(湖州), 가선(嘉善), 상숙(常熟) 등 지역의 물류가 강절(江浙) 지역의 경제 발전을 이끌기 시작하였다. 반면 소가철로의 개통으로 도로운수는 일정 정도 타격을 입었으며, 약 20퍼센트에 달하는 자동차가 감소되는 결과를 초래하였다.

소가철로를 부설한 주요한 목적 중에는 일본군대의 저지와 남경의 보위가 포함되어 있었으며, 따라서 이 철로는 국방과 군사에서도 매우 중요하였다. 소가철로는 사평가선(乍平嘉線)[포호흥선(浦湖興線)]과 오복선(吳福線)[현산선(縣山線)]이 핵심적인 구성 부분이었다. 소가철로는 1937년 제2차 상해사변(송호항전) 기간과 중일전쟁 기간 동안 매우 중요한 역할을 수행하였다. 상해사변 직후의 3개월 동안 소가철로는 상해의 보위에 크게 기여하였다. 중국군대의 완강한 저항으로 일본군대가 상해로 진입하는 것이 쉽지 않았다.

일본군대는 부득불 호녕철로와 호항용철로의 두 철로를 폭파하여 중국군대의 철수를 저지하려 시도하였다. 상해 부근의 철로는 기본적으로 일본군대의 세력 범위하에 있었다. 따라서 항주에서 상해 북부와 남경에서 상해 교외로의 병력 수송은 소가철로를 이용할 수밖에 없었으며, 소주와 가흥의 두 역은 병력을 이동하기 위한 주요한 연결역이 되었다. 이와 같이 소가철로는 전선과 후방, 상해 서부 외곽을 연결하는 중요한 군운(軍運)의 교통선이 되었다. 1937년 11월에 호녕철로의 기관차, 객화차 등의 차량이 소가철로를 통해 가흥의 호항 용철로와 절공철로를 통해 후방으로 이전되었다.

1937년 8월 17일 일본군 전투기 6대가 가흥역에 폭격을 감행하였다. 같은 해 11월 중순 일본이 평망역(平望驛)을 점령하기 전날 밤에 열차 운행이 중단되었다. 상해가 함락된 이후 일본군대는 소가철로의 선로를 복구하여 침략의 공구로 활용하고자 하였다. 1937년 12월 6일 일본군 중지나방면군 철도대가 소가철로를 장악한 이후 이 철로를 통해 군수물자를 운송하였다.

마침내 1938년 2월 9일 일본은 정식으로 소가철로를 접수하였다. 1939년 4월 26일 일본군 공병대가 파손된 소가철로를 복구하여 4월 30일 전 노선을 개통하였다. 같은 날 일본자본 화중철도주식회사(華中鐵道株式會社)*를 설립하여 소가철로의 경영을 위임하였다. 소가철로의 역장, 기관사, 직원, 심지어 검표 원까지 모두 일본인으로 충원되었다. 소가철로, 호항용철로 각 역에는 일본인 직원이 총 300여 명이나 있었다. 중국인 직원은 단지 잡역으로만 고용될 뿐이었다. 소가철로의 전 노선이 개통된 이후 매일 세 차례 열차를 왕복하였는데, 주로 군용열차였다. 1940년 이후 왕정위정부 철도부가 명의상 소가철로를 관할하였으나 실질적으로는 여전히 일본자본의 화중철도주식회사와 일본군대의 통제하에 있었다.

일본군대와 왕정위정부는 1941년 하반기부터 윤함구(淪陷區: 중국 내 일본군 점령지역, 종전 후 수복구)에 대한 대대적인 청향작전(淸鄕作戰)을 실시하였으며,

---

* 화중철도주식회사는 중일전쟁 발발 이후 일본이 화중지역의 철로사업을 추진하고 관리하기 위해 설립한 기관으로서, 1939년 4월 상해시 북사천로(北四川路) 소재의 신아여관(新亞旅館)에 설립되었다. 자본금은 총 5,000만 원으로서, 이 가운데 중지나진흥회사가 2,500만원, 왕정위정부가 1,000만 원을 출자하였으며, 나머지는 일본제철주식회사, 일본차량주식회사, 히타치(日立), 스미토모(住友) 등 22개 일본기업이 출자하였다. 이 회사는 왕정위정부의 특수법인 형태로 경영되었으며, 주로 화중지역의 철로 및 공로 등 교통운수사업을 경영하였다. 2차대전 종전 이후 국민정부 교통부는 전시 화중철도주식회사가 관리하던 모든 철로를 접수하였으며, 1946년 3월 1일 화중철도주식회사를 경호철로관리국으로 개조하여 경호철로, 호항용철로, 경공철로 등을 관할하였다.

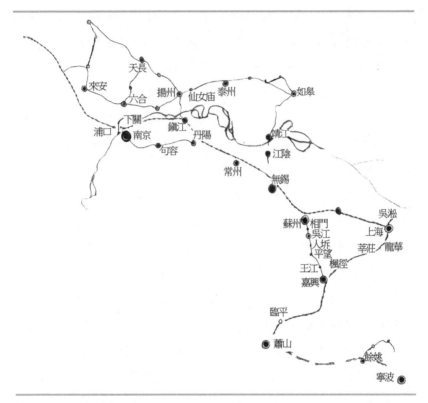

34-3 • 소가철로 노선도

1942년 7월 가흥에 대한 첫 번째의 청향작전이 실시되었다. 철로 이동 지역은 강소성이 책임을 맡았다. 청향작전 중에 일본군대는 소가철로에 대한 봉쇄를 한층 강화하였다. 1942년 7월 일본군대는 소가철로의 주요 구간에 전선줄을 설치하여 사람이 건드리면 감전되어 사망에 이르도록 장치하기도 하였다. 일본군은 각 역에 검문소를 설치하고 여객의 짐을 검사하고 승객을 수색하였으며, 열차에 탑승하기 위해서는 반드시 양민증을 제시하도록 하였다.

1943년 일본은 부족한 공업자재를 보충하기 위해 국민헌납운동을 전개하는 동시에, 1944년 소가철로를 해체하도록 화중철도주식회사에 지시하여 3월 초부터 일본군대에 의한 소가철로의 해체 작업이 시작되었다. 해체 작업은 평망

(平望)을 경계로 남북으로 나뉘어 진행되었다. 5~6월 사이에 레일이 모두 철거되었으며, 이어 침목, 직공기숙사 등 제반 설비도 모두 해체되었다. 해체된 자재는 먼저 가흥(嘉興)으로 운반되었고, 강궤는 소주로 운반되어 외부로 반출되었다. 9월 3일부터는 교량의 철거작업에 돌입하였다. 1945년 1월 12일까지 남단의 교량 28개, 목재 약 622입방미터, 그리고 북단의 교량 33개, 목재 약 610입방미터가 모두 철거되었다. 이로써 소가철로는 모두 소실되었다.

중화인민공화국이 수립된 이후 1957년 북경에서 개최된 25계획전람회에서 소가철로의 복구 방안이 상정되었다. 당시 연선의 부분 노반은 이미 경작지로 전환되어 있었지만 대부분의 역사(驛舍) 건물과 노반 등은 보존이 양호한 상태였기에, 조금만 보수할 경우 개통이 가능하다고 판단되었다. 1961년 12월 철도부는 가흥전서(嘉興專署)에 "가흥철로는 화동의 주요한 국방철로의 하나로서, 관련 지방정부는 노반을 보호하고 철로를 파괴하는 각종 행위를 금지한다"라는 명령을 하달하였다. 문화대혁명 기간 동안에는 가경지 면적의 확대라는 목적하에 대부분의 철로 노반은 파헤쳐져 논밭으로 변하였으며, 일부는 도로로 개조되었다.

참고문헌

周德華, 「抗戰時期的蘇嘉鐵路」, 『鐘山風雨』 2005年 2期.
張瑞鵬, 「抗日戰爭中的蘇嘉鐵路」, 『鐵道知識』 2013年 4期.
岳欽韜, 「蘇嘉鐵路始末: 日軍侵華的又一罪證」, 『蘇州職業大學學報』 2005年 3期.
劉敬坤, 「蘇嘉路基卽蘇嘉國防線」, 『世紀』 2007年 6期.
戴鞍鋼, 「近代江浙滬地區鐵路修築述略」, 『徐州工程學院學報』 28卷 5期, 2013.9.

35장

경공철로(京贛鐵路)

중일전쟁 발발 시 내천(內遷)에 대비해 부설한 국방철로

연 도	1935~1937
노 선 명	경공철로, 경구철로(京衢鐵路), 환공철로(皖贛鐵路)
구 간	손가부(孫家埠) - 귀계(貴谿)
레일 궤간	1.435미터
총 연 장	477킬로미터
기 타	절공철로(浙贛鐵路) 간선과 연결

중일전쟁이 발발하기 이전에 국민정부는 이미 일본과의 전쟁에 대비하여 남경에서 후방으로 철수하기 위한 철로 노선을 부설할 준비에 착수하였다. 제 2차 상해사변이 발발한 1937년 8월 13일 당일 사천성(四川省)의 주석인 유상(劉湘)은 장개석에서 사천성으로 국민정부의 수도를 이전하도록 건의하였다. 장개석은 당일 장학량의 공관에서 유상을 만나 사실상 수락의 뜻을 표시하였다.

1937년 11월 20일 국민정부는 천도선언을 발표하고, 서남지방을 항일을 위한 대후방(大後方)으로 정식으로 선포하였다. 이후 국민정부는 상해 등 연안지역의 생산설비를 대후방으로 이전하여 항전을 위한 물적 기초를 확보하는 일이 매우 긴요한 일이 되었다. 동부 연안지역으로부터 서부의 대후방으로 사람과 생산설비, 물자, 식량 등을 이전하기 위한 교통설비, 즉 철로의 부설이 시급한 현안으로 부상하였다.

이를 위한 가장 이상적인 노선은 강남철로를 이용하여 남경으로부터 선성(宣城) 남쪽의 손가부(孫家埠) 구간에 이르고, 다시 손가부를 기점으로 남쪽으로 노선을 연장하여 영국(寧國), 속계(績溪), 휘주(徽州)를 거쳐 절공철로로 이어지는 노선이었다. 경공철로의 원명은 경구철로(京衢鐵路)이다. 절공철로(浙贛鐵路) 간선과 연결되며, 손가부에서 시작하여 귀계(貴谿)에 이르는 노선이다. 이후 경공철로로 명칭이 변경되었다.

일찍이 1936년 5월 경공철로공정국(京贛鐵路工程局)이 설립되어 전 노선에 대한 측량과 설계를 진행하였다. 그리하여 환단(皖段)[안휘성 구간]과 공단(贛段) [강서성 구간]의 양 구간으로 나누어 1936년 9월과 1937년 2월에 각각 부설공사에 착수하였다. 환단은 1937년 11월에 손가부에서 흡현(歙縣)에 이르는 160킬로미터의 구간을 완공하였고, 공단(贛段)은 같은 해 11월 1일에 50여 킬로미터의 노선을 완공하였다. 1937년 10월에 레일을 서로 연결하는 공사에 착수하였다. 그러나 1937년 11월 중일전쟁의 발발로 남경과 선성이 연이어 함락되자 1938년 여름 국민정부는 현지 주둔군에게 명령하여 철로의 노반과 터널을 파괴하고 레일을 해체하도록 지시하였다.

경공철로는 원래 1914년 영국이 차관을 공여하여 부설된 영상철로(寧湘鐵路)의 동쪽 끝이며, 또한 1936년 이미 부설된 강남철로(江南鐵路) 서쪽의 연장선이기도 하다. 강남철로의 선성을 기점으로 영국, 흡현, 둔계(屯溪), 기문(祁門)을 거쳐 강서성의 경덕진(景德鎭), 악평(樂平)으로 들어와 절공철로의 귀계역(貴溪驛)에 이르는 총연장 477킬로미터의 노선이었다.

영국정부는 경공철로의 부설에 깊은 관심을 가지고 중국정부에 45만 파운드의 차관을 연리 5리로 공여하였다. 또한 영국상 이화양행과 회풍은행이 합동으로 차관 45만 파운드를 연리 6리의 조건으로 공여하여, 이 두 공여의 합계가 90만 파운드에 달하였다. 차관 계약 이후 이화양행이 철로를 부설하기 위한 일체의 자재 구매를 대행하였다. 그런데 이 당시 영국의 차관에는 기존에 열강이 중국에 차관을 공여할 경우 관례적으로 적용되어 온 할인관행이 없었다. 다시 말해 종래에는 90만 파운드의 차관이 절구(折口, 할인)를 통해 9절(折)로 도입될 경우, 차관 가운데 90퍼센트 내외만이 실제로 지급되던 관행을 적용하지 않고, 전액을 그대로 공여하였던 것이다. 이는 철로에 대한 영국의 이해와 관심도가 그만큼 컸다는 것을 의미하는 것이다. 그러나 비록 할인관행은 적용되지 않았지만 구매수수료로 3퍼센트를 수취하여 90만 파운드로 계산할 경우 2만 7,000파운드를 지급해야 하였다.

35-1 • 경공철로 부설 중의 토목공정

출처: 「京贛鐵路高塡土工程之一」, 『鐵道半月刊』 2卷 11期, 1937, p.59(上海圖書館 《全國報刊索引》 數据庫).

　국내자금으로는 3,400만 원이 편성되었으며, 이를 위해 1936년에 경공철로 공채 1,400만 원을 발행하고 연리 6리, 10년 상환으로 정하였다. 중국은행, 중앙은행, 교통은행 세 은행이 이미 상검철로(湘黔鐵路)의 부설 자금을 조달하기 위해 발행한 2,200만 원 공채를 매입하였기 때문에, 이 차관은 어쩔 수 없이 교

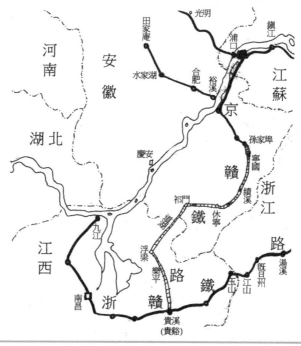

興築中之京贛路形勢畧圖

35-2 • 경공철로 노선도

경공철로는 손가부에서 귀계에 이르는 노선이며, 귀계에서 절공철로와 연결된다.

통은행, 농민은행 및 각 상판은행(商辦銀行)[민영은행]이, 즉 금성은행, 염업은행, 중남은행, 대륙은행, 중중교농사행저축회, 절강흥업은행 등이 부담하였다. 이 당시 경공철로는 일반에 국방을 위한 군사철로로 널리 인식되었으며, 따라서 이들 관상은행은 모두 공채의 일부를 분담해야 하였다.

중화인민공화국이 수립된 이후 철로의 명칭이 환공철로(皖贛鐵路)로 변경되었다. 국무원은 환공철로의 복구를 국민경제계획 내의 주요한 항목으로 설정하였다. 1958년 9월부터 1961년 7월까지 두 차례에 걸쳐 복구공사가 이루어졌으나 얼마 지나지 않아 공사가 중단되고 말았다. 1971년부터 1973년까지 남창

철로국 관할하의 구간은 자체적으로 복구공사를 완료하고 열차를 개통하였다. 안휘성 내에서는 환공철로건설 총시휘부가 설립되었으며 각 현(縣)에도 지휘부가 설립되어 민병단 등을 조직하여 부설공사에 착수하였다. 그러나 곧 예산이 부족하여 부설비용이 삭감되고 성지휘소도 철폐되었으며, 민병들도 고향으로 돌아가자 환공철로는 또 다시 공사를 중단하고 말았다.

1973년 교통부(이미 철도부는 교통부와 합병됨)는 무호(蕪湖)에서 경덕진(景德鎭) 사이 구간에서의 부설 책임을 4국(局)에 위임하여 완수하도록 하였다. 이미 1970년대 말 제4공정국과 제4설계원이 합병되어 교통부 제4철로공정국이 되었으며, 전 철도부 기건총국(基建總局) 국장 염해청(閻海靑)을 국장으로 임명하였다. 환공철로의 부설공사를 보증하기 위해 전 노선에 걸쳐 3개 공정처로 시공단을 조직하였다. 1974년 7월 1일 환공철로가 정식으로 기공에 착수하였으나 이후 문화대혁명으로 부설공사가 일시 중단되기도 하였다.

1977년 1월 환공철로의 부설공사가 재개되어 경덕진에서 남으로 귀계에 이르는 132킬로미터의 구간이 완공되었고, 1980년 7월 1일 운영에 들어갔다. 무호에서 경덕진까지 남단 407킬로미터는 1981년 12월 완성되었으며, 마침내 1982년 10월 1일 환공철로 전 노선이 개통되었다.

참고문헌

「京贛鐵路高塡土工程之一」, 『鐵道半月刊』 2卷 11期, 1937.
馬陵合, 「華資銀行與民國時期安徽的鐵路建設」, 『安徽史學』 2012年 6期.
金志煥, 「中日戰爭期 上海 中立化와 工業 內地移轉」, 『中國學論叢』 20輯, 2005. 12.
劉立振, 「中英庚款董事會與抗戰前國民政府的鐵路建設」, 『求索』 2007年 8期.

36장

호림철로(虎林鐵路)

소련의 팽창을 견제하기 위한 시베리아철로와 마주한 철로

연 도	1935~1937(1937년 12월 1일 개통)
노 선 명	호림철로
구 간	임구(林口) - 호두(虎頭)
레일 궤간	1.435미터
총 연 장	335.7킬로미터
기 타	

일본은 도가철로를 부설한 이후에 다시 북로의 임구역(林口驛)을 기점으로 동으로 철로를 부설하여 우수리강변의 호두(虎頭)로까지 연장하였다. 호두는 시베리아철로 최남단의 한 구간과 겨우 강 하나를 사이에 두고 있었다. 철로가 호두에 도달하자 이는 일본이 바로 우수리철로를 위협하며 블라디보스토크를 포위하는 형세가 전개되었다. 이 밖에 중동철로의 하성자(下城子)에서 서계녕 으로 철로가 연장되어, 호림철로는 중동철로의 보조선이 되었다(103.4킬로미 터). 또한 도가철로의 신흥역(新興驛)으로부터 동부 변경을 따라 소왕청(小汪淸) 을 거쳐 성자구(城子溝)에 이르는 총연장 216킬로미터를 신성철로(新城鐵路)라 하였고 이는 동부 변경의 동하철로(東河鐵路)와 이어졌다. 동으로 동녕(東寧)으 로부터 시작하여 성자구를 거쳐 중동철로의 동단인 하서역(河西驛)에 도달하는 총연장 91킬로미터였다.

도가철로는 임구역을 출발하여 마산(麻山), 난영(蘭嶺), 적도(滴道), 계서(鷄 西), 동안(東安)[현재의 밀산(密山)], 홍개(興凱), 호림(虎林)을 거쳐 우수리강변의 호두에 이르는 총연장 335.7킬로미터의 노선이다. 소련의 연해주 달네레첸스 크(伊曼, Dalnerechensk)와 강 하나를 사이에 두고 대치하였다. 이 철로는 1921 년 일본이 소련의 팽창에 대비하여 부설을 계획한 노선이었다. 이 가운데

虎林義勇軍破壞鐵路

外論社長君訊：傳在俄領遠東興凱湖之託阿里楊村，前月一日組織一個二十八左右之別動隊，以中國人為主體，目的似企圖擾亂偽國治安。其兵器全由蘇聯負烏供給。近將申密山虎林方面秘密輸入偽圖，在興龍江省內集合，破壞鐵路，與附近義勇軍聯絡，以諜擾亂治安云

（上海日日新聞）

36-1 • 호림철로의용군 철로 폭파와 관련된 기사(上海日日新聞)

외신에 따르면, 러시아령 흥개호(興凱湖)[러시아어: óзеро Хáнка, Khanka Lake]* 부근에 위치한 투리혼 마을(Turiy horn village)에서 지난 달(1936년 4월) 1일에 20명 내외로 구성된 별동대가 조직되었다. 별동대는 중국인 위주로 구성되었으며, 주요한 목적은 만주국의 치안을 어지럽히는 것이다. 별동대가 소지한 무기는 모두 소련의 국가정치보위총국(OGPU)으로부터 공급되었다. 머지않아 밀산(密山) 호림(虎林)을 통해 비밀리에 만주국으로 잠입하여 흑룡강성에서 회합한 이후 철로를 파괴하고 이 지역에 있는 의용군과 합세하여 만주국의 치안에 타격을 가할 예정이라고 전해진다.

* 흥개호(興凱湖), 혹은 한가호(汗卡湖)[항카호, Khanka Lake]는 중국과 러시아의 국경을 가르는 호수로서, 중국 흑룡강성 밀산(密山)에서 35킬로미터 떨어진 거리에 있다. 청해성의 청해호(靑海湖)에 이어 중국에서 두 번째로 큰 호수이다.

鶴岡

鶴岡線

佳木斯

陽原

千振

勃利

虎林

興凱

東安

林口

麻山

梨樹鎮

牡丹江

河西

綏芬河

36-2 ● 호림철로 노선도 1

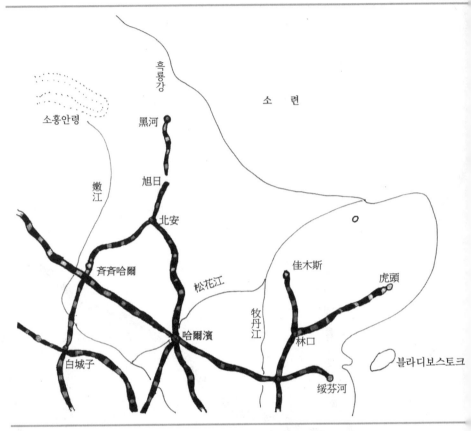

36-3 • 호림철로 노선도 2

임구 - 동안(東安) 구간은 총연장 170.9킬로미터로서, 1934년 5월에 착공하여 1936년 7월 1일에 열차를 개통하고 영업을 시작하였다. 동안 - 호두 구간은 연장 164.8킬로미터로서, 1935년 기공하여 1937년 12월 1일 열차를 개통하고 영업을 시작하였다.

호림철로는 동북지역에서 일본세력의 주요한 근거지였으며, 따라서 중국인으로 구성된 비밀별동대가 조직되어 호림철로를 파괴하는 사건이 빈번하게 발생하였다. 1936년 5월의 신문보도에 따르면, 중국인으로 구성된 20명 정도의 별동대가 소련 측으로부터 무기 등의 지원을 받아 비밀리에 흑룡강성으로 잠입하여 현지의 의용대와 연계하여 철로를 파괴하였다. 1945년 2차대전이 종전된 이후 소련군대는 동안에서 호두에 이르는 철로의 레일을 철거하여 자국으로 실어갔다.

참고문헌

楊文生, 「平綏鐵路與商人的遷移及其社會影響」, 『歷史敎學問題』 2006年 3期.

「虎林義勇軍破壞鐵路」, 『外論通訊稿』, 1936.5.30.

沙靑靑, 「九一八事變前后蘇聯對日政策再解讀」, 『歷史硏究』 2010年 4期.

王春良, 「簡論1923-1935年日本與蘇聯的關係」, 『山東師範大學學報』 2010年 47期.

37장

상검철로(湘黔鐵路)

'지하장성'과 '공중회랑'이라 부른 철로

연 도	1936~1938
노 선 명	상검철로
구 간	주주(株州) - 상담(湘潭) - 남전(藍田)
레일 궤간	1.435미터
총 연 장	990킬로미터
기 타	절공철로(浙贛鐵路)의 연장선

상검철로는 호남과 귀주를 잇는 중요한 간선철로이다. 동으로는 호남성 주주(株州)에서 출발하여 서로는 귀주성 귀양(貴陽)에 이르는 총연장 990킬로미터의 노선으로서, 중간에 상담(湘潭), 남전(藍田), 신화(新化), 신계(辰溪), 마양(麻陽), 동인(銅仁)을 지났다. 1936년 측량을 시작하여 같은 해 7월 상검철로공정국을 설립하여 구간을 나누어 부설공사에 착수하였다. 그러나 중일전쟁이 발발한 직후 전황이 급박하게 전개되자 1939년 5월 철거되고 말았다.

일본은 만주사변을 통해 동북지방을 점령한 이후 화북지역에 대해 점차 압박을 가하였다. 화북지역의 각 철로, 예를 들면 북녕철로, 평수철로는 점차 일본 세력에 지배되었다. 국민정부 철도부는 중일 간 충돌이 발생할 경우 황하 이북을 확보하기 어렵다고 생각하여 화중 및 서남 각 성에서 철로를 부설하기 위한 노선을 선정하여 계획을 수립하였다. 1936년 월한철로가 부설되어 개통되고 절공철로 역시 머지않아 곧 개통될 예정이었다.

상검철로를 부설함으로써 호남성 서부의 풍부한 광산자원을 개발하고, 이와 함께 경호, 무한을 서남 귀주성의 성회로 통할 수 있도록 하였다. 이를 위해 건설공채를 발행하여 국내의 자금으로 충당하는 동시에, 1936년 1월 독일상서문자양행(西門子洋行)[지멘스사, Siemena AG]과 철로차관을 도입하기 위한 협

37-1 • 중일전쟁 직전 경봉철로 천진역 표지판의 일본어 병기
중일전쟁 직전에 화북의 경봉철로 연선지역에는 이미 일본의 세력이 상당히 진출해 있었음을
잘 알 수 있다.
출처: 「國內時事」, 『東方雜志』 33卷 17號, 1936.9, p.13.

정을 체결하였다. 1935년 중국국민당 중앙집행위원회는 주주에서 귀양에 이르는 상검철로를 부설하기로 결정하였으며, 이에 1936년 1월 국민정부 철도부는 1억 2,000만 원 상당의 철로건설공채를 발행하였다.

상검철로는 주주로부터 상담(湘潭), 상향(湘鄉), 남전(藍田), 신화(新化), 신계(辰谿), 마양(麻陽), 동인(銅仁)을 거쳐 귀양(貴陽)에 도달하는 총연장 약 990여킬로미터의 노선이다. 철도부는 평한철로(平漢鐵路)를 정리한다는 명목으로 독일의 서문자양행과 교섭하여 1936년 11월 독일의 구가강철공사(九家鋼鐵公司)와 정식으로 계약을 체결하고 재료를 구매하기 위한 용도로 3,900만 원의 차관을 도입하였다. 철도부는 이 차관을 대부분 상검철로를 부설하는 데 사용하였으며 일부는 평한철로를 보수하는 데 전용하였다.

상검철로는 주평역(株萍驛)의 북쪽 상동역(湘東驛)으로부터 상강(湘江)을 건너 귀주(貴州)에 이르는 간선철로로서, 절공철로의 연장선이다. 1936년 4월에 절공철로국은 수 명의 공정 기술인원을 파견하여 상검철로의 실측에 착수하였다. 1937년 2월 측량을 마치고 즉시 주주에서 신화(新化)에 이르는 220킬로미터의 노선의 부설에 착수하였다. 국내의 자본은 3기로 나누어 철로건설공채 1만 2,000원 가운데 1,700원 및 청조가 발행한 진포철로 독일채권의 미회속분 110 영국 파운드를 상해은행단에 담보로 제공하고 월 이자가 무려 8리에 이르는 2,200만 원의 차관을 도입하였다. 상검철로는 공정이 신속하게 진행되어, 1937년 2월 기공하여 1939년 이미 주주로부터 남전(藍田)[현재의 연원(漣原)]까지 총연장 175킬로미터를 부설하였다.

절공철로를 부설할 때에 국민정부 재정부는 철도부와 1936년 3월부터 세 차례(1936년 3월, 1937년 3월, 1938년 3월)에 걸쳐 철로건설공채 1억 2,000만 원(항일전쟁 발발로 실제로는 8,000만 원 발행)을 발행하였다. 그중에 1,700만 원 및 이전에 발행한 진포철로 독일채권의 미회속분 110만 파운드를 상해중국은행단으로부터 현금 차관 2,200만 원을 차입하였으며, 아울러 상해중국은행단과 독일공사 등과 12월에 4,000만 원의 자재차관계약을 체결하였다. 이 가운데 3,000만 원을 상검철로를 부설하는 데 사용하였다(별도로 1,000만 원은 경한선 황하철교의 수리 비용으로 사용).

상검철로는 부설공사에 착수한 지 얼마 지나지 않아 중일전쟁이 폭발하면서 독일이 일본을 지지하여 다시 차관을 제공하지 않아 공사는 남전(藍田)에 이르러 중단되고 말았으며 총연장 175킬로미터에 달하였다. 1938년 11월 장개석은 이 지역으로부터 철수하면서 철로가 적에게 이용될 것을 우려하여 레일을 해체할 것을 지시하였다. 이에 따라 상검철로의 레일과 침목은 모두 해체되었으며, 이를 유주(柳州)로 옮겨 검계철로(黔桂鐵路)를 부설하는 자재로 사용하였다.

중화인민공화국이 수립된 이후 1958년 다시 측량을 실시하였으나 부설공사는 계속 미루어졌다. 이러한 가운데 국무원과 중앙군사위원회는 1970년 상검

37-2 • 상검철로 상강대교(湘江大橋)를 주행하는 열차

출처: 「橋樑工程: 湘黔鐵路湘江大橋橋址」, 『鐵道半月刊』 2卷 7期, 1937, p.12(上海圖書館 《全國報刊索引》 數据庫).

철로의 부설이 필요하다는 사실을 인식하고 부설을 위한 제반 준비를 갖추도록 지시하였다. 철도부 제4공정국과 대교공정국, 광주철로국(廣州鐵路局) 역시 각각 인원을 파견하여 철로의 부설에 참여하였다. 호남과 귀주의 양 성에 축로 지휘부를 설치하고, 1개월 이내에 83만 명의 현지 민공(民工)을 동원하였다. 이 가운데 귀주성으로부터 동원된 민공이 36만 명에 달하며, 총 71개 민공단으로

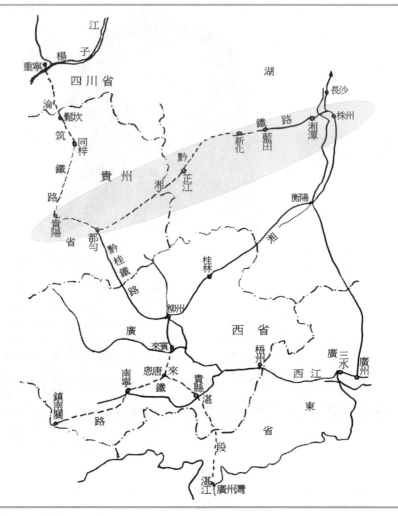

37-3 • 상검철로 노선도

조직되었다.

당시 민공은 모두 엄격한 군사관리를 받았다. 아침에 해가 뜨면 호루라기 소리에 아침 체조를 실시한 이후 6시에 정확히 아침 식사를 하였고, 점심은 작업장으로 보내 현장에서 식사하도록 하였다. 하루의 노동은 저녁 7시에 마치도록 하였다. 또한 저녁에는 모택동 주석의 저작을 학습하도록 하였으며, 주요한 구절은 모두 암송하도록 하였다. 하루에 한 사람당 1.5근(750그램)의 쌀이 제공되었다. 1970년 8월 25일 착공하여 1972년 10월 13일 노선을 완공하고 열차를 개통하였다. 이후 1975년 1월 1일 국가의 운영으로 귀속되었다.

상검철로는 험준한 산맥과 깊은 골짜기를 지나는 까닭에 암석층과 동굴, 사토층 등 수많은 난공사로 진행되었으며, 전선에 걸쳐 무려 289개의 터널이 굴착될 정도였다. 또한 교각도 무수히 가설되었다. 상검철로의 모든 터널과 교량의 총연장을 더한다면 북경에서 천진에 이르는 거리와 비슷하다고 할 정도였다. 이러한 이유에서 사람들은 상검철로를 '지하장성', '공중회랑'이라고 불렀다. 상검철로의 완성은 기존 검계철로를 통해 운송되던 거리를 무려 377킬로미터나 단축하는 효과를 가져왔으며, 따라서 검계철로의 운수를 상당 부분 분담할 수 있었다. 상검철로는 서남지역과 동부 연해지역을 잇는 노선으로서, 운남, 귀주, 사천의 각 성으로부터 중남, 화남, 화동지역의 성시에 이르는 거리를 단축시켜 서남지역의 경제 발전에 매우 중요한 역할을 수행하였다.

참고문헌

「橋樑工程: 湘黔鐵路湘江大橋橋址」, 『鐵道半月刊』 2卷 7期, 1937.
劉長英, 「湘黔鐵路與湘西社會經濟發展」, 『懷化學院學報』 2005年 1期.
嚴蔚, 「湘黔鐵路籌建小史」, 『文匯報學術導刊』 2006年 2期.
吳純儉, 「貴州鐵路記略」, 『貴州文史叢刊』 1985年 3期.

38장

매집철로(梅輯鐵路)

조선의 만포철로와 만주를 연결하는 한·중 교역의 국제철로

연 도	1936~1939(1939년 10월 1일 개통)
노 선 명	매집철로
구 간	매하구(梅河口) - 양차(陽岔)[집안(輯安)]
레일 궤간	1.435미터
총 연 장	251킬로미터
기 타	

매집철로는 매하구(梅河口)[현재의 해룡현(海龍縣)]로부터 집안(輯安)[집안(集安)]
에 이르는 길림성 동남부를 관통하는 노선이다. 매하구를 출발하여 사가(謝家),
유하(柳河), 타요령(駝腰嶺), 오도구(五道溝), 삼원포(三源浦), 포통구(浦通溝), 간
구(干溝), 통화(通化), 철창(鐵廠), 과송(果松), 석호(石湖), 양차(陽岔)를 거쳐 최종
적으로 집안에 도달하는 총연장 251킬로미터의 노선이다. 이 노선은 압록강철
교를 넘어 조선으로 연결된다. 집안은 압록강 오른쪽 기슭에 위치하여 북한의
만포(滿浦)와 강을 두고 마주보고 있으며, 조선과의 교역에서 연계운수를 위한
매우 중요한 역이라 할 수 있다. 이 철로를 타고 조선으로 계속 나아가면 압록
강철교를 지나 평양 - 만포 사이의 철로를 종관하게 된다.

1927년 장작림을 대표로 하는 봉계군벌의 동북교통위원회는 조림철로(朝臨
鐵路), 즉 조양진(朝陽鎭)에서 유하, 통화, 압원(鴨園)을 거쳐 임강현성(臨江縣城)
에 이르는 노선의 부설을 계획하였다. 이 밖에 소위 중일합판으로 휘남현(輝南
縣) 삼송강탄광(杉松崗炭鑛)을 개발한 이후, 탄광을 거쳐 다시 유하와 통화를 지
나 임강(臨江)에 이르는 노선의 부설 계획도 수립하였다. 이러한 계획은 1931
년 만주사변으로 실현에 이르지는 못하였지만 이후 매집철로의 부설 및 노선
의 결정에 큰 영향을 주었다고 할 수 있다.

일본이 중국 동북지역을 강점한 이후, 1935년 10월 남만주철도주식회사는 8,500만 원(만주국폐)의 예산을 책정하여 철로를 부설할 계획을 공포하였다. 매집철로의 측량과 설계는 남만주철도주식회사 사평가건설사무소(四平街建設事務所)의 주관하에 시행되었다. 통집단(通輯段)의 경우 1기와 2기에 걸쳐 측량이 진행되었다. 제1기는 통화에서 황백(黃柏) 사이 구간에 대해 1936년 10월 초에 측량을 개시하여 같은 해 12월 24일 완료하였다. 제2기는 황백에서 집안 구간에 대해 1937년 11월 초에 측량을 개시하여 같은 해 12월 29일 완료하였다.

철로의 부설공사는 세 구간으로 나뉘어 진행되었다. 1구간은 1936년 초 부설공사에 착수한 매하구에서 통화에 이르는 구간으로서 1937년 3월 14일에 완공되어 개통되었다. 2구간은 1938년 2월 1일에 부설공사를 시작한 통화에서 철창에 이르는 구간으로서 같은 해 11월 운행을 개시하였다. 3구간은 1938년 3월 1일 부설을 시작한 철창에서 집안에 이르는 구간으로서, 1939년 9월 10일에 운행을 개시하였다.

1939년 10월 1일 매집철로 전 노선의 개통을 축하하기 위해 만주국 총리대신 장경혜(張景惠)가 직접 참석하여 압록강철교의 다리 위에서 개통식을 거행하였다. 장경혜는 철로노동자가 사용하는 쇠망치를 들고 레일을 세 차례 내려쳐, 레일의 부설이 완료되어 정식으로 열차가 개통되었음을 선포하였다.

매집철로는 남만주철도주식회사 사평가 건설사무소의 주관하에 19개 일본자본 계열사가 시공을 담당하였다. 이와 함께 만주국 군대 및 철로경비대가 시공 연선에 대한 치안 및 수비를 담당하였다. 기록에 따르면 1936년부터 1939년 4월에 걸쳐 중국공산당이 영도하는 동북항일유격대가 매집철로 부근에 끊임없이 출몰하여 레일을 파괴하였으며, 교량과 일본열차를 전복시켰다. 이로 인해 죽고 부상당한 일본군이 무려 3,000여 명에 달했다고 한다.

동북항일연합군 제1로군은 양정우(楊靖宇) 사령관의 지휘 아래 여러 차례 매집철로 연선지역에 출몰하여 철로의 부설공사에 부단히 타격을 가하였다. 일본군, 만주군, 헌병대, 철로경호대와 일본상인, 측량 인원 등은 이로 인해 막대한 피해를 입었다. 일본의 통계에 따르면 1935년 4월부터 항일연합군의 게릴

라전술로 매집철로에 대한 공격 회수가 총 196차례였다고 기록하고 있을 정도이다.

매집철로는 만포철로(滿浦鐵路)를 통해 한반도와 연결되었다. 만포철로는 평안북도의 지역 개발을 위해 부설된 철로로서, 평안북도 최북단 지역, 중국과 국경을 접한 압록강 상류 만포에서 평안남도 순천까지 299.9킬로미터에 이르는 노선이다. 1932년 11월 1일 순천 방면의 부설공사에 착수하여 1939년 2월 1일 강계 - 만포 간 공사를 끝으로 완공되어 개통되었다. 만포철로가 완공되면서 매집철로와 연결되어 한반도에서 직접 중국 집안(集安)으로 건너갈 수 있게 되었다.

매집철로는 부설 과정에서 총 2,657만 6,387원(만주국폐)이 소요되었으며, 평균 1킬로미터당 10만 5,595원이 소요된 셈이다. 궤간은 1.435미터의 표준궤였다. 철로 부지로 점유된 토지는 총 2,093만 7,302입방미터이며, 토석의 수량은 524.5만 평방미터로서, 1킬로미터당 평균 2만 입방미터가 사용된 셈이다. 동원된 노동력은 약 213만 명이며, 노동자 한 사람당 2.6입방미터를 완성한 셈이다. 노동자들은 대부분 천진, 산동 지역 출신이었다. 하루 노동량은 무려 14시간이나 되었으며, 식사도 절인 야채와 콩에 옥수수로 만든 국수가 전부였다. 숙소는 천막으로 얼기설기 만든 임시거처였으며, 노동 시 복장은 마대나 시멘트부대 등으로 만든 허름한 것이 전부였다.

항일전쟁에서 승리한 이후인 1946년 10월 국민정부가 매집철로를 수복하였으며, 1947년 5월 국민정부가 동북지역으로부터 철수하자 통화는 중국공산당의 세력 아래로 편입되었다. 이에 따라 매집철로 역시 중국공산당의 관할하로 편입되었다. 1947년 10월 28일 중국공산당 철로국은 매집철로를 조속히 복구하기 위해 매집철로입공위원회(梅輯鐵路立功委員會)를 설립하고, 그 아래 공정처를 두었다. 더욱이 공정처 밑에 매통(梅通)과 과송(果松) 2개 공정대를 조직하여 해당 구간에 대한 복구작업을 진행하도록 하였다. 매집철로는 8개월여의 시간을 거쳐 복구를 완료하여 마침내 1948년 1월 28일 전 노선에 걸쳐 열차를 개통할 수 있었다.

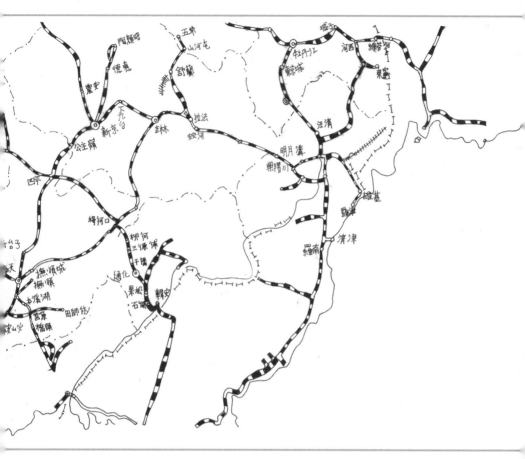

38-1 • 매집철로 노선도

매집철로는 매하구로부터 집안에 이르는 노선으로서, 지도에서 보이듯이 만포철로를 통해 한반도와 연결되었다. 만포철로는 평안북도의 지역 개발을 위해 부설된 노선이며, 매집철로와 상호 연계되어 한·중 교역에서 매우 중요한 역할을 수행하였다.

참고문헌

解學詩, 「俄國的滿洲鐵路修築計劃」, 『學問』 2010年 6期.

劉輝, 『滿洲鐵路對中國東北的影響』, 吉林財經大學, 2011.

程維榮, 『近代東北鐵路附屬地』, 上海社會科學院出版社, 2008.

董說平, 『中日近代東北鐵路交涉研究』, 遼寧大學出版社, 2011.

제3부

1937년 ~

중일전쟁 후 전시 철로의 운용 및 복구

39장
상계철로(湘桂鐵路)
중일전쟁 이후 동남지역과 서남지역을 잇는 국제철로

연 도	1937~1938(1938년 9월 28일 개통)
노 선 명	상계철로
구 간	형양(衡陽) - 진남관(鎭南關)
레일 궤간	1.435미터
총 연 장	1043킬로미터
기 타	

상계철로는 1937~1939년과 1950~1955년에 걸쳐 부설된 중국 서남지역 교통의 주요한 간선으로 총연장 1,029킬로미터에 달한다. 월한철로(粤漢鐵路) 형양역(衡陽驛)을 출발하여 상강(湘江)을 넘어 동안(東安), 전주(全州)를 거쳐 광서성 성도 계림(桂林)에 이르며, 여기에서 다시 유주(柳州)를 거쳐 남녕(南寧)과 진남관(鎭南關)[현재의 우의관(友誼關)] 남쪽과 베트남 철로의 동당역(同登驛)을 서로 이어주고, 하이퐁항에 도달하는 노선이었다. 동남 연해지역과 서남지역 각 성을 연결하는 교통노선으로서, 매우 중요한 전략적 의미를 갖는다.

1936년 국민정부 철도부가 국방건설의 목적에서 호남성, 광서성 양 정부와의 협의를 거쳐 이 철로를 부설하기로 결정하였다. 1937년 4월 중일 간의 갈등이 급박하게 전개되자 철로의 부설을 더는 지체할 수 없게 되었다. 철도부는 상계철로공정처를 형양에 설립하고 측량대를 조직하여 조속히 실측에 착수하도록 지시하였다. 이 가운데 일부 노선이 1916년 미국의 유중공사(裕中公司)의 차관을 도입하여 부설한 주흠철로[주주(洲州) - 흠주(欽州)]로서 이미 측량을 마친 상태였다.

이러한 가운데 중일전쟁이 발발하면서 철로 연선지역이 전장으로 변하였으며, 이에 국민정부의 철로 부설 계획에도 근본적인 변화가 발생하였다. 일본의 침략에 맞서 국민정부는 항전의 역량을 제고하기 위해 국제노선을 개척해야 했으며, '일면 항전, 일면 건설'의 구호 아래 철로의 부설에 매진하였다.

중일전쟁 발발 이후 6개 직할시 가운데 5개 도시가 일본의 세력하에 편입되었다. 1937년 7월 29일 북평시가 함락되었으며, 7월 30일에 천진, 11월 12일에 상해, 12월 13일에 남경, 1938년 1월 10일 청도가 연이어 함락되었다. 유일하게 중경시만이 국민정부 통치구(國統區)로서 명맥을 유지할 수 있었다. 대만성, 요녕성, 길림성, 흑룡강성, 열하성, 찰합이성(察哈爾省), 하북성, 산동성, 강소성의 전역이 일본의 수중에 떨어졌으며, 하남성(98.5퍼센트 윤함), 산서성(98.2퍼센트 윤함), 안휘성(81.9퍼센트 윤함), 절강성(78.6퍼센트 윤함), 수원성(71퍼센트 윤함), 광동성(70.3퍼센트 윤함), 호북성(69.3퍼센트 윤함), 광서성(68.6퍼센트 윤함), 호남성(68.4퍼센트 윤함), 강서성(63.5퍼센트 윤함), 복건성(18.5퍼센트 윤함), 귀주성(4.8퍼센트 윤함)과 운남성(3.3퍼센트 윤함)의 일부 지역도 일본의 세력권하에 편입되었다.

국민정부는 임시수도인 중경으로 이전한 이후 결사항전을 선포하였다. 국민정부의 통치력이 미치는 대후방(大後方)[국통구(國統區, 국민정부통치구역)]은 사실상 호남성, 광서성, 귀주성, 사천성, 운남성 등 몇 성이 중심이 되었다. 그러나 이들 지역 사이에 연계 운송로가 매우 취약한 형편으로 무엇보다도 철로를 통한 연계가 취약한 상태였다. 이러한 이유에서 항전 초기 상계철로의 부설에 착수하여 형양(衡陽)으로부터 계림(桂林)에 이르는 구간이 완공되어 1938년 말에 이미 열차 운행을 시작하였다. 당시 전쟁의 여파가 호남성에 미쳐 이로 인해 상검철로의 운행이 중단된 상태였으며, 따라서 상검철로의 모든 레일과 기타 재료를 상계철로의 부설에 투입하였다. 이후 다시 월한철로의 레일을 해체하여 마찬가지로 상계철로의 부설을 위해 투입하였다. 이러한 결과 상계철로를 유주까지 연장 부설할 수 있었다. 이와 함께 유주로부터 검계철로를 부설하기 시작하여 귀주(貴州)와 연결함으로써 후방의 교통 네트워크를 구축할 수 있었다.

1937년 10월 호남성정부는 안티몬(Antimon)*의 판매 수입을 담보로 중국은

39-1 ● 중일전쟁 시기 일본전투기의 공습하에서 부설된 상계철로

출처: Y. C. Shen, 「湘桂鐵路, 在轟炸下築成」, 『今日中國』 7卷 11期, 1939.7, p.11(上海圖書
館《全國報刊索引》數据庫).

---

* 안티몬은 금속의 일종으로서 안티모니(Antimony)라고도 하며, 무게가 가벼워서 알루미
   늄, 스테인리스와 합금하여 비행기 제작에 주요한 원자재로 사용되었다. 2차대전 당시 중
   국이 이를 해외로 수출하여 얻은 외환으로 군수품을 구매하기도 하였다.

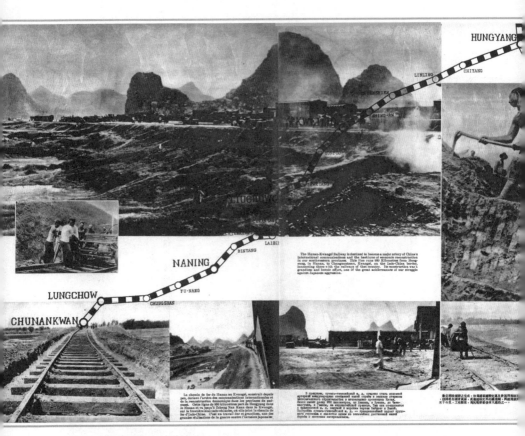

39-2 • 국제교통로 상계철로

출처: Y. C. Shen, 「最近湘桂鐵路之完成」, 『今日中國』 7卷 11期, 1939.7, p.12(上海圖書館
《全國報刊索引》 數據庫).

행, 중앙은행, 교통은행, 농민은행의 4은행과 차관계약을 체결하고 500만 원을
차입하였다. 이 가운데 중앙은행, 중국은행으로부터 각각 175만 원, 교통은행
으로부터 100만 원, 농민은행으로부터 50만 원을 차입하였다. 월리 8리, 6년
상환 조건이었다. 1937년 11월 국민정부 행정원은 상계철로고분유한공사조례
를 승인하여 상계철로이사회를 설립하고 상계철로공정처를 형계단공정처(衡
桂段工程處)로 개조하였다. 1938년 1월 남진단공정처(南鎭段工程處)가 남녕에 설
립되어 공정을 준비하였다. 차관 관계로 말미암아 1938년 6월 중프건축공사로

이관되었으며, 공정처는 감독처로 개
조되었다.

상계철로는 부설 과정에서 징공제
(徵工制)를 시행하였다. 1937년 8월 국
민정부 철도부는 호남성, 광서성과 공
동으로 호남광서철로 징용 토지, 민공,
재료 3개 판법을 제정하였다. 호남성에
서는 민정청이 이를 대행하였다. 징공
의 범위는 철로 연선의 각 현이며, 양측
30리 이내의 주민으로 한정하였다. 민

39-3 ● 상계철로 휘장

공에 응모하는 연령은 14~45세로 제한하였으며, 50명을 1조로 편성하고, 이
가운데 1명을 대장(隊長)으로 정하였다. 징공을 실시하는 각 현에는 징공처가
설립되어 현장이 주임이 되었으며, 현지에 판사처를 설치하였다. 호남성에서
는 민공 약 8만 5,000명이 징발되었다.

민공의 노임 및 관리는 모두 성로공관리처의 책임하에 이루어졌으며, 토지
수용비 역시 성정부가 성고(省庫)에서 지출하였다. 형계(衡桂) 구간의 부설 공
정에는 총 2,042만 2,934원이 소요되었다. 호남, 계림 양성의 징공 노임과 토지
수용비 등을 포함하면 호남성이 477만 4,000원, 계림성이 353만 4,000원을 투
자하고 철도부가 재료비로 약 2,313만 7,000원을 지출하여 총액 5,186만 7,000
원으로서, 1킬로미터당 약 14만 원이 소요된 셈이다.

이 간선은 1,000킬로미터에 달하며, 상계(湘桂), 계류(桂柳), 유남(柳南), 남진
(南鎮)의 네 구간으로 나누어 부설이 진행되었다. 형계 구간은 형양서역을 출발
하여 황양사(黃陽司), 연상강(沿湘江)을 거쳐 동안(東安), 전주에 도달하고 이후
상리(湘離) 두 강과 합류지점을 거쳐 계림역(桂林驛)에 도달하는 361킬로미터의
노선이었다. 1937년 4월 이미 측량을 시작하여 9월에 기공하였으며, 1938년 9
월 28일 열차를 개통하였다. 이것은 중일전쟁 폭발 이후 최초로 부설된 철로였
다. 이 철로를 통해 상해 등 각 공장의 설비들이 계림으로 운반되어 공장을 설

립하거나, 혹은 다시 서남쪽으로 내천(內遷)하는 데 크게 기여하였다. 1944년 10월 일본군이 계림과 유주를 점령하기 이전의 6년간 상계철로는 동남연해 각 성과 서남 각 성 사이를 잇는 유일한 교통선이기도 하였다.

계류 구간은 계림에서 유주까지로 총연장 180킬로미터이다. 1938년 기공하여 광서성에서 18~45세의 민공 10만 명을 징발하여 공사에 착공하였으며, 1939년 12월 열차를 개통하였다. 계류 구간의 경비는 현금 1,193만 4,000원, 자재 구입비 1,206만 2,000원, 광서성이 징공의 노임, 토지 수용비 등으로 지출한 액수가 44만 9,000원, 총 2,444만 5,000원에 달하였으며, 1킬로미터당 약 14만 6,000원이 소요된 셈이다.

유남단(柳南段)은 유주로부터 남녕에 이르는 구간으로서 1938년 6월 부설에 착수하였다. 광서성의 18개 현에서 민공 22만 명을 징발하였으며, 1인당 평균 작업 기간은 45일이었다. 1938년 8월에 이르러 비로소 부설공사에 착수하였으며, 1940년 6월에 완공되었다. 원래 정한 예산은 2,483.8만 원이었으며, 1938, 1939년에 총 990.1만 원을 지출하였다. 이 밖에 징공의 급료와 부지 매입을 위한 자금으로 45만 원이 지출되었다. 남진단(南鎭段)은 남녕으로부터 진남관에 이르러 베트남 국경 내의 철로와 연결되며, 베트남 하이퐁항을 이용하여 물자를 수출입하였다.

상계철로는 형양에서 우의관까지의 총연장 1,043킬로미터에 달하였다. 이 가운데 형양에서 내빈단(來賓段)이 608킬로미터로서 중화인민공화국 수립 이전에 완공되었다. 내빈(來賓)에서 남녕을 거쳐 빙상(凭祥)에 이르는 417킬로미터는 1950년에 기공하여 1953년에 개통되었다. 빙상에서 우의관(友誼關)에 이르는 구간은 14킬로미터로서 1954년에 완공되었으며, 1955년부터 중월 간의 연계운송을 시작하였다. 유주에서 여당(黎塘)에 이르는 135킬로미터의 구간은 1985년에 복선으로 개조되었다.

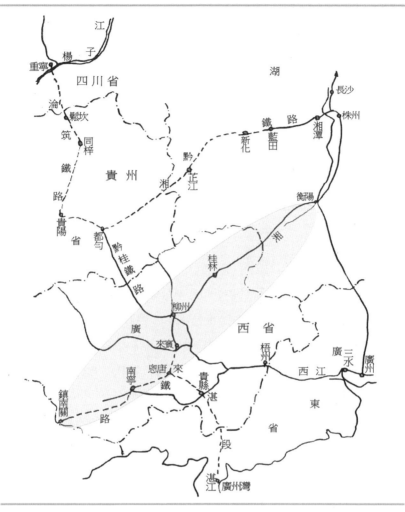

39-4 • 상계철로 노선도

참고문헌

Y. C. Shen, 「湘桂鐵路, 在轟炸下築成」, 『今日中國』 7卷 11期, 1939. 7.

Y. C. Shen, 「最近湘桂鐵路之完成」, 『今日中國』 7卷 11期, 1939. 7.

唐凌, 「抗戰時期湘桂鐵路股票發行成效及其原因評析」, 『桂海論叢』 2007年 1期.

桂署欽, 「抗日戰爭時期廣西鐵路建設述評」, 『柳州師專學報』 2001年 3期.

40장

성투철로(成渝鐵路)

중화인민공화국 수립 이후 최초로 완성된 사천성 철로

연 도	1937~1952
노 선 명	성투철로
구 간	성도(成都) - 중경(重慶)
레일 궤간	1.435미터
총 연 장	530킬로미터
기 타	천한철로(川漢鐵路)의 서단(西段) 노선

일찍이 1903년에 사천총독 석량(錫良)은 관상합판(官商合辦)의 철로공사를 설립하여 천한철로(川漢鐵路)를 부설해야 한다고 조정에 상주하였다. 성투철로는 바로 천한철로 가운데 사천성 내의 성도에서 중경에 이르는 구간을 가리킨다. 이 철로의 노선은 중경(重慶)을 출발하여 구룡포(九龍鋪), 소타(小沱), 동관역(銅罐驛)을 거쳐 장강 북쪽 기슭을 따라 강진(江津)에 도달하였으며, 다시 백사진(白沙鎭)으로부터 동북행하여 영천(永川), 영창(榮昌), 융창(隆昌)을 거쳐 비목진(碑木鎭)에서 타강(沱江)을 건너 내강(內江)에 도달하였다. 다시 타강 서쪽 기슭에서 자중(資中), 자양(資陽), 간양(簡陽), 조가(趙家)를 거쳐 성도(成都)에 이르는 노선이다. 전선의 총연장은 530킬로미터이며, 사천과 호북의 대도시를 관통하며 12개 현을 지난다.

1905년 1월에 석량은 민간의 자본을 모집하여 철로를 부설하기로 결정하고, 같은 해 7월 천한철로공사가 철로를 부설하기 위한 구체적인 계획을 수립하도록 지시하였다. 이후 1907년 천한철로는 상판(商辦)으로 개조되었다. 그러나 1910년 11월 미국, 영국, 프랑스, 독일의 4개국이 천한철로를 상판으로 개조하는 것에 반대를 제기하자, 다음 해인 1911년 청조는 천한철로 부설권을 이들 4개국에 매각하며 간선철로 국유화정책을 발표하였다. 1911년 6월 17일 천한철로공사는 성도에서 사천보로동지회를 설립하고 보로운동을 전개하였다. 이에 사천총독 조이천(趙爾川)은 보로동지회의 청원을 진압하니 마침내 성도참안(省都慘案)이 발생하게 되었다. 이것이 바로 유명한 신해혁명의 도화선이 된 것이다.

1912년 4월 원세개가 정권을 장악한 이후 중앙정부와 사천성 지방정부는 여러 차례에 걸쳐 천한철로 및 그 서단에 위치한 성투철로의 부설에 관하여 협의하였다. 이를 추진하기 위해 성투철로공정국까지 설립하였으나 실현에는 이르지는 못하였다. 민국 초기 정국의 혼란과 군벌전쟁이 끊이지 않으면서 천한철로의 부설공사 중단이 장기화되었다.

1931년에 이르러 당초 천한철로공사의 부설을 위해 책정한 자금 가운데 일부를 전용하여 먼저 천한철로의 서단(西段)에 해당되는 성도(成都)에서 중경에 이르는 노선을 부설하자는 주장이 제기되었다. 1932년 전 사천독군 주도강(周道岡)이 성투철로의 부설을 주창하면서 각지의 호응을 이끌어냈다. 이에 힘입어 성투철로를 부설하기 위한 기본 강령인 '건축성투철로판법대강(建築成渝鐵路辦法大綱)'도 작성되었다. 그러나 머지않아 군벌전쟁이 발발하면서 성투철로의 부설공사마저 중단되었다.

이러한 가운데 1936년에 이르러 프랑스로부터 철로를 부설하기 위한 차관을 도입하여 먼저 중경에서 내강에 이르는 구간의 부설계획을 수립하였다. 1936년 2월 국민정부 철도부와 중국건설은공사(中國建設銀公司), 중국건설은공사와 프랑스은행단은 각각 초약(草約)[가계약]을 체결하고, '특허천검철로공사(特許川黔鐵路公司)'를 설립하기로 합의하였다. 자본은 총 2,000만 원으로 이 가운데 상고(商股)가 55퍼센트, 관고(官股, 국고)가 45퍼센트를 차지하였다.

먼저 성도에서 중경에 이르는 간선과 철도부가 비준한 지선을 부설하여 경영하도록 하고, 아울러 철로 연선에서 유관 사업을 경영하도록 하였다. 성투철로의 부설 기한은 2년 반으로 정해졌다. 1936년 12월 정식으로 계약을 체결하고 프랑스은행단의 동의를 얻어 부설 자재를 구매하기 위한 차관 2,750만 원과 현금 700만 원을 차입하였다. 이자는 7리(厘)로 철도부가 담보를 제공하며, 차

40-1 • 중화인민공화국 수립 이후 철도부의 신설과 휘장의 제작

1949년 1월 중국인민혁명군 군사위원회 철도부가 설립된 이후 5월에 이르러 전국에 걸쳐 대대적으로 철로 휘장을 공모하였다. 1개월 동안 제안된 응모 가운데 심의를 거쳐 설계자 진옥창(陳玉昶)이 응모한 디자인을 최종 채택하였다. 진옥창은 만주족이며 요녕성 심양인으로서 1938년 일본 야마구치고등상업전문학교(山口高等商業專門學校)를 졸업하고 1949년 10월 중앙인민정부 교통부에 입사하였다. 1949년 10월 1일 중화인민공화국이 성립되고, 같은 날 중앙인민정부 철도부가 성립되었다. 1950년 1월 19일 철도부는 '제정중국인민철로휘장도안양식분발전국각철로일률제용'이라는 명령을 반포하였으며, 1월 22일 『인민일보(人民日報)』지면에 이 도안을 공고하고 철도부 로고로 정식 선포하였다. 이에 따라 중국철로와 관련된 모든 차량, 부호, 건축물, 모든 집기에는 이 로고를 사용하게 되었다. 도안을 살펴보면, 위의 둥근 모양은 인민의 인(人)자를 상징하며, 아래 공(工)자는 레일의 횡단면을 표사한 것이다. 따라서 전체 로고의 의미는 인민의 철로라는 의미를 지닌다.

관 기한은 15년으로 하였다.

1936년 6월 성투철로공정국이 설립되어 '성투철로수축규정(成渝鐵路修築規程)'을 제정하고 1937년 3월 15일 정식으로 성투철로의 부설에 착수하였다. 주요 공사 구간은 중경에서 내강에 이르는 구간이었다. 그러나 제2차 상해사변의 발발로 인해 장강이 일본군에 의해 봉쇄되면서 철로 자재가 내륙으로 운송될 수 없어 1941년에 이르러 공사는 재차 전면 중단되고 말았다. 1940년 10월

40-2 • 성투철로의 부설공정 1

중경에서 성도에 이르는 성투철로는 부설 공정이 험준한 산맥을 지나는 난공사가 즐비하였다.
전 노선에 걸쳐 터널이 총 60여 개에 이른다. 위의 사진은 산에 가로막힌 철로 부설 공정으로
터널을 굴착하는 모습을 담고 있다.
출처: 「成渝鐵路之起築」, 『中華(上海)』 85期, 1940, p.16(上海圖書館 《全國報刊索引》 數据庫).

국민정부는 프랑스가 독일에 투항한 것을 이유로 성투철로차관합동의 무효를
선언하였다. 단 노반공정 및 터널, 교량공사는 계속 진행되었다. 그럼에도 전
시 혼란 속에서 철로의 부설은 순조롭게 진행되기 어려웠다.

1945년 항전 승리 이후 국민정부와 사천성정부는 성투철로의 부설공사를
재개하기로 결정하고 1946년 10월 마침내 철로의 복구공사에 착수하였다.
1947년 말까지 성투철로의 기초공정은 단지 36퍼센트만이 완공되었을 뿐이었
다. 철로 복구공사를 위한 자금의 모집과정에서 악성 통화팽창이 발생하면서
자금난으로 1949년 5월에 이르러 다시 공사가 중단되고 말았다. 이 당시 부설

40-3 • 성투철로의 부설공정 2

출처: 「成渝鐵路之起築」, 『中華(上海)』 85期, 1940, p.16(上海圖書館《全國報刊索引》數據庫).

공사의 진척 수준은 전선의 45퍼센트에 달하였다.

중화인민공화국이 수립된 이후 전국에 걸친 철로 관련 업무의 통일과 훼손된 노선의 복구를 위해 철도부를 설립하였다. 1949년 9월 27일 중국인민정치협상회의 제1차 전체회의가 통과시킨 '중화인민공화국인민정부조직법' 제18조의 규정에 근거하여 1949년 10월 1일 철도부가 설립되었다. 철도부는 철로 행정의 통일을 위해 새로운 도안을 제작하여 전국의 모든 노선에서 철로업무와 관련된 기관차, 차량표지, 부호, 휘장 등에 새로운 로고를 사용하도록 하고, 이에 근거하여 모든 규정을 통일하였다.

중국철로 휘장은 1949년 5월 중국인민혁명군사위원회 철도부는 사회 각계에 중국철로의 휘장 도안을 공개 모집하였다. 총 3,200건의 응모 가운데 미술 관계자와 철로직공의 투표로 철로 휘장을 결정하고, 철도부 휘장도식심사위원회의 심사를 거친 이후 중앙인민정부 정무원과 재경위원회의 비준을 받아 마침내 정식으로 중화인민공화국 철로휘장으로 결정되었다. 1949년 10월 1일 중화인민공화국이 수립되고 같은 날 중국인민정부 철도부가 설립되었다. 1950년 1월 19일 철도부는 '제정중국인민철로휘장도안양식분발전국각철로일률제용'이라는 철도부의 명령을 반포하였다. 이 명령에 근거하여 중국철로의 통일적인 휘장이 사용되게 되었다.

사천성 출신인 등소평(鄧小平), 진의(陳毅) 등 중국공산당 영도자들은 사천성 민들의 수십 년간의 염원인 성투철로의 부설 계획에 착수하였다. 중국공산당이 서남지역을 완전히 장악하지 못한 1949년 6·7월 사이에 등소평은 상해시장인 진의와 그의 사촌형인 진수화(陳修和)를 접견하고 성투철로를 부설하기 위한 방안을 논의하였다. 이후 사천성이 중국공산당에 의해 접수되자 등소평은 서남군정위원회에서 성투철로의 부설공사를 재개하기로 결정하였다. 과거 국민정부의 세력이 뿌리 깊었으며 마지막까지 중국공산당에 저항이 심했던 사천 등 서남지역에서 성투철로를 부설한 것은 다분히 이 지역 주민에 대한 중국공산당의 포섭과 일체화에 주요한 목적이 있었던 것으로 보인다.

1949년 중국공산당이 사천성을 접수한 이후 성투철로의 복구에 착수하였다. 철로 운수의 개선이 사천성 및 서남지역의 국민경제에 미치는 영향을 고려하여 서남군정위원회의 유백승(劉伯承), 등소평은 성투철로의 복구 및 개량사업을 결정하였으며, 이는 다시 중국공산당 중앙과 중앙인민정부 정무원의 적극적인 지지하에서 추진되었다.

1950년 4월 중경공정국(重慶工程局)은 성투철로 연선에 대한 실지 측량을 실시하여 민국 시기의 측량 결과를 충분히 반영한 기초 위에서 3개 구간에 대한 부설공정을 일부 변경하였다. 첫 번째, 성도에서 난석탄(亂石灘)에 이르는 구간이다. 민국 시기에 성도에서 석란탄에 이르는 구간은 성도역에서 출발하여 요가도(姚家渡), 조가도(趙家渡), 회구(淮口) 등을 거쳤는데, 이 노선은 성도 동남지역의 용천산맥(龍泉山脈)을 돌아 지세가 비교적 평탄하기는 하였지만 72.88킬로미터나 돌아서 주행하는 단점이 있었다. 그리하여 변동 후의 선로는 성도역에서 출발하여 용담사(龍潭寺), 석판탄(石板灘), 홍안향(洪安鄉)을 거쳐 성투철로의 최장터널인 백수요(柏樹㘫) 터널을 지나서 난석탄에 이르게 된다. 이 노선을 이용할 경우 거리가 23.81킬로미터나 단축되었다. 비록 이를 위해 14개의 터널과 10개의 교량의 가설이 필요하기는 하였지만 장기적으로 운송비용을 절감할 수 있는 방안이었다.

두 번째, 양황선계(陽黃鱔溪) 구간에 대한 변경이다. 원래 노선은 타강을 따라 부설하도록 설계되어 있어 노반 기초가 연약하고 더욱이 수재의 위험이 상존하였다. 그리하여 변경 이후의 노선은 기존과 비교하여 비록 약 2킬로미터 정도 거리가 증가하기는 하였지만, 새로운 노선을 통해 운행의 안전을 담보할 수 있게 되었다.

세 번째, 자중섬장요(資中閃將㘫) 구간으로서 당초 자중현(資中縣) 모점자역(茅店子驛)과 은산향역(銀山鄉驛) 사이의 구간에 위치하고 있었다. 원래 노선은 타강을 따라 우회하여 운행하도록 설계되어 있었는데, 이후 굽은 구간을 직선으로 주행할 수 있도록 설계를 변경하여 총연장 266미터의 섬장요(閃將㘫) 터널을 굴착하여 운행할 수 있도록 함으로써 2.3킬로미터 상당의 거리를 단축할 수 있었다.

이러한 결과 성투철로의 노선 설계는 최종적으로 성도를 출발하여 용담사, 홍안향(洪安鄉)을 거쳐 용천산맥(龍泉山脈)을 넘어 오봉계(五鳳溪) 부근에 이르며, 이곳에서 다시 타강 서쪽 기슭을 따라 남하하여 간양(簡陽), 자양(資陽), 자중(資中)을 거쳐 내강에 도달할 수 있었다. 비목진(碑木鎭) 부근에서 타강을 건너 다시 융창(隆昌), 영창(榮昌), 영천(永川)을 거쳐 주양계(朱楊溪)에 도

40-4 • 성투철로 개통기념 휘장

달하게 된다. 주양계에서 장강 북쪽 기슭을 따라 동북방향으로 전진하여 강진(江津), 동관역(銅罐驛), 구룡파(九龍坡)를 지나 최종적으로 중경의 채원파(菜園埧)에 도달하게 되었다. 총연장 505킬로미터로 48개의 역과 12개의 완개참(緩開站)[간이역]을 설치하였으며, 성도, 융창(隆昌), 구룡파에 기무단(機務段)을 설치하고, 절반단(折返段)을 설치하였다. 이 밖에 12개의 급수역과 2개의 보조급수탑을 설치하였다.

1950년 6월 15일 등소평, 하룡(賀龍) 등이 참석한 가운데 중경에서 성투철로의 기공식이 성대하게 거행되었다. 그러나 마침 1950년 6월 25일 한국전쟁이 발발하자 성투철로 부설을 담당하였던 부대가 대부분 전선으로 이동하면서 부설을 위한 노동력이 대거 부족하게 되었다. 이에 사천성정부는 긴급히 실업노동자 및 농촌 민공의 모집에 나섰다. 1950년 6월부터 1952년 6월의 2년간 지방정부가 동원한 민공의 주도하에 마침내 부설공사를 완료할 수 있었다.

부설과정에서 특락양락부(特洛扬诺夫), 서림(西林) 등 소련인 공정사의 적극적인 지도가 큰 힘이 되었다. 서남군정위원회의 영도하에 기술자 및 소련전문가의 지도하에 성투철로의 부설은 빠른 속도로 진전되어 1950년 12월에 강진(江津)까지 진전되었으며, 1951년 6월에 영천(永川), 12월 6일에 내강, 1952년 1월 26일에는 자중(資中), 4월 19일에는 자양(資陽)까지 진전되었으며 6월 13일

에 성도역에 도달하였다. 마침내 1952년 7월 1일 성도와 중경 양 도시에서 각각 성투철로의 개통을 축하하는 경축대회가 개최되었다. 열차는 각각 성도역과 중경역에서 출발하였으며, 내강역에서 만났다. 모택동은 성투철로의 개통을 축하한다는 친필 메시지를 전달하였다.

중국공산당의 주도로 성투철로의 부설공사가 시작되면서 이 지역에 대한 공산당의 영향력이 확대되었으며, 이를 통해 지역에 대한 통제력을 제고하는 주요한 계기가 되었다. 주요한 효과로 다음과 같은 것을 들 수 있다.

첫째, 통계에 의하면 성투철로의 부설을 통해 군공(軍工) 2만 8,415명을 동원하였을 뿐만 아니라, 이 밖에도 실업노동자 18,981명, 민공(民工) 7만 177명을 동원하였다. 군인을 제외하고 실업노동자와 민공은 철로의 부설을 통해 일자리를 창출할 수 있었으며, 철로 부설을 통해 거의 9만여 명의 취업 기회를 제공받게 된 것이다. 보도에 의하면 성투철로의 부설로 인해 천남 철로연선지역에서는 5개 현(縣)의 주민 15만 명이 직간접적으로 철로 부설로 생계를 유지할 수 있었다. 연선 각지의 석공은 모두 철로 노반의 조성에 참여하였으며, 철공과 목공은 철로 부설을 위한 제반 설비를 제작하였다. 부녀와 아이들까지 동원되어 노반작업에 참여하였다. 이 밖에 수십만 명이 침목을 운반하는 데 동원되었다. 이러한 노동을 통해 중국공산당은 중국 서남지역을 접수한 이후 지역 주민들의 생계를 보장하고 안정시키는 효과를 불러일으켰던 것이다.

둘째, 성투철로의 개통으로 사회경제적으로 긍정적인 효과를 수반하였다. 특히 사천분지 농촌경제가 활성화되었다.

셋째, 성투철로의 부설은 연선지역 거주민의 수입을 제고하는 효과를 가져왔다. 예를 들면 천남구(川南區)의 경우 1951년 민공은 임금으로 약 3억 근에 달하는 쌀을 획득하였으며, 기타 각 항의 수입을 포함하면 더 많았다. 실업자가 감소하였으며, 노동자들은 노반작업 등으로 하루 임금이 쌀 3되(升: 10勺)에 달하였다.

성투철로의 부설비용은 총 1조 9,014억 원에 달하였으며, 1킬로미터당 37.65만 원이 소요되었다. 성투철로의 개축이 결정되자 중국공산당 중앙서기

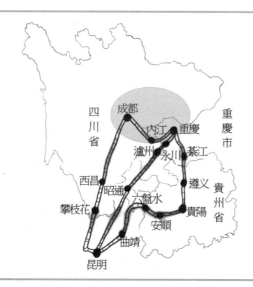

40-5 • 성투철로 노선도 1

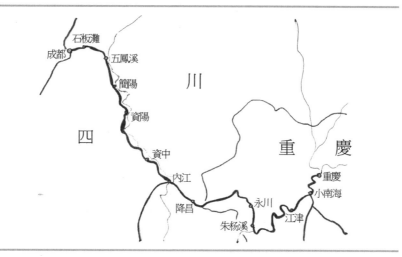

40-6 • 성투철로 노선도 2

처는 우선 2억 근의 쌀을 부설 경비로 방출하도록 지시하였다. 사용된 자재를 살펴보면, 강궤 및 부속품 7만 톤, 도차(道岔) 450조(組), 침목 129만 근(根), 시멘트 5.1만 톤, 목재 5.5만 입방미터, 전간목(電杆木) 1.9만 근, 철강교량 44공

(孔)[3,300톤], 철근 2,100톤, 폭약 2,200톤 등이 사용되었으며, 자재 비용은 약 9,000만 원이었다. 성투철로는 터널 14개, 대교 28개, 소교 189개, 함동(涵洞) [철로 밑 배수로] 446개에 달하였다.

참고문헌

「成渝鐵路之起築」, 『中華(上海)』 85期, 1940.
兪榮新, 「成渝鐵路修建背后」, 『紅岩春秋』 2014年 8期.
王榮, 「成渝鐵路與詹天佑」, 『社會科學硏究』 1979年 4期.
朱蘭, 「鄧小平與成渝鐵路建設」, 『四川檔案』 2004年 4期.
田永秀, 「成渝鐵路建成通車與民衆認同」, 『西南交通大學學報』 2016年 6期.
楊斌, 「新中國第一路 — 鄧小平與成渝鐵路」, 『黨史縱橫』 1998年 10期.
羅其芳, 「修建成渝鐵路述論」, 『四川文理學院學報』 2001年 11期.
黃華平, 「民國成渝鐵路土地徵收問題考察」, 『重慶工商大學學報』 2009年 5期.

41장

수가철로(綏佳鐵路)

빈흑철로와 도가철로를 연계하여 삼림을 개발하기 위한 철로

연 도	1938~1941
노 선 명	수가철로
구 간	수화(綏化) - 가목사(佳木斯)
레일 궤간	1.435미터
총 연 장	381.8킬로미터
기 타	

의란(三姓)[삼성(三姓)]은 송화강 유역에서 가장 오래된 도시이자 인근 지역의 물류 집산지로서 청대부터 상업이 크게 발달해 온 지역 가운데 하나이다. 그러나 만주국 수립 이후인 1937년에 도가선(圖佳線)[도문(圖們) - 가목사(佳木斯)]이 개통되자 가목사는 상업의 중심지로 변모하고 의란은 쇠퇴해버렸다. 가목사는 1915년에는 양잔(糧棧)이 7호(戶)밖에 없었지만 1924년에는 약 40호로 증가하였고 1920년대 이후 상업이 크게 발전하였다. 1937년 도가선이 개통됨에 따라 송화강이 동결되는 기간에도 물자를 수송할 수 있게 되었다.

특히 1939년에는 강 건너 연강구(蓮江口)와의 횡단교가 완성되고, 하얼빈 북방의 수화(綏化)와 연결되는 수가선(綏佳線)이 1940년에 개통되었기 때문에 가목사는 송화강 유역 제일의 경제 중심지가 되었다. 가목사의 인구는 1934년에 약 2만 명이었지만 1941년에는 약 11만 명에 달하였다. 화물의 운임은 가목사 - 하얼빈 - 대련 경유가 가목사 - 목단강 - 조선북부 3항 경유에 비해 높았기 때문에 종전과 같이 하얼빈으로 향하지 않고 목단강, 조선북부로 운송되는 농산물도 증가하였다. 또한 도가철로가 개통된 결과 특산물 집산시장은 송화강 연안에서 철로 연선의 내륙부로 이동하는 현상이 발생하였다. 의란의 양잔(糧棧, 양식 도매상)은 발리(勃利)로 거점을 옮기는 경우가 많았고, 철로 연선 내륙부의

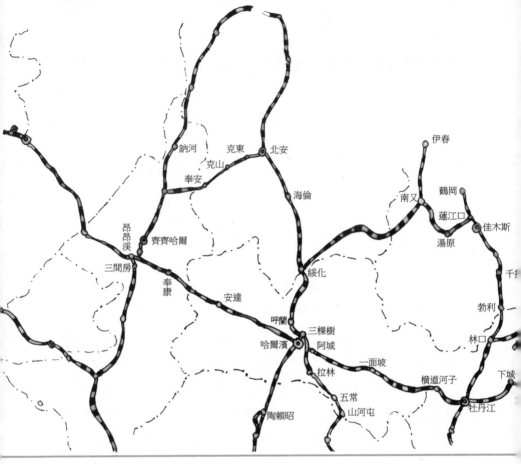

41-1 • 수가철로 노선도 1

발리나 임구(林口)가 새로운 상업 중심지로 부상하였다.

　일본은 동북지역의 여러 철로를 상호 연결하기 위해 빈흑철로(濱黑鐵路)의 수화역으로부터 동쪽으로 연장하여 가목사 송화강 건너편까지 노선을 부설하여 수가철로라 하였다. 이 철로는 빈흑철로와 도가철로(圖佳鐵路)의 두 선을 연결하여 소흥안령 삼림을 개발하기 위한 목적에서 일본이 수화에서 신수(神樹), 신수에서 가목사 건너편 기슭의 연강구에 이르는 두 철로 노선을 부설한 것이

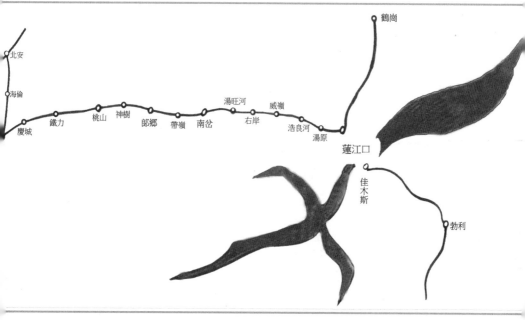

41-2 • 수가철로 노선도 2

다. 수신철로(綏神鐵路)는 빈흑철로의 수화역(綏化驛)으로부터 동북으로 경성(慶城)[현재의 경안(慶安)], 철력(鐵力), 도산(桃山)을 거쳐 신수에 이르는 135.8킬로미터의 노선으로서, 1937년 3월 기공하여 1938년 12월 15일 완공하였다. 노선이 지나는 지역은 토지가 비옥하고 농산물이 풍부하며, 신수의 동쪽은 소흥안령의 삼림지대로 들어가게 된다.

신수에서 가목사에 이르는 구간은 낭향(郎鄕), 대령(帶嶺), 남차(南岔)를 넘어 탕왕하(湯旺河) 우측기슭을 따라 위령(威嶺), 호량하(浩良河), 탕원(湯原)을 거쳐 다시 송화강을 따라 연강구(蓮江口)에 도달하고 서가목사를 따라 가목사에 도달하게 된다. 1937년 4월 부설공사를 개시하여 1941년 11월 완공하였다. 수화에서 가목사에 이르는 구간은 총 381.8킬로미터이다. 탕왕하(湯旺河) 삼림을 개발하기 위한 목적에서 남의(南義)로부터 탕왕하를 따라 이춘(伊春)에 이르는 총연장 104.3킬로미터의 지선을 부설하였다. 1940년에 부설공사에 착수하여 1945년 3월에 완공하였다. 1958년에 이르러 이 노선의 전체 레일을 복선화하였다.

참고문헌

袁文科, 「淸末民初濱黑鐵路硏究」, 『長春師範大學學報』 2017年 11期.

程維榮, 『近代東北鐵路附屬地』, 上海社會科學院出版社, 2008.

董說平, 『中日近代東北鐵路交涉硏究』, 遼寧大學出版社, 2011.

王化鈺, 「呼海路與呼蘭的經濟」, 『北方文物』 1992年 2期.

劉輝, 「滿洲鐵路對中國東北的影響」, 『吉林財經大學學報』 2011年 1期.

閆成, 「九一八事變前中日滿洲的鐵路之爭」, 『軍事歷史硏究』 2015年 6期.

42장

전면철로(滇緬鐵路)

운남에서 미얀마로 연결되는 전시 서남지역의 국제교통로

연 도	1938~1942
노 선 명	전면철로
구 간	곤명(昆明) - 소달(蘇達)
레일 궤간	1미터
총 연 장	미얀마 경내: 184킬로미터/ 중국 경내: 880킬로미터
기 타	

전면철로는 동으로 곤명에서 시작되어 서로는 미얀마에 도달하는 장거리 노선으로서, 중일전쟁 발발 이후에 부설된 중요한 서남간선이다. 1937년 중일 전쟁이 발발한 이후 연안 각 지역이 위협을 받는 상황에서 중국정부는 후방에 국제선로를 개척하기 위한 목적에서 이 철로를 부설하기로 방침을 세웠다. 1938년 8월 1일 전면철로공정국이 설립되어 같은 해 12월 25일에 서곤철로(叙 昆鐵路)와 동시에 기공식을 거행하였다. 동으로는 곤명(昆明)에서 시작하여 서 쪽으로 안녕(安寧), 일평낭(一平浪), 녹풍(祿豐), 광통(廣通), 초웅(楚雄), 요안(姚 安), 상운(祥雲), 미도(彌渡), 남간(南澗), 운현(雲縣), 맹정(孟定)을 거쳐 중국과 미 얀마 변경의 소달(蘇達)에 도달하였다. 1938년 12월에 기공하여 동단은 곤명에 서 상운 청화동(淸華洞)까지 총 410킬로미터, 서단은 청화동에서 소달(蘇達)까 지 총연장 470킬로미터에 이르렀다.

전면철로는 이미 손문의 실업계획 및 철로계획 가운데 서남간선의 하나로 명시되어 있을 정도로 운남성을 중심으로 한 서남지역의 중요한 철로이다. 손 문은 실업계획 속에서 광동에서 시작하여 광서를 거쳐 운남에 이르고 다시 미 얀마로 이어지는 이 철로가 향후 국제철로로서 중요한 역할을 하게 될 것이므 로 이 노선을 부설해야 한다고 주장하였다.

19세기 말부터 20세기 초에 걸쳐 영국은 이 지역의 광물자원에 주목하여 청조에 전면철로의 부설을 끊임없이 요구해 왔다. 영국은 자신의 세력권에 위치한 미얀마철로(緬甸鐵路)의 종점 바모(bhamo)로부터 운남성 대리부(大理府)의 남쪽 하관(下關)에 이르는 파대철로(巴大鐵路)와 하관으로부터 다시 운남부에 이르는 철로의 부설을 구상하였다.

영국은 방대한 철로네트워크의 일부로서 이 철로의 부설을 계획하였다. 이 철로를 통해 동으로는 사천성으로부터 상해로 연결하고, 서로는 인도를 경유하여 이집트 카이로까지 도달하는 철로네트워크를 구상한 것이다. 1897년에 영국은 중국과 '속의면전조약부관(續議緬甸條約附款)'을 체결하고, "장래 운남지방에서 철로를 부설할 경우 무역의 발전을 위해 미얀마철로와 상호 연결한다"라는 조항을 강요하였다. 중국정부의 승인하에 영국은 즉시 공정사를 파견하여 운남성 내의 등월(騰越), 대리(大理), 초웅(楚雄) 등 일대에 대한 측량을 실시하였다.

이후 1907년 운남 주재 영국영사는 운남총독에게 미얀마철로를 연장하여 운남까지 연결할 수 있도록 요청하였다. 그러나 청조는 중프전쟁으로 전월철로(滇越鐵路)의 주권을 상실한 교훈을 되새겨 다시는 철로 부설권을 외국인에게 부여하지 않겠다는 취지에서 이를 수용하지 않았다. 이러한 가운데 중국 역시 스스로의 역량으로 이 철로를 부설하려고 시도하였지만 번번이 자금 조달의 어려움으로 실현에는 이르지 못하였다.

1935년 화북사변이 발발한 이후 국민정부는 항일의 방침을 다지며, 항전을 위한 기초로서 서북과 서남 양 방향을 관통하는 철로를 부설하기 위한 계획을 수립하였다. 서북방면으로는 농해철로의 부설에 중점이 두어졌으며, 서남방면으로는 전월철로와 전면철로의 부설이 중요한 노선으로 계획되었다. 1935년 11월 국민당 제5차 전국대표대회 대표 이배천(李培天)이 국방의 견지에서 교통의 중요성을 강조하며 조속히 철로를 부설하여 일본의 침략에 대비해야 한다고 주장하였다. 전쟁이 발발할 경우 철로를 통해 군용물자를 운송할 수 있으며, 국제해운의 안전이 보장되지 않는 한 철로의 부설이 매우 중요하며, 특히 전면철로의 부설이 시급하다고 주장하였다.

중일전쟁이 발발한 직후인 1937년 8월 운남성 주석 용운(龍雲)은 장개석에게 전시 국제교통로의 확보가 절실하다는 의견을 상신하였다. 특히 전면공로(滇緬公路)와 전면철로의 부설을 통해 직접 인도양으로 통하는 것이 긴요하다고 주장하였다. 전면철로가 부설되기 이전에 비록 철로는 없었지만 화물은 주로 도로[공로(公路)]를 통해 운송되고 있었다. 이 당시 전면공로는 중국 항전을 위한 국제전략 교통로와 생명선으로 표현될 정도로 매우 중요한 노선이었다. 이를 바탕으로 확장 부설된 전면공로는 1936년에 이미 곤명에서 대리(大理)의 하관까지 부설되었으며, 계속 공사가 진행 중인 상태였다. 공로는 총 1,146킬로미터에 달하여 미얀마철로와 서로 연결될 수 있었으며, 이를 통해 미얀마의 양곤항으로 이어지는 총 909킬로미터에 달하였다.

1937년 8월 말 용운은 운남성의 모든 역량을 동원하여 전면공로의 부설에 나섰으며, 운남성 성민 수십만 명의 노동력을 동원하며 단 8개월 만에 공사를 완료하였다. 9월 7일 용운은 장개석에게 비록 장거리에 걸친 전면공로가 이미 완성되기는 하였지만, 대량의 물류 운송을 위해서는 무엇보다도 전면철로의 부설이 시급하다는 의견을 상신하였다. 전면공로는 운송 능력에 한계가 있었으며, 5월부터 11월까지 우기에 해당되어 도로의 폐쇄가 비일비재하였다. 따라서 전면철로의 부설은 매우 긴요한 과제가 되었다.

이와 같이 전면공로는 대후방의 중요한 국제운수 노선이라 할 수 있다. 그럼에도 공로를 통한 화물의 운수 능력에는 한계가 있었으며, 연간 운수량이 18만 톤에 지나지 않았다. 장기 항전을 지속하기 위해서는 매년 국외로부터 군용 물자 20만 톤을 수입하고 민수 물자 역시 10만 톤 전후를 수입해야 하였다. 더욱이 해남성 해구(海口)가 봉쇄된다면 전면공로는 운수의 수요를 감당할 수 없게 되어, 전면철로의 시급한 부설로 운수능력을 제고하지 않으면 안 되는 상태였다.

일찍이 중일전쟁 발발 직전인 1935년에 국민정부 공로총국은 인원을 파견하여 선로를 측량하였다. 국민정부는 전면철로 연선의 지리, 상업, 토지 등의 개황

42-1 • 전면철로, 서곤철로 연합기공식(1938년 12월 25일)

출처:「滇緬敍昆兩路聯合開工典禮」,『東方畫刊』1卷 12期, 1939, p.18(上海圖書館《全國報刊索引》數据庫).

에 대해 조사를 진행하고, 1937년 교통부 공무사 사장 살복균(薩福均)을 전면철로국장으로 임명하였다. 1938년 12월부터 전면철로의 부설공사에 착수하였다.

1938년 10월 일본군이 광주로 상륙하면서 광구철로와 월한철로 남단이 일본군에 의해 점령되고 말았다. 1939년 11월 일본군이 남경을 점령하고 광서와 베트남을 횡단하는 교통로가 차단되자 1939년 말 베트남 하이퐁항(海防港)에는 중국화물 22만 톤이 운반되지 못한 채 쌓여 있었다. 전월철로의 매월 운송 능력은 1만 3,000톤에 지나지 않았으며, 공로를 통한 물류 운송도 가능하기는 하였지만 매월 운송 능력이 2만 톤을 넘지 못하였다. 설사 새로운 화물이 더는 도달하지 않더라도 적재된 물류를 수송하는 것만으로도 최소 1년의 시간이 소요될 형편이었다. 더욱이 1940년 6월 프랑스가 패배하고 1940년 6월 20일 괴뢰 비시정부(Governement de Vichy)가 수립되면서 베트남으로부터 중국으로 운송되는 전월철로의 국경 통과를 금지하였다.

42-2 • 전면철로 휘장

1937년 중일전쟁이 폭발한 이후 국민정부 교통부 차장 증양보(曾養甫)는 만일 연해지역을 장악하지 못할 경우 외부로부터의 중국에 대한 지원이 차단되어 곤경에 빠질 것임을 예측하였다. 따라서 조속히 서남지역으로부터 국외로 통하는 국제연락통로를 마련해야 한다는 당위성을 강조하였다. 수많은 철로 전문가와 노동자가 전국 각지로부터 몰려들었다.

1937년 교통부 공무사(公務司) 사장 살복균(薩福均)이 전면철로국의 국장으로 파견되었으며, 1939년에는 두진원(杜鎭遠)이 전면철로국 국장 겸 총공정사로 파견되었다. 두진원은 철로의 부설을 위해 부국장에 장해평(張海平), 부국장 겸 부총공정사에 왕절요(王節堯), 공정국 공무과 공정사 왕국잠(汪菊潛), 공정처 부처장 도술증(陶述曾), 총공정사실 부총공정사 이요상(李耀祥), 독판공서 기술위원회위원 왕희성(汪禧成), 설계과장 임동염(林同炎), 제3공정처 공무과 기술고(技術股) 주임 뇌종민(雷從民), 제3총단 부공정사 겸 분단장 장석형(長石衡)과 주보분(朱葆芬), 하순삼(夏舜參), 고구성(顧榖成), 축진훤(祝秦萱), 주용화(周庸華), 노조균(盧肇鈞) 등 일류 철로기술 전문가를 초빙하였다. 이들 기술자는 거의 국내 유명대학이나 구미대학에서 토목공정 관련 학위를 취득한 철로 부설 관련 인재들이었다.

1938년 가을 곤명에서 전면철로공정처가 설립되어 부설을 위한 자본 모집에 착수하였다. 1938년 8월 1일 전면철로와 서곤철로의 양 철로공정국이 설립되어 영국과 프랑스 양국의 차관을 도입하였다. 이 양 노선은 영국과 프랑스 양국의 공정사가 측량을 마친 이후 12월 25일부터 부설공사에 착수하였다. 전면철로의 노선은 최종적으로 곤명을 출발하여 안녕, 녹풍(祿豊), 일품랑(一品浪), 초웅(楚雄)을 거쳐 상운(祥雲)에 이른 후 남선으로 미도(彌渡), 운현(雲縣), 맹정(孟定)을 거쳐 소달(蘇達), 곤롱(滾弄)으로부터 미얀마로 들어가 납술(臘戌)과 면전철로(緬甸鐵路)와 상호 연결하도록 되었다. 중국 경내의 노선은 총 880킬로미터이며, 미얀마 국경 내의 노선은 184킬로미터에 달하였다. 궤간은 1미터의 협궤였는데, 이는 미얀마철로의 궤간과 합치한 결과였다.

1939년 봄부터 부설공사는 한층 속도를 내며 진행되었다. 전 노선을 3개 구간으로 나누어 부설공사를 진행하였으며, 철로가 지나는 향촌의 주민 30만 명을 민공으로 징발하였다. 그러나 운남성정부와 운남성 민공들에게 공급할 30만 명분의 식량을 공급하는 문제부터 지난한 문제가 되었다. 이 지역은 공사 구간이 척박하여 말라리아가 횡행하고 모기 등 온갖 벌레가 서식하여, 수많은 노동자들이 학질과 위장병에 시달렸다. 더욱이 운남 현지에서 징발한 민공들은 열에 아홉은 아편을 흡식하였으므로 민공의 체력이 약하여 부설 시공에 어려움이 많았다.

따라서 부설공정의 속도를 제고하기 위해서라도 작업환경을 개선하는 것은 매우 긴요한 일이 되었다. 작업환경을 개선하면서 부설공정도 한층 속도를 내었다. 이와 함께 전면철로공정처를 전면철로공정국으로 개조하는 동시에, 공정국을 녹풍으로 이전하여 전 노선에 걸쳐 부설공사를 관할하도록 하였다. 전면철로의 부설공사는 비교적 빠른 속도로 진행되었다. 부설공사를 시작한 지 1년 만에 전 노선 공정의 25퍼센트가 진전되었다.

한편, 전면철로 공정이 진행되는 가운데 국제정세가 크게 변화되었다. 1940년 6월에 일본이 베트남에 상륙하면서 7월에 들어 전월철로의 부설공사가 중단되었다. 국민정부는 전월철로를 통해 국외로부터 물자를 수입하였으며, 구룡과 양곤의 강철 레일 등 철로 부설 자재를 수입할 수 있었다. 그러나 1940년 7월 18일 2차대전에 참가한 영국은 일본의 압력에 굴복하여 '면전금운협정(緬甸禁運協定)'을 체결하고 전면공로를 3개월 봉쇄하는 데 서명하였다. 9월에는

42-3 • 1938년 일본이 제작한 삼국동맹조약 선전엽서 '사이좋은 세 나라(仲良し三国)'

일본군이 하노이에 상륙하여 국제운수선의 절단을 시도하였다.

전면철로의 부설에 필요한 15만 톤의 자재는 기존에 전월철로에 의해 공급되어 왔는데, 전월철로가 막히자 전면철로의 부설 자재 공급도 중단될 수밖에 없었던 것이다. 부득불 전면철로는 필요한 자재를 전면공로를 통해 운송할 수밖에 없었다. 그러나 전면공로 역시 전시 상황하에서 운수가 원활하지 않았다. 이러한 가운데 독일, 이탈리아, 일본의 삼국동맹이 성립된 이후 영국은 1940년 11월 18일 전면공로의 확대 개방을 선포하였다. 1941년부터 전면철로의 부설을 위한 각종 자재가 미얀마를 거쳐 철로, 공로, 수로로 운반되어 왔다. 항전을 위한 목적에서 전면철로의 신속한 부설이 매우 필요한 상황에서 부설이 진행되었다. 1941년 5월 미국은 중국의 전면철로의 재료 구매를 위한 차관 1,500만 원의 공여를 약속하였다.

1942년 일본이 미얀마를 점령한 이후 다시 운남성의 등충(騰冲), 용릉(龍陵),

42-4 ● 전면철로 부설공사 중의 민공 거처

전면철로의 부설에는 철로가 지나는 향촌의 주민 30만여 명이 징발되어 공사를 담당하였다. 그러나 작업환경이 열악하여 하루 노동시간도 무려 14시간에 달하였다. 제공되는 식사도 매우 열악하여 옥수수로 만든 국수가 전부였고, 숙소는 천막으로 얼기설기 만든 임시거처였다. 노동자들은 학질과 말라리아에 시달렸다.

출처: 杜澤垣, 「建築中之滇緬鐵路: 滇西新平縣禮江渡口」, 『展望』7期, 1939, p.5(上海圖書館 《全國報刊索引》數据庫).

원정(畹町)에 대한 공격을 개시하면서 운남성 서부지역의 방위가 크게 동요되었다. 이에 일본이 전면철로를 이용할 가능성을 차단하기 위해 어쩔 수없이 서단에서 이미 조성해 놓은 노반과 기초 공정을 파괴하기로 결정하였다. 이에 전

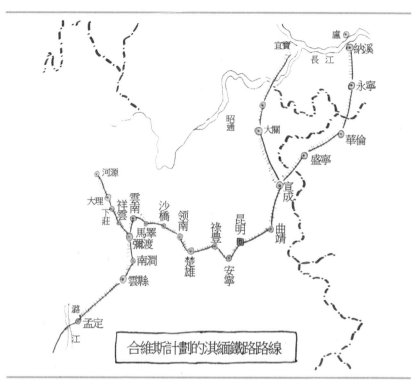

42-5 ● 전면철로 노선도

면철로의 부설공사는 전면적으로 중단되었으며, 전면철로 독판 역시 내지로
철수하고 말았다.

항전 승리 이후에는 국민정부가 원조를 위한 국제철로를 부설할 필요성을
느끼지 못하여, 전면철로의 부설공사가 더는 진전되지 못하였다. 중화인민공
화국 수립 이후 1958~1959년에 걸쳐 철도부는 원래 항전 시기에 완성된 노반
을 이용하여 초웅(楚雄) - 평랑(平浪) 구간에 레일을 부설하였고 이를 곤일철로
(昆一鐵路)라 명명하였다. 1970년에 성곤철로(成昆鐵路)가 개통된 이후 곤일철
로는 철거되고 말았다. 현재 전면철로의 유적으로는 곤명북역(昆明北驛)에서
석명(石咀)에 이르는 12.4킬로미터의 선로가 남아 있으며, 이를 곤석선(昆石線)
이라 부른다.

참고문헌

「滇緬敍昆兩路聯合開工典禮」,『東方畫刊』1卷 12期, 1939.

杜澤垣,「建築中之滇緬鐵路: 滇西新平縣禮江渡口」,『展望』7期, 1939.

和麗琨,「修建滇緬鐵路始末」,『雲南檔案』1995年 1期.

崔罡,「滇緬鐵路與抗戰精神」,『西南交通大學學報』2015年 5期.

吳仲禹,「臨滄人魂系滇緬鐵路」,『雲南檔案』2007年 2期.

朱壽淸,「修築滇緬鐵路的滄桑歷程」,『臨淸師範高等專科學校學報』2009年 3期.

段飛虎,『滇緬鐵路資料匯編』, 雲南民族出版社, 2010.

43장

서곤철로(叙昆鐵路)

전월철로와 연결하여 전시 후방교통로로 부설된 서남철로

연　　도	1938~1943
노 선 명	서곤철로, 천전철로(川滇鐵路)
구　　간	곤명(昆明) - 서부(叙府)
레일 궤간	1미터
총 연 장	865킬로미터
기　　타	

서곤철로는 곤명에서 출발하여 곡정(曲靖), 위녕(威寧), 소통(昭通), 염진(鹽津)을 거쳐 서주부(叙州府)[현재의 의빈(宜賓)]에 이르는, 1미터 궤간에 총연장 865킬로미터의 노선이다. 1938년 12월 25일 전면철로와 동시에 기공식을 거행하였으며, 부설 이후 천전철로공사 총경리처(川滇鐵路公司總經理處)가 철로 경영을 담당하였다.

청말 이래 영국과 프랑스는 중국정부에 미얀마 및 베트남으로부터 사천성에 이르러 장강으로 이어지는 철로의 부설을 요구해 왔다. 이를 위해 영국과 프랑스는 전면철로와 전월철로(滇越鐵路)를 사천성(四川省)까지 연장하여 장강(長江)과 연결하려는 구상을 가지고 있었다. 이와 관련하여 대체로 다음과 같은 몇 노선이 철로 부설을 위한 적합한 후보지로 거론되어 실지조사까지 이루어졌다.

일찍이 1896년 영국의 데이비스(Davis)는 운남철로공사를 조직하여 이 지역에서 철로를 부설하기 위한 노선의 측량을 실시하였는데, 한 노선은 곤명으로부터 숭명(嵩明), 위녕, 필절(畢節)을 거쳐 납계(納溪)에 이르러 장강 건너의 노주(瀘州)와 마주보는 총연장 924킬로미터의 노선이고, 다른 하나는 동천(東川), 소통을 거쳐 서부(叙府)에 이르는 노선이었다. 또한 1900년에 프랑스 군관 그릴러(Grillers)도 측량을 하였는데, 이는 곤명으로부터 우란강(牛瀾江)과 횡강

43-1 • 전면철로와 서곤철로의 연결 공사

곤명(昆明) 동성(東城) 밖의 왕기영(王旗營)에서 전면철로와 서곤철로의 레일을 연결하기 위한
공사를 진행하는 모습

출처: 「滇緬·敘昆鐵路印象記」, 『東方畵刊』 2卷 7期, 1939, p.9(上海圖書館 《全國報刊索引》
數据庫).

43-2 ● 전면철로, 서곤철
로 연합기공식(1938년 12
월 25일)

전면철로와 서곤철로를 부
설하기 위해 동원된 민공
(民工).

출처: 「最近落成者將有滇
緬敘昆兩鉄路, 圖爲民
工築路時情形」, 『良
友』 149期, 1939, p.8
(上海圖書館 《全國報
刊索引》 數据庫).

(橫江)을 따라 숭명(嵩明), 소통(昭通), 염진을 거쳐 서부(叙府)에 도달하는 노선이었다.

1910년 전촉철로공사(滇蜀鐵路公司)는 미국인 공정사 돌리(Dawly)를 초빙하여 곤명에서 우란강을 따라 소통에 이르고, 횡강을 따라 시부에 이르는 노선을 측량하였다. 마지막으로 곤명으로부터 곡정, 선위(宣威), 위녕, 소통, 염진을 거쳐 서부(叙府)에 도달하는 총연장 850킬로미터를 제시하였다. 이를 통해 선위 부근의 명랑탄광(明朗炭鑛)과 위녕 부근의 수성철광(水城鐵鑛), 대만자(大灣子) 부근의 동광(銅鑛), 소통, 갈탄광산과 동광산, 염진 부근의 석탄광을 개발하기에 최적의 노선을 제시하였다. 그럼에도 실제로 이 지역에 철로는 중일전쟁 이후에야 비로소 부설되었다.

1938년 4월 국민정부 교통부는 전시 후방의 교통 수요를 해결하기 위해 부서 인원을 파견하여 철로를 부설하기 위한 기초적인 측량을 실시하였다. 1938년 9월 교통부는 사천성, 운남성의 양 성과 공동으로 천전철로공사 및 천전철로공사이사회를 발족하여 철로의 부설공사에 착수하도록 하였다. 이사회의 구성은 교통부 및 사천성, 운남성 관계자를 이사로 초빙하여 조직하였으며, 그 산하에 서곤철로공정국을 설치하였다.

1938년 9월에 측량의 결과를 바탕으로 실제 부설할 철로 노선이 확정된 이후, 1938년 12월 25일 정식으로 부설공사가 시작되었다. 곤명에서 곡정에 이르는 노선이 우선 완공되었으며, 총연장 160킬로미터에 달하였다. 이윽고 재정 및 부설 노동자의 부족으로 철로 부설이 지연되자 운남성은 현지 주민들을 노동자로 징발하여 철로 부설을 계속 진행하였다.

이와 함께 부설비용을 충당하기 위해 국민정부 교통부는 1939년 12월 11일 프랑스은행단과 차관계약을 체결하였다. 이를 통해 차관 및 부설 자재의 운송비 명목으로 4억 8,000만 프랑을 차입하고, 중국건설은공사로부터 3,000만 원의 현금을 충당하였으며, 이와 별도로 천전철로공사 및 중앙정부로부터 부설비 명목으로 9,000만 원을 지원받았다. 이와 함께 차관 공여 은행과 경제부는 합작으로 연선에 소재한 광산을 개발하는 협정을 체결하였다. 1941년 말까지

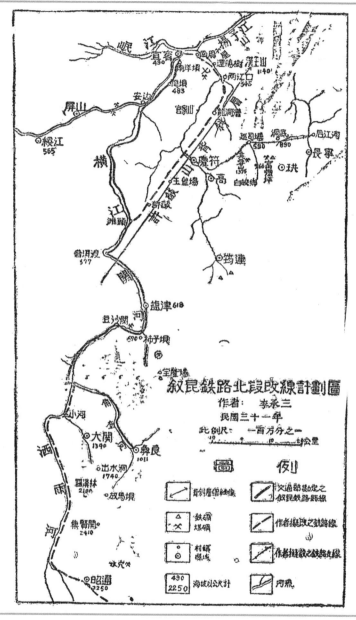

43-3 • 서곤철로 노선도 1

출처: 李承三, 「叙昆鐵路北段路線之檢討」, 『交通建設』 1卷 6期, 1943, p.17(上海圖書館 《全國報刊索引》 數据庫).

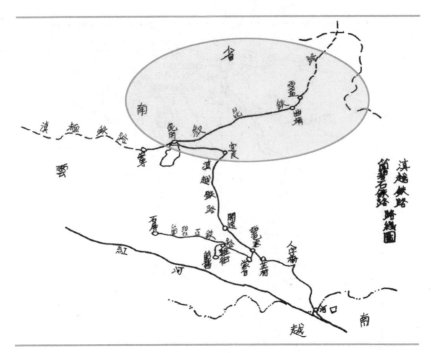

43-4 • 서곤철로 노선도 2

소요된 부설비용은 총 1억 95만 원에 달하였다.

　1940년 9월, 일본군이 베트남을 통해 전월철로의 중국 구간을 공격할 계획을 수립하였다. 일본군이 하이퐁에 상륙하자 중국 측은 하구대교(河口大橋)를 파괴하였으며, 하구(河口)에서 벽색채(碧色寨) 사이 구간의 강궤, 침목, 분기기(分岐器) 등을 해체하여 곤명으로 실어 날라 곤명과 곡정 사이에서 레일을 부설하는 데 사용하였다. 1941년 3월 20일에 열차 통행을 개시하였으며, 1943년 첨익(沾益)까지 총연장 176.9킬로미터의 구간이 부설되었다.

참고문헌

「滇緬·叙昆鐵路印象記」, 『東方畫刊』 2卷 7期, 1939.

「滇緬叙昆兩路聯合開工典禮」, 『東方畫刊』 1卷 12期, 1939.

「最近落成者將有滇緬叙昆兩鉄路, 圖爲民工築路時情形」, 『良友』 第149期, 1939.

李承三, 「叙昆鐵路北段路線之檢討」, 『交通建設』 1卷 6期, 1943.

曹盛屛, 「關于雲南省的鐵路建設問題」, 『鐵道工程學報』 1987年 4期.

唐靖, 「抗戰時期修築川滇鐵路的其意義及其艱難歷程」, 『重慶師範大學學報』 2016年 2期.

「百年雲南鐵路干道修建檔案史料匯編」, 『雲南檔案』 2013年 4期.

44장

검계철로(黔桂鐵路)

항일전쟁을 지원하기 위해 부설된 서남지역의 간선철로

연　　도	1939~1941(1941년 4월 2일 개통)
노 선 명	검계철로
구　　간	유주(柳州) - 귀양(貴陽)
레일 궤간	1.435미터
총 연 장	615킬로미터
기　　타	

중일전쟁이 발발한 이후 국민정부 교통부는 외국으로부터의 원조루트를 개척하여 중경을 중심으로 한 후방의 통치를 공고히 하기 위한 방안을 강구하였다. 전쟁을 수행하기 위해 필요한 병력 수송, 광산물과 농산물의 이출 및 외국 원조 물자 운반, 나아가 후방 경제 개발을 통한 항전력의 제고 등을 위해 서남지구에서 철로 부설은 중국국민정부에게 초미의 관심사였다.

국민정부가 중경으로 천도한 이후 귀주(貴州)는 서남공로(西南公路) 교통의 중심이었다. 귀양(貴陽)으로부터 중경에 이르기까지 484킬로미터, 곤명까지는 657킬로미터, 계림까지는 543킬로미터, 장사까지는 904킬로미터에 달하였다. 상계철로(湘桂鐵路)를 부설하기 시작한 이후 만일 다시 유주(柳州)로부터 귀양으로 통하는 철로를 부설한다면 당연히 중경으로 통하는 운수능력을 강화시킬 것임에 틀림없었다.

이를 위해 국민정부 교통부는 철로 노선을 선정하고, 철로전문가들의 의견을 구하여 검계철로를 부설하기로 결정하였다. 검계철로는 유강(柳江) 남쪽 기슭으로부터 독산(獨山)을 거쳐 귀양에 이르는 총연장 460킬로미터의 노선으로서, 1939년 9월 기공하여 1941년 2월 1일 전 구간에 걸쳐 열차를 개통하였다. 철로 부설을 위해 중국정부는 1937년 4월 7일 상계철로공정처를 형양(衡陽)에 설립하고 공정처 아래 총무, 공무, 기무, 회계, 운수의 각 과 및 각 공정총단을 두었다. 1938년 10월 국민정부 행정원 철도부장인 장가오(張嘉璈)는 상검철로의 부설 중단과 검계철로의 부설 계획을 제출하여 중앙정부의 비준을 받았다.

검계철로를 부설하는 과정에서 광서성과 귀주성 연선의 각 현에서 10여만 명에 달하는 민공을 징발하여 간단한 공구를 동원하여 철로의 부설에 착수하였다. 그러나 전시 물자 조달의 어려움과 일부 관료의 부패 등으로 공사는 수시로 중단되었으며 1940년 말에 이르러 유주에서 금성(金城)에 이르는 구간을 완공하였다.

호남성과 강서성 방면에서 중일 간의 전쟁이 치열하게 전개되면서 중국 측에 형세가 불리하게 전개되었다. 1939년 4월 국민정부 철도부는 이 지역이 만일 일본의 수중으로 넘어갈 경우 철로가 적을 이롭게 할 우려가 있다고 판단하였다. 이에 절공철로 남창에서 주주(株州) 구간 및 상검철로의 레일을 해체하여 후방으로 이전하도록 지시하였다. 이와 함께 상검철로공정국을 검계철로공정국으로 변경하였으며, 레일, 침목, 차량을 포함하여 모든 물자와 인원을 유주 방면으로 퇴각시키는 조치를 취하였다. 이러한 결과 상검철로의 레일을 비롯한 모든 물자와 공정인원은 검계철로를 부설하기 위한 지역으로 이전되었다.

이후 검계철로의 부설 진행도 더욱 속도를 더하였다. 검계철로는 광서 유주로부터 시작하여 귀주성의 귀양에 이르는 노선으로서, 유주를 출발하여 금성강(金城江), 독산(獨山), 도균(都勻), 용리(龍里)를 거쳐 귀양에 이르는 총연장 615킬로미터의 노선이었다. 유주에서 금성강[현재의 하지(河池)] 구간의 161킬로미터는 지세가 평탄하여 1939년 9월 기공하여 1940년 말 완성하여 열차를 개통하였으며, 공로와 서로 연결되었다. 금성강 서쪽의 선로는 산맥이 중첩하였으며, 유주와 귀양 간의 고도 차이도 920미터에 달하였다.

금성강에서 독산까지 237킬로미터로 산맥이 중첩하여 부설 공정이 극히 험난하였다. 1941년 초 기공하여 1943년 완공하여 열차를 개통하였다. 1944년에는 다시 도균까지 연결되어 열차를 개통하였는데 총연장 73킬로미터에 달하였으며, 광산이 있는 청태파(淸泰波)까지 약 6킬로미터의 지선을 부설하였다. 유

44-1 • 검계철로 휘장

주에서 청태파까지는 총 467킬로미터에 달하였다. 검계철로는 이후 월한철로, 상계철로와 연계하여 연운(聯運)을 실시하였다.

1944년 일본군이 광서로 진격하면서 정세가 날로 급박하게 전개되자 검계철로의 부설공사를 중단할 수밖에 없었다. 단지 이때까지 부설을 완료한 유주에서 도균청태파(都勻清泰坡)에 이르는 461킬로미터의 구간에서만 열차를 개통하여 운행하였다. 그러나 1944년 일본군이 이 지역으로 진격해 들어오면서 철로 레일이 상당 부분 파손되었다.

1944년 3월 일본군이 검계철로와 도로를 따라 마미(厤尾), 독산, 도균으로 진격해 들어왔다. 이에 중국군대는 초토항전의 구호하에 '소(小)홍콩'이라 부르던 독산현성(獨山縣城)을 소각하였으며, 뒤이어 백자교(百子橋)를 파괴하였다. 독산역에 남아 있던 10여 량의 군수품 운송 열차마저 남김없이 불태우고 말았다. 1945년 국민정부는 이 노선에 대한 복구에 착수하였으나, 1949년까지 유주에서 금성(金城) 구간의 161킬로미터 구간만이 복구되었을 뿐이다.

1950년 10월 국가 경제건설의 필요에서 검계철로 노선 가운데 금성강에서 청태파에 이르는 300킬로미터의 강철 레일을 해체하여 상계철로의 유주에서 남녕(南寧) 구간을 부설하기 위한 자재로 전용하기로 결정하였으며, 1951년 1월에 해체를 완료하였다. 1955년 검계철로 금성강에서 도균에 이르는 구간의 복구공사가 개시되었으며, 동시에 도균에서 귀양에 이르는 구간의 철로 노선의 부설공사도 시작되었다. 1958년 말 도균에서 귀양 사이의 철로 부설이 완료되었으며, 10월 9일 객화혼합열차가 귀정에까지 통행하였으며, 11월 24일 화물열차가 전 노선에 걸쳐 시험 운행하였다. 1959년 1월 7일 귀양에서 검계철로 전 노선에 걸쳐 개통식을 거행하였으며, 운행을 개시하였다.

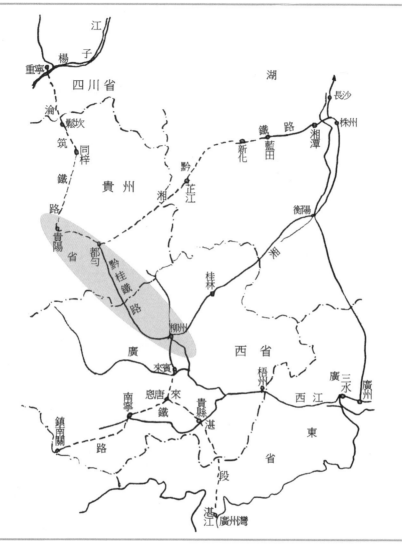

44-2 • 검계철로 노선도 1

　검계철로는 항전의 과정에서 매우 중요한 기능을 유감없이 발휘하였다. 당시 검계철로 연선에 위치한 독산현은 중국공군을 지원하는 미국지원항공대가 비행장을 건설했던 장소였다. 더욱이 수많은 비행기가 독산비행장을 중간 기

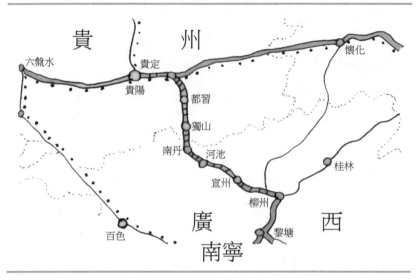

44-3 • 검계철로 노선도 2

착지로 활용하였다. 또한 비행기가 필요로 하는 연료 등의 물자 역시 검계철로를 통해 운송되었으며, 서방의 원조물자도 검계철로를 통해 귀주와 광서의 각지로 운반되어 항전을 지원하였다.

항전을 지원하는 역할 이외에도 귀주, 광서 양성의 경제 발전을 선도하였다. 검계철로가 부설되기 이전에 연선 각지의 경제사정은 자급자족의 경제 상태에 머물러, 대량의 자원이 매장되어 있음에도 충분히 개발이 이루어지지 못하는 상황이었다. 그러나 검계철로가 부설되자 지역경제가 비로소 급속한 발전을 이룰 수 있었다. 철로 부설 이후 연선 각지의 상업도 점차 번영하였으며, 더욱이 철로의 종착역인 유주, 독산은 서남지역의 중진(重鎭)으로 성장하였다.

참고문헌

王世威, 「黔桂鐵路黔境段路線之商榷」, 『抗戰與交通』 65期, 1941.

毆陽恐, 「黔桂鐵路技術改造」, 『鐵道建築』 1983年 10期.

沈突巨, 「在抗日烽火中搶築的湘黔桂鐵路」, 『廣西文化』 2015年 2期.

張鳳霞, 「黔桂鐵路: 抗戰的生命線」, 『當代貴州』 2015年 35期.

45장

기강철로(綦江鐵路)

중일전쟁 시 군수품의 원료인 석탄과 철광석의 운송 철로

연　　도	1942~1945(1945년 11월 10일 개통)
노 선 명	기강철로
구　　간	강진(江津) - 기강현(綦江縣) - 삼계광장(三溪鑛場)
레일 궤간	1.435미터
총 연 장	86킬로미터
기　　타	

　　기강철로는 중일전쟁 기간 동안에 부설되었으며, 사천성에서 처음으로 부설된 표준궤 철로이다. 부설의 주요한 목적은 사태(社台), 남동(南桐)으로부터 대도구(大渡口)에 이르는 광석과 점결탄(코크스)의 운송을 위한 것이었다. 중일전쟁이 발발한 이후 중국정부 병공서(兵工署)는 중경 장강 상류의 대도구에 철강공장을 설립하였다. 그런데 석탄과 철의 원료는 주로 기강(綦江) 상류지역에 매장되어 있었다. 비록 기강 및 포하(蒲河), 송강하(松坎河)에서 선박으로 운송을 할 수는 있었지만, 수심이 얕고 물길이 험난하였다. 기강 상류 및 지류에 위치한 육중(六中), 대화(大華), 대인(大仁), 대용(大勇), 대지(大智), 대신(大信) 등에 수문(水門, floodgate)을 설치하여 이러한 단점을 극복하려 시도하였지만, 수문을 개폐하는 데 여전히 많은 시간과 비용이 소요되었다. 결국 관리가 어려워 수송로로서의 기능을 충분히 발휘하지 못하였다.

　　중일전쟁이 폭발한 이후 한구(漢口)가 함락되자 국민정부는 한양철창과 한양병공창 내에 있던 철로 레일, 차량 및 기타 기기 등을 해체하여 중경으로 운송하여 새로 군수공장을 설립할 계획을 수립하였다. 군수공장에서는 석탄, 철광이 필요하였으며, 그 원료를 기강현(綦江縣) 삼계매철광(三溪煤鐵鑛)으로부터 공급할 계획이었다. 그러나 기강은 수심이 얕아 운수가 원활하지 않았으므로 결국 기강철로를 부설할 수밖에 없다는 결론에 도달하였다. 이 당시 이미 대도구의 연강창(鍊鋼廠)에서 35파운드의 강철 레일을 생산할 수 있는 능력을 갖춘 상태였다. 이러한 조건에 기초하여 중국정부는 기강철로공정처(綦江鐵路工程處)를 설립하여 철로를 부설하도록 교통부에 지시하였다.

마침내 1940년 기강철로를 부설하기로 결정한 이후 같은 해 6월 교통부 기강철로공정처를 설립하고, 그 아래 총무과, 공무과, 운수과, 회계과, 재료과, 공무총단, 인사실을 두었다. 이후 기강삼계장(綦江三溪場)으로부터 강진묘아타(江津猫兒沱)에 이르는 노선의 측량, 부설, 설비 장착 및 부속 건설사업 등을 진행하였다. 1945년 10월 교통부는 기강철로공정처를 철폐한 이후, 같은 해 12월에 이를 강철천건위원회(鋼鐵遷建委員會)의 관할로 이관하였으며, 이후 기강철로국이 설립되었다.

이 철로는 중경 서남의 강진현(江津縣)을 출발하여 사천성[천(川)]과 귀주성[검(黔)]의 성경(省境)을 지나 삼계광장(三溪鑛場)에 이르는 총연장 86킬로미터의 노선이다. 1942년 4월에 기공하여 1945년 11월 10일에 열차의 개통식을 거행하였다. 그러나 이날 개통식이 거행되기까지 부설된 구간은 40킬로미터에 지나지 않았다. 기강의 북쪽에서 오차(五岔)에 이르는 구간은 당시 개통식까지 부설되지 못하였으며, 1947년 8월에 이르러 비로소 완공되었다. 전 노선은 표준궤로 부설되었으며, 사천성에 위치한 대도구 연강창에서 생산된 30파운드 중량의 레일을 전용하였다. 기관차는 1944년에 계림으로부터 철거하여 운반해 온 차량을 사용하였다.

기강철로국의 주도하에 철로의 부설에 착수하여 1948년에 이르러 기강철로는 강진(江津) 경내의 묘아타(猫兒沱)에서 오차를 거쳐 기강현성(綦江縣城) 건너편의 석불강(石佛崗)까지의 노선에서 열차를 개통하였으며, 총연장 67킬로미터에 달하였다. 그러나 기강역에서 석문감역(石門坎驛)까지의 구간은 전쟁으로 말미암아 착공이 계속 미루어졌다.

1949년 11월 30일 중국공산당이 중경(重慶)을 접수한 이후 서장(西藏, 티베트)으로 진군해 들어와 각 성에 잔존해 있던 장개석 휘하의 군대 및 토호열신의

45-1 • 기강철로 열차와 역사(驛舍)

위: 기강철로를 주행하는 열차

아래: 기강철로 광흥역(廣興驛)

출처: 「修築綦江鐵路經過概述」, 『建設評論』1卷 8期, 1948, p.20(上海圖書館 《全國報刊索
引》數据庫).

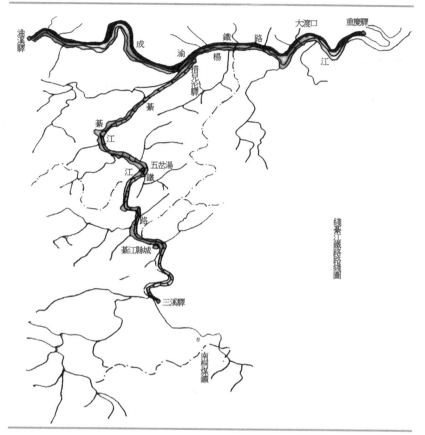

油溪驛　成　渝　鐵　路　楊　大渡口　重慶驛
渝　靖兒沱驛　江
綦
綦
江
江　五岔湯
鐵
路
綦江縣城
三溪驛
南桐煤鑛

綦江鐵路路綫圖

45-2 • 기강철로 노선도

무장세력을 제압하는 것이 초미의 과제가 되었다. 이 당시 기강철광과 남동매
탄(南桐煤炭)은 목선에 적재되어 기강을 따라 대도구 연강창으로 운반되었다.
그러나 이와 같은 운송 방식이 철창의 수요와 발전을 위해서는 매우 미흡한 수
준이었다. 따라서 서남군정위원회는 각 공장의 노동자를 조직하고 여기에 군
대의 병력을 동원하여 기강철로를 부설하고, 이 철로를 통해 철광, 석탄광산과
철창 사이를 상호 긴밀히 연계하기로 결정하였다. 1950년 1월 중국군은 기강
철로국에 대한 군관(軍管, 군사 관리)을 결정하였다.

1953년 1월 1일 서남철로공정국 중경관리분국은 중경철로국으로 개조되어 직접 철도부의 지시를 받게 되었다. 5월 13일 기강철로국은 중경철로국으로 병합되었으며, 8월 1일 중경철로국은 다시 중경철로관리국으로 개조되었다. 이후 1957년 5월 25일 성도철로관리국이 성립된 이후 중경철로관리국이 폐지되고 중경철로관리국은 성도철로관리국으로 병합되었다.

이 당시 서남공업부 부부장이었던 만리(萬里)가 기강철로의 부설에 관한 인원 동원문제를 보고하였으며, 이 직후 기강철로의 부설 공정이 개시되었다. 이때 21창(廠)[현재 중경장안집단(重慶長安集團)의 전신] 소속의 1,200명에 달하는 직공이 기강철로의 부설공사에 동원되었다. 공창은 철로부설대대를 조직하고, 그 아래 8개 중대 35개 분대(分隊)를 두고, 기강쌍룡교(綦江雙龍橋)에서부터 파하(壩河)에 이르는 구간의 철로 노반을 조성하는 공사를 담당하였다. 이 구간은 총연장 8킬로미터였으며, 12만 평방미터의 토석을 투입하는 공정이었다. 일부 노동자는 기강철로의 부설과정에서 생명을 잃기도 하였다.

참고문헌

「修築綦江鐵路經過槪述」, 『建設評論』 1卷 8期, 1948.
「川省綦江鐵路通車」, 『金融週報』 13卷 6期, 1945. 11.
胡惠泉, 「西南地區鐵路建設的效益和展望」, 『鐵道運輸與經濟』 1991年 8期.
蔣文豪, 「小兵蔣文豪親歷綦江鐵路修建」, 『紅岩春秋』 2009年 4期.
黃廷坴, 「我與綦江鐵路」, 『鐵道知識』 1996年 2期.
綦江縣發展計劃委員會, 「振興綦江看今朝」, 『科技與經濟畵報』 2003年 1期.

46장

귀곤철로(貴昆鐵路)

운남, 귀주, 사천을 연계하는 서남지역 간선철로

연 도	1958~1966(1966년 3월 4일 개통)
노 선 명	귀곤철로
구 간	귀양(貴陽) - 곤명(昆明)
레일 궤간	1.435미터
총 연 장	643킬로미터
기 타	

　귀곤철로는 귀주와 운남의 양 성을 지나며, 중국 서남지구를 동서로 관통하는 주요한 간선철로의 하나이다. 동으로는 귀주성의 귀양(貴陽)에서 시작하여 서로 안순(安順), 육지(六枝), 수역(水域), 수사(樹舍)를 거쳐 운남성으로 진입하고, 다시 선위(宣威), 첨익(沾益), 곡정(曲靖)을 거쳐 곤명(昆明)에 도달한다. 귀양에서 곤명까지 총연장 643.1킬로미터에 달하며, 전 노선에 기차역은 74개가 설치되었다. 1966년 전 노선에 걸쳐 열차를 개통하였으며, 연선에는 육반수(六盤水)의 탄광, 납옹(納雍), 적금(績金) 등의 탄전(炭田) 등 광물자원이 풍부하게 매장되어 있다. 귀곤철로가 부설되면서 운남성과 귀주성의 광산자원 개발이 촉진되어 양 성에서 경제가 크게 발전할 수 있었다. 그뿐만 아니라 귀곤철로는 절공철로(浙贛鐵路), 상검철로(湘黔鐵路)와 더불어 중국 강남을 동서로 연결하는 대동맥의 일부가 되었다.

　일찍이 1936년 독일로부터 차관을 도입하여 상검철로의 부설에 착수하면서 귀양으로부터 서쪽 혹은 북쪽으로 노선을 연장하는 문제가 대두되었다. 북쪽으로 연장하여 중경에 도달하는 노선을 부설할 경우 산맥이 험준하고 골짜기가 깊어 공정이 매우 힘들 것으로 예상되었다. 서쪽으로 노선을 연장하여 곤명에 도달하게 된다면 마찬가지로 많은 노력이 필요하겠지만 전월철로와 서로 연결하여 베트남의 하이퐁과 통할 수 있었다. 이 점이 프랑스 자본가에게 큰 매력으로 작용하여 먼저 귀곤철로를 부설하기로 결정하였다.

이 철로에 대한 투자 권리는 이미 중국건설은공사와 중프공상은행을 대표로 하는 프랑스은행단에게 주어져 있었다. 중국 남북 각지에 개설되어 있던 프랑스의 동방회리은행은 일찍이 전월철로의 투자에 참여하였던 인도차이나은행과 농해철로의 동서, 서보 구간의 철로 자재 구매를 대행하던 파리공업전기창 대표와 함께 귀곤철로를 조기에 부설해야 한다고 주장하였다. 프랑스 각 은행과 철도부, 중국건설은공사와 프랑스은행단 사이의 협상을 거쳐 마침내 1937년 5월 초약(草約, 가계약)이 체결되었다. 프랑스은행단은 귀곤철로의 수입을 담보로 할 경우 충분치 않다고 여겨 다른 재원을 담보로 설정하도록 요구하였다. 그러나 이러한 가운데 1937년 7·7 사변이 발생하여 부설은 연기되고 말았다.

1949년 중화인민공화국 수립 이후 제2차 5개년 계획 기간 중에 중국정부는 전검철로(滇黔鐵路), 내곤철로(內昆鐵路) 등의 부설 계획을 수립하였다. 1962년 철도부는 전검철로의 귀양에서 수사에 이르는 구간과 내내철로(內內鐵路) 수사에서 곤명에 이르는 구간을 합병하여 귀곤철로(贵昆鐵路)라 명명하기로 결정하였다. 귀곤철로는 동으로는 귀주성 귀양시를 출발하여 서쪽으로 안순, 육지, 수성(水城), 수사, 선위, 첨익, 곡정 등의 시·현을 거쳐 운남성의 곤명시에 도달하는 총연장 620.7킬로미터의 노선이다. 이 철로는 동으로 상검철로, 검계철로(黔桂鐵路), 천검철로(川黔铁路) 등과 상호 연결되며, 서로는 성곤철로(成昆鐵路), 곤하철로(昆河鐵路) 등과 상호 연결되어 운남성, 귀주성, 사천성의 3성을 긴밀히 연계하는 노선이다.

철도부 제2감측설계원(第二勘測設計院)이 설계하고, 부설공사에는 중국의 7664부대, 7659부대, 7591부대 등 다수의 공병이 동원되었으며, 운남성과 귀주성의 10만 명에 달하는 민공과 석탄, 야금 계통의 공정대(1964년 철수)가 참여하였다. 1957년 측량이 실시되고 1958년 8월에 부설공사에 착수하였고, 1961년 국민경제 조정방침에 근거하여 노선을 단축하고 공정도 축소되었다.

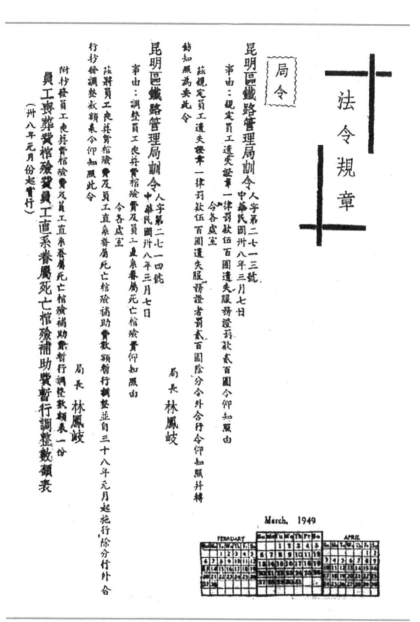

昆明區鐵路管理局訓令 人字第二七一三號
中華民國卅八年三月七日
事由：規定員工遺失證章一律罰款伍百圓遺失服務證者罰貳百圓除分令外合行令仰知照由
茲規定員工遺失證章一律罰款伍百圓遺失服務證者罰貳百圓除分令外合行令仰知照并轉
合各處室
鈞知照為要此令
局長 林鳳岐

昆明區鐵路管理局訓令 人字第二七一四號
中華民國卅八年三月七日
事由：調整員工喪葬實棺殮費及員工直系眷屬死亡棺殮費仰知照由
茲將員工喪葬棺殮費及員工直系眷屬死亡棺殮補助費數額行調整並自三十八年元月起施行，除分行外合
令各處室
行抄發調整數額表令仰如照此令
局長 林鳳岐
附抄發員工喪葬棺殮費及員工直系眷屬死亡棺殮補助費暫行調性數額表一份
員工喪葬棺殮費及員工直系眷屬死亡棺殮補助費暫行調整數額表
（卅八年元月份起實行）

法令規章

局令

March, 1949
FEBRUARY　APRIL

46-1 • 귀곤철로관리국의 훈령(1949년 3월 7일)
출처: 「局令: 見明區鐵路管理局訓: 人字第二七一四號(中華民國卅八年三月七日)」, 『貴昆鐵旬刊』2卷 9期, 1949, p.1(上海圖書館 《全國報刊索引》 数据庫).

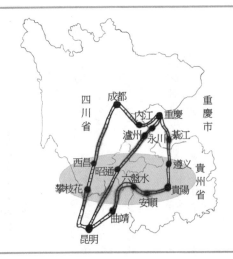

46-2 • 귀곤철로 노선도 1

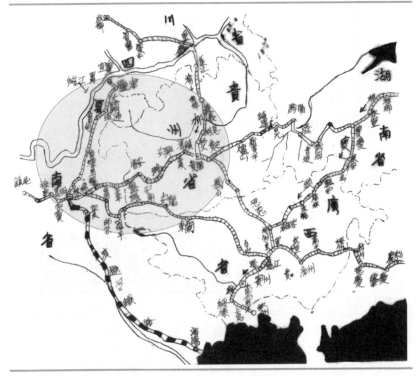

46-3 • 귀곤철로 노선도 2

이후 1964년 8월에 전면 시공에 돌입하여 1966년 3월 4일 관음대교(觀音大橋)가 연결되면서 열차를 개통하였다. 1966년 7월 1일 성도곤명철로국(成都昆明鐵路局)으로 관리가 이관되었다. 귀곤철로는 국민경제와 귀주성의 석탄공업, 운남성의 금속공업과 삼림, 수력자원을 개발하는 데 크게 기여하였다.

귀곤철로는 운남과 귀주의 고원, 산림지역 등 해발 1,000미터 이상의 지역을 통과하며, 협곡과 기암절벽이 즐비할 정도로 난공사였다. 귀양은 해발 1,100미터이고 수역은 해발 1,800미터이며, 수역에서 곤명에 이르는 지역에는 2,000미터를 넘는 지역이 즐비하였다. 매화산(梅花山)은 해발 2,019미터에 달하였으며, 이 지역을 통과하기 위해 3,968미터의 터널을 굴착하기도 하였다. 철로의 부설비용은 총 8억 2,525만 원으로서, 평균 1킬로미터당 부설비용이 132만 원에 달하였다. 전 노선에 걸쳐 터널이 187개, 교량이 301개였다.

귀양역을 출발하여 귀양서역(貴陽西驛), 안순역(安順驛), 화처역(化處驛), 대용역(大用驛), 육지역(六枝驛), 육반수역(六盤水驛), 매화산역(梅花山驛), 봉황산역(鳳凰山驛), 선위역(宣威驛), 마방역(馬房驛), 곡정역(曲靖驛), 소신가역(小新街驛), 곤명동역(昆明東驛)을 지나 곤명역에 도달한다. 이 지역은 특히 광물자원의 매장량이 풍부하여, 철로 개통 이후 편리한 운수 능력에 힘입어 광물의 운송량이 크게 증가하였으며, 이에 따라 공광기업의 발전이 가속화되었다. 철로의 개통과 더불어 중국 서남 변경지역의 개발과 건설이 한층 가속화되었다. 1980년에는 전기화공정이 개시되었다.

참고문헌

「局令: 見明區鐵路管理局訓令: 人字第二七一四號(中華民國卅八年三月七日)」, 『貴昆鐵旬刊』 2卷 9期, 1949.

吳純儉, 「貴州鐵路記略」, 『貴州文史叢刊』 1985 3期.

「百年雲南鐵路干道修建檔案史料匯編」, 『雲南檔案』 2013年 4期.

철로명 찾아보기

ㄱ

강남철로(江南鐵路) 51, 260~265, 267, 269, 302~303

개림병철로(個臨屛鐵路) 84~85

개벽석철로(個碧石鐵路) 84~90

개벽철로(箇碧鐵路) 37

개척철로(開拓鐵路) ☞ 개풍철로(開豊鐵路) 145

개평철로(開平鐵路) ☞ 당로철로(唐蘆鐵路) 28

개풍철로(開豊鐵路) 145, 147~148

개해철로(開海鐵路) 145~146, 151, 158, 211

검계철로(黔桂鐵路) 47~49, 314, 317, 326, 364~368, 376

경공철로(京贛鐵路) 44, 224, 266, 299, 302~305

경구철로(京衢鐵路) ☞ 경공철로(京贛鐵路) 302

경도철로(京圖鐵路) ☞ 길회철로(吉會鐵路) 91, 227

경봉철로(京奉鐵路) 28, 37, 39, 52, 56, 112~114, 116~117, 124~125, 150~151, 157, 160, 194, 198, 212~213, 313

경수철로(京綏鐵路) 37, 52

경장철로(京張鐵路) 33

경한철로(京漢鐵路) ☞ 노한철로(蘆漢鐵路) 31, 39, 52, 62~63, 69, 71, 102, 201, 276

경호철로(京滬鐵路) ☞ 호녕철로(滬寧鐵路) 29, 264, 295~296, 299

계감철로(溪城鐵路) 66~67

계전철로(溪田鐵路) ☞ 계감철로(溪城鐵路) 66

곤일철로(昆一鐵路) 355

관내외철로(關內外鐵路) ☞ 경봉철로(京奉鐵路) 31

광구철로(廣九鐵路) 29~30, 46, 52

교제철로(膠濟鐵路) 29, 31, 40, 53

귀곤철로(貴昆鐵路) 77, 375

인명 찾아보기

사항 찾아보기